NOUVEAUX LUNDIS

PARIS. — IMPRIMERIE DE J. CLAYE
RUE SAINT-BENOIT, 7

NOUVEAUX LUNDIS

PAR

C. A. SAINTE-BEUVE

DE L'ACADÉMIE FRANÇAISE

—

TOME PREMIER

PARIS

MICHEL LÉVY FRÈRES, LIBRAIRES ÉDITEURS

RUE VIVIENNE, 2 BIS, ET BOULEVARD DES ITALIENS, 15

A LA LIBRAIRIE NOUVELLE

—

1863

Tous droits réservés

AVERTISSEMENT.

Je recommence une série nouvelle d'articles du *Lundi*; je me croyais au terme de ce genre d'essais, et je continuais, d'un pas un peu ralenti, au *Moniteur* ce que j'avais commencé, il y a treize ans, avec vivacité dans *le Constitutionnel*. Des circonstances particulières dans lesquelles il est inutile d'entrer, de pressantes et honorables instances m'ont décidé à quitter, non sans regret, mes fonctions de maître de conférences à l'École normale qui, depuis quatre années, occupaient la plus grande partie de mon temps, et à me relancer encore une fois dans le journalisme littéraire le plus actif. Chaque fois que je m'y remets et que je rentre dans cette veine de critique toute pratique, je tâche d'y introduire une proportion plus grande de vérité, et d'apporter dans l'expression plus de franchise. Cela ne se fait pas sans quelque cri et quelque révolte de la part des intéressés; mais le public équitable vous en sait gré, et, si vous faites honnêtement et bien, son estime vous en récompense.

Novembre 1862.

NOUVEAUX LUNDIS

Lundi 16 septembre 1861.

QUESTIONS D'ART ET DE MORALE

PAR M. VICTOR DE LAPRADE
De l'Académie Française (1).

Il est loin le temps où la critique française commençant à peine, l'abbé de Saint-Réal déclarait qu'on ne devait critiquer par écrit que les morts, et qu'il fallait se borner à juger en conversation les vivants. Aujourd'hui on se juge tous indifféremment les uns les autres, en public et par écrit, vivants, amis de la veille et confrères. Tâchons du moins que ce soit avec équité et sincérité.

M. de Laprade, qui se présente cette fois en qualité de prosateur et de critique, et même avec une pointe de polémiste, n'a été longtemps qu'un poëte. Vivant à Lyon, où il habite encore, il débuta vers 1841 par le poëme

(1) Didier, quai des Grands-Augustins, 35.

de *Psyché,* dans lequel il essayait de rajeunir l'ancienne fable, l'ancien mythe, et de l'approprier aux destinées nouvelles de l'humanité : il n'a peut-être jamais rien fait de mieux pour la pureté du souffle et de l'accent. La forme, comme le fond, rappelait bien M. de Vigny ou M. Ballanche, mais le poëte, obéissant à sa nature dans cette imitation même, avait jeté là, spontanément, la fleur de son âme. D'autres volumes, d'autres recueils de vers suivirent, *Odes et Poëmes, Poëmes évangéliques, Symphonies, Idylles héroïques,* etc., toutes inspirations assez semblables sous des noms divers. Les beaux vers abondent, mais la composition est absente, ou elle se dessine vaguement et ne se grave pas. Le poëte sent la nature, il aime à la chercher sur les sommets et s'applique à la rendre ou plutôt à l'interpréter. Il célèbre en particulier le chêne avec une sorte de prédilection ; ce qui a fait dire qu'il était le poëte du chêne, qu'il avait le sentiment de cet arbre. — « Est-ce que cet homme autrefois a été chêne ? » dirait Pythagore. — Le fait est que M. de Laprade adressait au chêne sous lequel il était assis des déclarations de sympathie, de fraternité ; il se faisait chêne par la pensée, comme Maurice de Guérin s'était fait centaure ; il se plaisait à se sentir végéter en idée ; il disait à son arbre :

Pour ta sérénité, je t'aime entre nos frères.

Qu'il me soit permis de remarquer qu'il y a un peu de parti pris dans cette manière de sentir. Cette poésie, qui essayait de spiritualiser la nature, avait son excès, tout comme celle qui s'acharnait à la copier crûment et à la décalquer à l'emporte-pièce. Augustin Thierry, qui se faisait beaucoup lire, un jour qu'il entendait ces Stances au chêne, arrêta son lecteur au vers que je viens de citer, et fit observer, en souriant de son fin sourire d'aveugle, qu'il n'y avait pas de raison pour qu'on ne dît pas à une citrouille :

Pour ta rotondité, je t'aime entre nos sœurs.

La parodie indique bien le défaut. Le poëte décompose trop les sentiments et en pousse un à l'excès : c'est comme d'autres qui, dans l'école de la couleur, abusent d'un ton et vont aussitôt à l'extrémité de la gamme. M. de Laprade, avec ses dons de poëte noble et qui ne veut rien proférer que de digne de Phébus, n'est jamais parvenu à passionner sa poésie, à l'humaniser suffisamment ; il y a mêlé, je le sais, dans des dédicaces et des épilogues, de purs et touchants sentiments de famille ; mais chez lui le cœur ne fait pas foyer, les sens sont froids, le crime d'amour est trop absent. Aussi je m'explique qu'un poëte qui n'habitait pas volontiers les sommets humides et blanchâtres, un poëte des choses du sang et de la vie, Alfred de Musset, un jour que l'on discutait à l'Académie sur les mérites d'un des recueils de M. de Laprade, se soit penché à mon oreille, et m'ait dit avec impatience : « Est-ce que vous trouvez que c'est un poëte, ça ? »

Oui, aurais-je pu lui répondre, c'est un poëte, bien qu'il vous ressemble si peu, ô charmant et terrible Enfant du siècle ! il est poëte, quoiqu'il n'ait pas la sainte fureur, ni cet aiguillon de désir et d'ennui, qui a été notre fureur à nous, le besoin inassouvi de sentir ; bien qu'il n'ait pas eu la rage de courir tout d'abord à toutes les fleurs et de mordre à tous les fruits ; — il l'est, bien qu'il ne fouille pas avec acharnement dans son propre cœur pour y aiguiser la vie, et qu'il ne s'ouvre pas les flancs (comme on l'a dit du pélican), pour y nourrir de son sang ses petits, les enfants de ses rêves ; — il l'est, bien qu'il n'ait jamais été emporté à corps perdu sur le cheval de Mazeppa, et qu'il n'ait jamais crié, au moment où le coursier sans frein changeait de route : « J'irai peut-être trop loin dans ce sens-là comme dans l'autre, mais n'importe, j'irai toujours. » — Il l'est, poëte, bien qu'il n'ait jamais su passer comme vous, en un instant, ô Chantre aimable de *Rolla* et de *Namouna,* de la passion délirante à l'ironie moqueuse et légère ; il est, dis-je, poëte à sa manière, parce qu'il est élevé, recueilli, ami de la solitude et de la nature, parce qu'il écoute l'écho des bois, la voix des monts *agitateurs de feuilles,* et qu'il l'interprète avec dignité, avec largeur et harmonie, bien qu'à la façon des oracles. Cela ne fait pas sans doute un poëte très-varié, très-émouvant, très-divertissant, mais c'est encore, et sous une de ses plus nobles formes, un poëte.

Noblesse et sagesse ont été de tout temps au nombre des qualités académiques les plus prisées. Aussi l'Académie a-t-elle distingué d'assez bonne heure M. de Laprade. Il commença en 1853 à figurer et à être couronné dans le concours des prix-Montyon pour ses *Poëmes évangéliques,* une idée fausse d'ailleurs, et qui consiste à paraphraser l'Évangile en vers. Mais ce furent bientôt

ses *Symphonies* qui obtinrent les plus éclatants éloges
que l'Académie ait jamais décernés à un poëte non inscrit encore parmi ses membres (1856). Plusieurs
causes, indépendamment des mérites du livre, contribuèrent à ce succès inusité. L'Empereur avait fondé un
prix de 30,000 fr. pour l'œuvre ou la découverte que
l'Institut jugerait la plus propre à honorer le génie national. On avait à décerner ce prix pour la première
fois ; plusieurs académiciens soutenaient avec beaucoup
de vivacité que la disposition, dans les termes du décret,
était inexécutable, qu'il n'y avait aucune comparaison
possible à établir entre des œuvres littéraires par exemple, et des découvertes de science ou d'érudition. Cependant l'Académie des Sciences prétendait avoir une
découverte digne de la récompense proposée, dans les
travaux de M. Fizeau sur la lumière. L'Académie française n'avait pas d'œuvre à opposer, qu'elle estimât elle-même à la hauteur de la récompense ; car il ne pouvait
tomber dans l'esprit de personne que les *Symphonies* de
M. de Laprade pussent y atteindre ou y aspirer. Toutefois on fit semblant de croire qu'elles auraient pu sérieusement concourir, et l'on se mit dès lors à les pousser et à les louer un peu plus que de raison. Elles
eurent les honneurs des prix-Montyon de cette année,
et obtinrent de la bouche du plus éloquent des académiciens (1) ces éloges délicats qui, même sobrement
donnés, sont un à-compte de gloire, et qui, cette fois,
s'épanchèrent plus abondamment que de coutume. On

---

(1) M. Villemain.

fit applaudir sous la coupole de l'Institut les vers que voici, et dans lesquels le poëte de plus en plus sage faisait comme abjuration de cette bien innocente erreur, de son culte un peu druidique pour le chêne et pour les forêts :

> Fais tes adieux à la folle jeunesse ;
> Cesse, ô rêveur abusé trop souvent,
> De souhaiter que la feuille renaisse
> Sur tes rameaux desséchés par le vent.
>
> Ce doux feuillage obscurcissait ta route,
> Son ombre aidait ton cœur à s'égarer ;
> La feuille tombe, et sillonnant la voûte,
> Un jour plus pur descend pour t'éclairer.
>
> Oui ! si les bois, l'ombrage aimé du chêne,
> Ont trop caché la lumière à mes yeux,
> Soufflez, ô vents que Dieu sitôt déchaîne,
> Feuilles, tombez, laissez-moi voir les cieux.

Le finale est bien ; quelque chose reste à désirer pour la parfaite justesse. Pour que le souhait du poëte fût tout à fait justifié, il faudrait qu'au moment où les feuilles tombent, le ciel fût le plus clair, le plus serein ; mais c'est au contraire quand les feuilles poussent et qu'elles sont le plus épaisses, que le ciel est le plus pur, le plus éclatant, et, quand elles tombent, le ciel est gris, brumeux et rabaissé, un ciel d'hiver, peu bon à voir. Ainsi le symbole n'est point parfaitement juste. Le poëte, chez M. de Laprade, rencontre rarement des symboles complets.

Après de tels éloges, décernés solennellement, et qui

ressemblaient à des avances marquées; il n'y avait plus pour l'Académie qu'à élire M. de Laprade à la première vacance : elle n'y manqua pas, et la mort d'Alfred de Musset fournit une triste et prochaine occasion, avec l'à-propos du contraste. M. de Laprade, professeur de Faculté à Lyon depuis plusieurs années, fut donc élu, sans que l'on songeât à faire une difficulté de cette non-résidence à laquelle l'oblige sa chaire. Il eut l'honneur d'être le premier académicien nommé dans ces conditions ; car jusqu'alors (à moins d'être évêque) tout académicien était censé résider à Paris.

Le nouveau volume que vient de publier M. de Laprade, et où se trouve son discours de réception, est un recueil de prose; il se compose d'une douzaine de morceaux de diverse provenance et dont plusieurs paraissent avoir été de premières leçons, des discours d'ouverture de Faculté. Quelques-uns ont dû être accommodés, par quelque trait final qui n'est pas toujours sans aigreur, au goût de la Revue catholique et royaliste sous couleur libérale, *le Correspondant*, qui les a insérés. Je viens de lire de suite tous ces morceaux, et ce n'a pas été, je l'avoue, sans effort et sans fatigue. Ce qui m'y frappe avant tout et partout, c'est combien l'auteur, soit qu'il raisonne, soit qu'il interroge l'histoire littéraire, ne comprend que sa propre manière d'être et sa propre individualité ; par cela même il nous avertit qu'il n'est pas un critique. Tant pis pour qui ne comprend dans l'art que ce qu'il peut faire! il rétrécit à plaisir ses horizons. C'est là une grande tentation et une périlleuse épreuve pour l'artiste qui se fait critique, s'il est artiste distingué mais incomplet. J'ai souvent pensé que le mieux pour le critique qui voudrait se réserver le plus de largeur de vues, ce serait de n'avoir aucune faculté d'artiste, de peur de porter ensuite dans ses divers jugements la secrète prédilection d'un père et d'un auteur intéressé. Goethe est le seul poëte qui ait eu une faculté poétique à l'appui de chacune de ses compréhensions et de ses intelligences de critique, et qui ait pu dire à propos de tout ce qu'il juge en chaque genre : « J'en ferai un parfait échantillon, si je le veux. » Quand on n'a qu'un seul talent circonscrit et spécial, le plus sûr, dès qu'on devient critique, — critique de profession et sur toutes sortes de sujets, — est d'oublier ce talent, de le mettre tout bonnement dans sa poche, et de se dire que la nature est plus grande et plus variée qu'elle ne l'a prouvé en nous créant. Artistes incomplets que nous sommes, ayons du moins l'intelligence plus large que notre talent, que notre œuvre (ce chef-d'œuvre fût-il *Psyché*). Que la sphère de l'art se mesure pour nous d'un autre compas que la niche de notre statue. Ne bâtissons pas tout un édifice sur une seule colonne. M. de Laprade a fait tout l'opposé de ce que je demande ici. Poëte élevé, froid et sage, il prend avec une sincérité, j'allais dire dire avec une fatuité naïve, son propre patron pour le patron universel. Lui qui se croit si libre et si dégagé de la matière, il obéit à son tempérament; il l'estime le meilleur de tous, et il érige ce tempérament en règle universelle et en théorie orthodoxe. C'est à faire sourire.

Ainsi dans chacun de ces morceaux, dans chacune de ces thèses où il disserte, et où parfois il déclame, il faut voir comme il prêche pour son saint, comme il exagère le spiritualisme dans la vie, comme il accuse le *machinisme* qui bien souvent n'en peut mais, et le voit à tout bout de champ en travers de sa route, comme il exagère le respect, la vénération, le sérieux, la crainte du rire! Il a un goût marqué pour l'époque sacerdotale rétrospective de l'art et de la poésie, non pas la véritable époque primitive que nul n'a vue ni ne connaît, mais cette époque rêvée après coup par les Alexandrins et les Néo-platoniciens. Musée, Linus, Ballanche, tout cela ne fait qu'un pour lui. C'est un poëte orphique que M. de Laprade, et cette disposition l'avait même conduit (dans un morceau qu'il n'a point recueilli, il est vrai) à voir le commencement de la décadence poétique dans Homère. En revanche, il traite fort mal Horace; il en parle de haut, comme d'un sensuel et d'un sceptique. « L'élégant persiflage d'Horace recouvre, dit-il, une indifférence complète pour le vrai bien et pour le vrai mal. » — « Le poëte s'en va, l'homme de lettres commence » à dater d'Horace. C'est donc Horace qui consomme ce divorce de la religion et de la poésie, cette décadence qu'avait si bien commencée Homère. Je force à peine l'expression. Je suis dans le vrai du faible et du travers de M. de Laprade critique, dans le plein de sa théorie favorite, en la dégageant des précautions de forme. Le fin mot de son histoire littéraire est dans ce double point de départ et d'arrivée. L'homme de goût n'est pas son fait. « L'homme de goût par excellence est

1.

celui qui n'a jamais rien admiré. » C'est ce qu'il ose dire. Il en veut au *goût* de ce que son nom est emprunté au moins noble de tous les sens; il estime qu'il est ignoble pour l'homme de manger, et, en mangeant, de savoir goûter. Il ne sent pas que c'est, au contraire, en vertu d'une analogie exquise que ce mot de *goût* a prévalu chez nous sur celui de *jugement*. Le jugement! je sais des esprits qui l'ont très-bon, et qui, en même temps, manquent de goût, parce que le goût exprime ce qu'il y a de plus fin et de plus instinctif dans le plus confusément délicat des organes. Mais, fi donc! vous allez parler d'organes à M. de Laprade. Est-ce que les organes pour lui existent? Il s'en passe. Il fait même le procès à la musique comme à un art trop sensuel aussi. S'il fait tant de cas de la parole, c'est qu'il ne se doute pas que c'est un phénomène physique, physiologique; c'est qu'il croit que les sons du langage sont faits d'une substance immatérielle. Il part de la *notion absolue de l'être*; tel est pour lui le principe de l'art. « Manifester ce que nous sentons de l'être absolu, de l'infini, de Dieu, le faire connaître et sentir aux autres hommes, telle est dans sa généralité le but de l'art. » Est-ce vrai? est-ce faux? je n'en sais rien : à cette hauteur, on n'a que des nuages. Lui, comme la plupart de ceux qui se piquent de métaphysique, il se paie de mots, il raisonne sur des termes spécieux, vides ou vagues. Il met le monde des idées pures d'une part et celui des formes sensibles de l'autre; il condescend à ce dernier avec peine. Il admet des idées en l'air, sans forme : comprenne qui pourra! Partout chez lui domine la préoccupation d'une fausse noblesse de l'homme, qui le stérilise, le mutile, le met à la diète au sein de l'immensité des choses, et l'empêche de se servir de toutes les forces généreuses qu'il possède véritablement. — Mais c'est qu'il est pour l'idéal, M. de Laprade! et vous, on vous le dit depuis longtemps déjà, vous êtes un... quoi donc?... vous êtes un *réaliste*. (Les Français ont toujours eu de ces sobriquets commodes à chaque mode nouvelle, et que chacun répète comme une injure en se signant.)

O vous tous, amis de l'idéal, je ne me ferai pas de querelle avec vous; j'accorde qu'il y a un idéal; mais admettez aussi qu'il y en a un vrai et un faux; et si jamais vous rencontrez un idéal, ou soi-disant tel, froid, monotone, triste, incolore sous air de noblesse, vaporeux, compassé, insipide, non pas brillant et varié comme le marbre, mais blanc comme le plâtre, non pas puissant et chaud comme aux jours de la florissante Grèce, quand le sang à flots de pourpre enflait les veines des demi-dieux et des héros, quand les gouttes d'un sang ambrosien coulaient dans les veines même des déesses, mais pâle, exsangue, mortifié comme en carême, s'interdisant les sources fécondes, vivant d'abstractions pures, rhumatisant de la tête aux pieds, imprégné, imbibé d'ennui, oh! n'allez pas vous y méprendre, c'est celui-là même qui a si longtemps glacé les muses françaises, c'est celui qui les glacerait encore, c'est celui-là qu'il vous faut éviter.

M. de Laprade ne réalise certainement pas cet idéal, et l'on trouverait même chez lui des pages où il a l'air de le répudier; mais il y fait songer, et c'est trop. Il parle volontiers de Raphaël. Oh! que son idéal à lui n'y ressemble pas! Mais Raphaël lui-même n'est bon qu'une fois. Dès qu'on veut s'y fixer comme à un type unique, on n'obtient qu'un beau harmonieux, uniforme, dont on reproduirait à profusion les copies de plus en plus pâles. Et puis ce Raphaël, dont on parle trop vaguement, sait-on bien ce qu'on fait quand on rattache à son génie l'idée de croyance? Il faut rabattre de ces théories que l'étude précise des faits ne confirme pas. Ce qu'on appelle naïveté dans l'art a cessé de bien bonne heure et avant les beaux siècles. L'art, le bel art est plus indépendant du fond des choses qu'on ne le dit : Phidias et Raphaël faisaient admirablement les divinités et n'y croyaient plus.

Les thèses que soutient M. de Laprade sont semées d'assertions contestables, déclamatoires. A un endroit, par exemple, il définit le *génie* et le distingue du *talent*. Il prétend qu'entre eux il n'y pas seulement différence de degré, mais de nature; c'est une pure question de mots, et qui dépend de ce qu'on entend par l'un et l'autre de ces termes. Puis, s'exaltant sur ce mot de *génie* et y mêlant une idée mystique, il en vient à dire « qu'un grand génie n'est guère autre chose pour celui qui le porte qu'un plus douloureux fardeau ; — que toute grande mission emporte avec elle ici-bas la nécessité d'un crucifiement. » Cela est bon à mettre en vers ; ce qui ne peut pas se dire, on le chante. C'est un beau thème que l'infortune des grands poètes, et il suffit de quelques noms illustres pour le justifier, quand le chantre ému qui s'en empare sait y répandre de la chaleur et de l'harmonie. Mais en prose, et comme vérité exacte, il y a trop à répondre, il se présente trop de noms à opposer à d'autres noms. Raphaël, dont on parlait tout à l'heure, n'a pas été crucifié, ni Michel-Ange non plus, ni Léonard de Vinci, ni Virgile, ni l'Arioste, ni Pétrarque, ni Pindare dans l'antiquité, ni Sophocle, malgré un petit procès de famille sur ses derniers jours, ni Racine malgré son accident final. Pour moi je concevrais, au point de vue naturel et physiologique, qu'on soutînt la thèse toute contraire : Un grand génie, pour celui qui le possède, est l'instrument d'une grande joie. — Je prends cet exemple et j'en pourrais choisir maint autre chez M. de Laprade. Ainsi, avocat outré des Lettres et adversaire inexpérimenté des Sciences, il dira : « L'ère des véritables savants semble terminée; on ne fait, depuis longtemps, qu'appliquer à l'industrie les grandes découvertes du passé. » Pourquoi l'ère des véritables savants serait-elle terminée? où a-t-il pris cela? qu'il regarde seulement autour de lui. Mais, à tout instant, M. de Laprade pose un fait faux, et il édifie là-dessus toute une théorie historique et morale.

Je sais qu'en somme l'ordre d'idées qu'il embrasse et qu'il soutient est celui qui date de Platon et qui a partagé le vieux monde par opposition à la méthode d'observation, à celle d'Aristote. Je croyais qu'on était sorti depuis longtemps de cette lutte, de ce dualisme stérile, et que les modernes éclairés, depuis Galilée, Bacon et Descartes, n'hésitaient plus. Mais enfin, mon principal reproche à M. de Laprade est de ne pas bien défendre sa thèse, de la compromettre par des lieux communs, de vraies tirades qui sentent l'école, ou par des sorties qui accusent un esprit exclusif et rempli de sa propre image. Il s'est trahi surtout dans sa déclamation contre l'ironie; car il n'en veut à aucun prix, même de la plus légère, de la plus fine. C'est jouer de malheur, quand on admire si fort Platon, que de le dédoubler pour laisser de côté la charmante ironie de Socrate.

Un écrivain de beaucoup d'esprit, un jeune maître en ironie, a pris en main la défense de cette faculté déliée, de cette arme qui est la sienne, en rendant compte du livre de M. de Laprade (1); il a très-bien montré qu'avoir au plus haut degré le sentiment du ridicule et de la sottise, ce n'était point nécessairement n'être sensible qu'au mal. Plus, au contraire, on a une idée délicate et fine du bien et du mieux, plus il est naturel qu'on ait l'ironie prompte et vive, parce qu'on est blessé à chaque pas. « L'homme de goût, disait Rivarol, a reçu vingt blessures avant d'en faire une. » Quant à M. de Laprade, qui n'aime pas les gens de goût, sa plus grande peur est du côté de la raillerie; il lui assigne une origine mystique, diabolique : « Le doute et la raillerie, dit-il, sont aussi anciens sur la terre que les premières paroles du serpent. » Il trace de l'ironie une histoire emphatique, et qui n'est pas gaie du tout. Socrate et Aristophane sont en Grèce les deux fondateurs du genre, et ils ont été aux prises : « Merveilleux exemple, s'écrie M. de Laprade, de la vraie destination de l'ironie et de toutes les œuvres qui s'y rattachent! Dans cette sphère,

(1) *Journal des Débats* du 26 juillet 1861, article de M. Prevost-Paradol.

les hommes et les choses sont destinés à s'entre-tuer. La critique de Socrate a tué le vieux paganisme d'Aristophane; la comédie d'Aristophane a tué Socrate. » Ce sont de pures phrases. Quand il arrive à Voltaire, « auquel l'histoire de l'ironie s'arrête, car on a atteint le sommet, » vous jugez s'il énumère de nouveaux meurtres. Il parle de Jeanne d'Arc, de *la Pucelle,* un tort de Voltaire assurément, mais qu'à la fin on exagère avec trop d'enflure. En parlant sur ce ton de Jeanne d'Arc, savez-vous qu'ils redeviennent ennuyeux comme Chapelain? La comédie, même la plus franche, n'est pas épargnée par M. de Laprade. *Corrige-t-elle en riant?* Il se pose gravement cette question : « Examinons, dit-il, cette idée du haut de la morale et de l'histoire. Les belles époques de la comédie ont-elles été suivies d'améliorations dans les mœurs? » Mais ne pourrait-on pas se poser exactement la même question pour le sermon? L'âge des plus beaux sermons, je vous le demande, a-t-il donc été suivi d'une si grande amélioration dans les mœurs? Bourdaloue a-t-il été plus heureux que Molière? Encore pourrait-on raisonnablement soutenir que Molière a plus réussi à corriger les ridicules que Bourdaloue les vices.

M. de Laprade n'est donc pas très-fier de Molière : « Molière, dit-il, n'a pas de rivaux. Nos vaudevillistes modernes n'en ont pas dans leur genre. Ce n'est pas avec une grande fierté que nous le constatons, mais c'est là un fait irrécusable. » Il supporte Molière comme il supporte M. Scribe. On ne sait pourquoi il fait grâce en un endroit à Montaigne, lequel pourtant a dit en son joli langage : « Et moi, je suis de ceux qui tiennent que la poésie ne rit point ailleurs comme elle fait en un sujet folâtre et déréglé. » M. de Laprade prend même le soin de rassurer les chrétiens, les âmes religieuses, contre l'ironie de Montaigne. C'est bien honnête à lui.

Le plus clair, en définitive, c'est que M. de Laprade a peur qu'on ne rie, qu'on ne plaisante, qu'*on ne crée de nouveaux fils à Voltaire.* Est-ce le poëte solennel, est-ce un reste de provincial en lui qui est sur ses gardes, qui est susceptible, qui craint qu'en badinant on ne porte atteinte à sa considération, à sa dignité? Il ne faut, en tout cas, chercher dans ce fade volume aucune trace d'enjouement ni de sel; il n'y a pas le plus petit mot pour rire, pas le plus petit grain de Voltaire. Adorateur et sectateur idolâtre de la noble poésie, l'auteur, on le sent, n'aime pas les Lettres dans leur charmante variété et dans leur imprévu perpétuel.

Il a aussi attaqué, dans une dissertation à part, l'industrie et ses prodiges modernes comme mortels à la poésie. C'est toute une croisade : on se demande à quel propos, et contre qui elle est dirigée ; car l'industrie moderne, tout occupée à se développer, à conquérir le monde et à régner sur notre planète, ne pense guère pour le moment à se traduire en poésie. Je crois me rappeler pourtant qu'un homme de verve et d'ardeur, M. Maxime du Camp, a fait un jour une levée de boucliers en faveur de la poésie des machines ; mais il a passé depuis à d'autres idées plus chevaleresques. Quoi qu'il en soit, M. de Laprade a pris la thèse au sérieux, et il s'est attaché à prouver méthodiquement que les machines ne sont pas poétiques ni conformes à l'idée primordiale du beau. Un moulin à vent est-il plus poétique qu'une locomotive? Grave question. Ceux qui aiment ces sortes de considérations dites esthétiques, et qui croient que le lis est beau pour *huit* raisons et non pour neuf (1), ceux-là pourront trouver que les *cinq* raisons alléguées par M. de Laprade contre les machines sont assez ingénieuses. Quant à la poésie véritable, qui ne consiste pas uniquement dans la description des formes, elle saura naître des merveilles de ce monde moderne, elle saura s'en accommoder ou même s'en inspirer, si d'aventure elle rencontre une âme et un talent faits à sa mesure et d'un tour nouveau : c'est le secret de l'originalité. Il n'appartient à la critique ni de la deviner, ni de l'interdire.

Les derniers écrits de M. de Laprade sont donc empreints d'une certaine hostilité générale contre le développement de la société moderne ; il y perce même des accents d'une aigreur particulière encore plus marquée. Dans une édition de ses *Poëmes évangéliques,* publiée l'année dernière, il a ajouté une préface qui se termine par une conclusion très-peu évangélique, où, à propos du matérialisme croissant et de l'abaissement des intelligences (ne serait-il pas temps de trouver un autre refrain?), il croit devoir protester à son tour contre le *calme étouffant* des dictatures. Le volume dont nous parlons aujourd'hui ne se termine pas non plus sans une pointe

---

(1) Voir dans le traité de *la Science du Beau*, par M. Charles Lévêque (1861), au tome 1er, page 54. C'est ingénieux, mais bien artificiel et bien subtil. Je parle selon mon sens grossier.

de dénigrement politique. Il y est même fait des allusions contre l'École Normale et ce qui en sort, mais assez gauches et assez obscures; il est juste que M. de Laprade, quand il essaie de manier l'ironie, n'y réussisse pas. J'ai pris moi-même la part qui me revient de ces allusions timidement désobligeantes, et j'y ai acquis (ce que je ne recherche ni ne fuis jamais) le droit de dire, même à un confrère, la vérité. Mais, en conscience, je ne savais pas M. de Laprade si étouffé ni si comprimé dans sa voix et dans ses pensées ; je ne le savais pas si mal apparenté avec le régime actuel (1).

Au reste, quand le plus froid même et le plus sage est une fois piqué de cette mouche qu'on appelle l'esprit de parti et de coterie, il peut commettre des fautes d'entraînement. M. de Laprade en a commis une de ce genre, lorsque dans une poésie assez récente (*Correspondant* du 25 janvier 1861), il s'est étonné et indigné de ce que l'Italie une et libre avait voté une statue à la mâle et patriotique figure de Machiavel. M. de Laprade ne comprend pas plus cela qu'il ne comprendrait sans doute que l'Allemagne saluât son Luther. C'est dans les mêmes vers où il propose (ou peut s'en faut!) de décerner une épée de connétable à Lamoricière, qu'il insulte au grand Italien Machiavel. Tout cela se tient et s'enchaîne. Politique Lamartinien, retournez rêver dans vos bois.

Ma conclusion sera courte, et je la donne nettement: M. de Laprade est un poëte distingué, dont la lyre a

---

(1) M. de Laprade est beau-frère de M. de Parieu, vice-président du Conseil d'État.

deux ou trois cordes. Le volume de prose qu'il vient de publier n'indique pas qu'il y ait en lui l'étoffe d'un critique : tout au contraire.

(J'ai exercé, en écrivant cet article, un droit de critique : M. de Laprade avait, le premier, appelé la riposte par des attaques sourdes. J'ai dit tout net, et une fois pour toutes, ce que j'avais sur le cœur. Ai-je besoin d'ajouter que je suis resté entièrement et absolument étranger à tout ce qui a suivi?)

Lundi 23 septembre 1861.

CORRESPONDANCE DE LAMENNAIS

PUBLIEE

PAR M. FORGUES (1).

Je voudrais rendre mon impression et donner mon avis avec plus de liberté que je ne l'aurais pu faire convenablement ailleurs (2) sur quelques hommes et quelques écrits qui ont occupé l'attention publique en ces dernières années. La Correspondance de Lamennais est un de ces livres sur lesquels il y a plaisir et profit à revenir.

Cette Correspondance, par suite d'une opposition de famille et d'un procès dans lequel nous n'avons pas à entrer, n'a pu être donnée qu'incomplétement ; les deux volumes sont, à tout instant, semés et comme étoilés de lacunes qu'on regrette. Le public a droit de se plaindre, dans ce cas, de l'application du droit de propriété

---

(1) Deux volumes in-8º, Paulin et Lechevalier, rue Richelieu, 60.
(2) Dans *le Constitutionnel,* en effet, pour lequel ces articles ont été écrits, j'ai pu en bien des cas marquer le ton un peu plus que cela n'eût été convenable dans *le Moniteur,* journal officiel, où j'écrivais précédemment.

littéraire ; et si ce droit s'étend, comme plusieurs personnes le désirent, le cas se reproduira souvent. Le point de vue des familles n'est pas nécessairement celui du monde littéraire et philosophique ; il serait plutôt tout l'opposé. Quoi qu'il en soit et telle qu'on nous la donne, toute mutilée qu'elle nous arrive, cette Correspondance est d'un haut intérêt pour l'explication de l'âme et de l'intelligence de Lamennais.

Les conversions, les versatilités éclatantes de Lamennais et de quelques autres personnages célèbres, ont fort étonné de nos jours ; mais il ne faut pas croire que notre siècle ait eu le privilége de ces singuliers spectacles. La Bruyère, qui avait vu les Condé, les La Rochefoucauld, les Retz, les Rancé, tous ces convertis de la Fronde, disait en son temps : « Il ne faut pas vingt années accomplies pour voir changer les hommes d'opinion sur les choses les plus sérieuses, comme sur celles qui leur ont paru les plus sûres et les plus vraies. » C'est l'épigraphe à mettre à la vie de Lamennais.

Cette Correspondance nous le montre, jour par jour, pendant près de vingt années, et grâce à elle, nous assistons, dans ce cœur, dans cette intelligence supérieure et fébrile, à tous les flux et reflux, à toutes le pulsations du dedans. Je pourrai, en la parcourant, en l'extrayant par endroits, paraître presque à tout coup bien sévère, et pourtant, je me hâte de le dire, le résultat général de cette lecture est moins de faire blâmer l'auteur souvent déraisonnable, admirable parfois, que de le faire plaindre et aimer.

Les lettres qu'on a recueillies et qui font suite ne

s'adressent qu'à cinq ou six personnes. La plupart des premières et des plus anciennes, qui remontent jusqu'à 1818, sont écrites à de bonnes et pieuses demoiselles, Mlle de Lucinière, Mlle de Tremereuc, que Lamennais avait connues aux Feuillantines, dans une espèce de petit couvent dirigé par le respectable abbé Carron : il avait inspiré à ces dignes personnes une vive amitié, qu'il leur garda de son côté très-fidèlement, au milieu de toutes ses traverses et de ses vicissitudes. Il resta le même pour elles aussi longtemps qu'il put ; il aurait voulu que le bruit de ses luttes et de ses combats n'arrivât point jusqu'à ces humbles âmes et n'allât point troubler l'idée affectueuse et riante qu'elles avaient de lui ; il essaya jusqu'au bout de leur répondre sur un ton d'enjouement et de folâtre gaieté. Cette affection pour la personne de Lamennais, survivant aux contradictions des systèmes et aux déchirements des croyances, s'est rencontrée chez d'autres encore ; il avait le don d'attacher ; et c'est ainsi qu'on a vu à son lit de mort les représentants des diverses époques de sa vie, étonnés de se trouver là ensemble, et réunis dans une commune douleur, dont les motifs ne laissaient pas d'être différents.

Mais les plus importantes de ces lettres sont adressées à des amis religieux et politiques, au comte de Senfft, diplomate autrichien, pieux et même mystique, et à sa femme ; au marquis de Coriolis, royaliste et littérateur, homme d'esprit et poëte, et qui en avait les prétentions, disciple de Delille, assez singulièrement raccroché à ce tourbillon de Lamennais et ne s'en tirant pas trop mal : il a, pour nous, le mérite de donner la réplique à son célèbre interlocuteur, et de l'attaquer de questions. On n'a, malheureusement, pu nous donner qu'un très-petit nombre des lettres écrites à M. de Vitrolles, le véritable intime de Lamennais ; il y en a aussi quelques-unes, mais trop peu, à M. Berryer.

Nous ouvrons le livre, et dès l'abord ceux qui ne connaissent que le Lamennais des derniers temps sont comme transportés aux antipodes : on a un Lamennais tendre, gai, enfant, innocent, tout occupé du petit troupeau spirituel qui se rangeait autour de l'abbé Carron, et badinant avec un peu moins de légèreté que Saint-François de Sales, mais avec la même allégresse ; un Lamennais parlant du *bon Dieu*, de la *Sainte Vierge*, et disant en toute naïveté : « Les Feuillantines sont ma pensée habituelle. — Mon cœur, ma vie est aux Feuillantines ; je me trouve partout ailleurs étranger. » Qu'il y a loin de là au Lamennais qu'on a vu siéger, silencieux et le front plissé, à la Montagne ! Et cependant ne soyons pas plus étonnés, pas plus scandalisés qu'il ne faut. Jetons un regard sur nous-mêmes, et demandons-nous si dans notre vie, dans notre cœur, depuis l'âge de la jeunesse jusqu'à celui des dernières années, il n'y a pas de ces distances infinies, de ces abîmes secrets, de ces ruines morales peut-être, qui, pour être plus cachées, n'en sont pas moins réelles et profondes.

Mais bientôt, jusque dans le Lamennais de ce temps-là, nous allons retrouver celui que nous avons connu en dernier lieu, le même caractère exactement, la même âme, une âme excessive, inquiète, haletante, appelant sans cesse et repoussant le repos, enviant la mort et activant la vie, se croyant une mission d'en haut, une vocation, et tenu d'y obéir : car *qui a résisté à Dieu et a eu la paix?* — Avec la publication de son second volume de l'*Essai sur l'Indifférence,* la dispute s'engage, la lutte commence. Tout en se livrant à son travail, il s'attend, dit-il, à de nouvelles calomnies, à de nouvelles persécutions : il en a besoin ; il a, si je puis dire, la sensation intellectuelle ardente. Tout ce qui est modéré lui paraît fade. Il ne comprend que l'unité de principe et ses conséquences rigoureuses, le système exact, la logique absolue : un monde complet, tout un ou tout autre. Sa tête travaille à l'enfanter, et, quand il l'a conçu, il l'impose : il appelle cela la *Vérité;* et quoi de plus respectable que la Vérité? Celle qu'il a trouvée, il la croit aussitôt divine, universelle ; il l'adore, il la prêche, il s'indigne qu'on hésite à l'embrasser.

En même temps que la forme de son intelligence n'admet que le système absolu, la nature de son âme aussi n'est capable que d'affections extrêmes. Aimer à l'excès ou haïr, il ne conçoit pas de milieu. Incomplet, excessif, violent pour les sentiments comme pour les idées, il est en tout sans trêve et sans nuances. Si pour lui, dans l'ordre intellectuel, le vrai est tout entier d'un côté et le faux de l'autre, dans l'ordre moral le bien absolu, à ses yeux, est également tout d'un côté, et le mal du côté opposé ; à droite les bons, à gauche les méchants ; les agneaux séparés des boucs, pas de mélange ! Que si, à cette périlleuse disposition d'esprit et d'âme, vous ajoutez une tournure d'imagination mystique, funèbre, apocalyptique, sujette aux terreurs, vous comprendrez qu'il avait en lui les ferments qui produisent aisément le fanatisme.

Aussi, à tout ce qu'il aime et croit, comme à tout ce qu'il repousse, il attache involontairement une idée sacrée de sainteté ou de malédiction; il adore ou il déteste, il bénit ou il exècre. Il y a plus, il a besoin lui-même d'être *déserté*, d'être détesté; c'est pour lui un bon signe. « C'est à peu près, dit-il, la seule consolation de ce monde : quand les hommes vous maudissent, c'est alors que Dieu vous bénit. »

Il a besoin, je l'ai dit, de sensations intellectuelles aiguës; cette ardeur effrénée et cette surexcitation que d'autres, poëtes surtout et artistes, ont portée dans les jouissances sensuelles, il la porte, lui, dans les systèmes philosophiques et politiques. Tout ce qui est moyen et mitigé, il le rejette d'ennui et de dégoût; il vomit les tièdes.

En un mot, il n'a pas de convictions proprement dites comme tel ou tel philosophe, il n'a que des *croyances*. On a fort discuté pour savoir si Lamennais, à un moment de sa jeunesse, et avant d'entrer dans l'état ecclésiastique, avait cessé entièrement de croire. Cette question a moins d'importance avec lui qu'avec tout autre; car il était *croyant* par nature, par tempérament. On a dit de M. de Tracy le philosophe : « M. de Tracy était humilié de *croire*, il voulait *savoir*. » C'est le contraire pour Lamennais : il méprisait qui ne croyait pas. Sa forme profonde d'esprit était la foi : croire à une chose ou à son contraire, n'importe! pourvu qu'il eût la foi. Il n'était content que quand sa pensée était fixée à l'extrême. La science, pour lui, ne venait qu'après, à l'appui de sa foi, de celle qu'il avait pour le moment, et comme pièce de démonstration. Il a retourné sa foi à un moment, mais il en a toujours eu une (sauf à de bien rares instants). Il n'estimait que cet état de croyant. Un sceptique, c'est ce qu'il avait le plus en horreur.

Et un indifférent donc! Il a parlé quelque part de Fontenelle, celui de tous les êtres qui lui ressemblait le moins assurément, le plus patient des hommes, le plus disposé à prendre les autres comme ils sont, et qui, dans une vie de quatre-vingt-dix-neuf ans, ne s'était jamais mis une seule fois en colère. Il le traite avec bien du dédain.

En effet, dans cette Correspondance, à mesure qu'on avance, Lamennais ne cesse pas d'être en colère. Il voudrait régénérer la société; il s'est fait du monde au Moyen-Age et du catholicisme en son beau temps une idée une et magnifique que l'étude de l'histoire, à coup sûr, ne justifierait pas; mais enfin, sentant que ce beau temps est passé, il voudrait le renouveler, à sa manière; il a un plan pour cela, une recette sûre, son système à lui. Longtemps il espéra le faire adopter à Rome, et par Rome, sur un mot d'ordre du Souverain Pontife, il se flatta de remettre au pas la société ecclésiastique, puis la société laïque elle-même. En attendant, le gouvernement en France ne semblait pas à Lamennais marcher dans la bonne voie; non que ce gouvernement fût le moins du monde libéral, mais même en essayant de faire rebrousser la société en arrière, le ministère Villèle était obligé de tenir compte des obstacles, des faits accomplis depuis 1789. Lamennais entrait là-dessus dans des impatiences, dans de véritables fureurs; il est curieux d'en noter les accès, les redoublements, presque à toutes les pages de la Correspondance. Ses invectives se partagent entre l'opposition qui contrarie les mesures et projets du ministère Villèle et ce ministère lui-même, qui, à son gré, ne va pas assez vite ni assez loin.

Ainsi, la Chambre des pairs s'oppose-t-elle à la loi du sacrilége, telle que la proposait le ministère et telle que la voudrait Lamennais, celui-ci écrit à M. de Coriolis (16 février 1825) :

« Je trouve que la Chambre des pairs va chaque jour se surpassant elle-même; on ne sait où elle s'arrêtera... Imaginez, monsieur le marquis, quatre cents... je ne sais que dire, le mot me manque pour désigner cette espèce d'êtres, — qui écoutent gravement des choses de cette force et délibèrent, etc., etc. »

La Chambre des députés, vouée pourtant à l'esprit de réaction, mais qui ne va pas assez vite à son gré, n'est pas mieux traitée par lui. Ce sont *quatre cents bûches pourries* :

« J'éprouve tous les jours une chose que j'aurais crue impossible; c'est un accroissement de mépris pour les hommes de ce temps. Je n'aurais jamais pensé que la nature humaine pût descendre si bas : elle a passé mes conjectures et mes espérances. J'ai beau chercher dans ma mémoire, je ne trouve rien à comparer, même de loin, au spectacle que nous offre la Chambre des députés... Jamais on n'avait vu une dégradation si burlesque ni une corruption si bête. » (28 mars 1825.)

Ces injures, ces invectives se reproduiront sous sa plume, durant plus de vingt ans, contre tous les pouvoirs plus ou moins constitués, contre ceux même qui se ressembleront le moins; et un jour la république, cet objet final de son rêve, y passera comme les autres. C'est, je l'ai dit ailleurs, une *âme de colère* que Lamennais; il amasse par tempérament de la bile et des flots d'amertume qu'il a besoin de déverser. Jugeant à chaque instant les choses si désespérées, les sentant si intolérables, il est d'une impatience de les voir changer, que rien n'égale, et présageant le lendemain selon son désir, il annonce sans cesse une révolution, un bouleversement imminent et universel, cataclysme social, schisme, hérésie en religion, excès du mal d'où naîtra le remède. Écoutez :

« Tout se prépare pour un changement de scène, et pour moi je crois toucher à la catastrophe de ce drame terrible. » (30 avril 1825.)

« Pauvre, pauvre siècle! Enfin nous voyons le commencement de ce schisme que je prévoyais, car ne pensez pas qu'on en reste là. » (7 décembre 1825.)

« Vous peignez admirablement (il s'adresse à M. de Coriolis) cette caricature de société à laquelle chaque jour ajoute quelque trait hideux ou comique. C'est en grand le chariot de Thespis avec cette différence que les acteurs aspirent au moment où, au lieu de lie de vin, ils pourront se barbouiller de sang. Quel avenir! et comme il approche! » (6 janvier 1826.)

« La société renaîtra-t-elle? je l'ignore; mais je sais qu'elle ne peut renaître qu'après un bouleversement complet et universel... Cela ne m'empêchera pas de lutter jusqu'au bout. Je tiendrai ferme dans mes Thermopyles... » (11 janvier 1826.)

« Il y a un désordre profond dans les esprits ; on ne s'entend sur rien : la société des intelligences est dissoute... Depuis que je suis ici (à Paris), je crois être à Charenton, et pis que cela. » (18 février 1826.)

Ainsi à chaque page ; c'est un coup de tocsin perpétuel ; il ne vit que d'alarmes ; il ne se supporte pas dans le présent ; le présent lui donne des vertiges, et il se précipite tête baissée dans l'avenir. Ce mot d'*avenir* est magique pour lui et lui fait mirage. Jamais homme ne fut plus pressé d'en finir. Il a le mépris du *petit à petit*, du *peu à peu*. Le bien, le mal, ce que vous voulez faire, faites-le vite : *quod facis, fac citiùs* ; c'est son refrain de chaque jour. Mais, par une singulière inconséquence, il y a des moments où il juge très-bien ceux qui sont trop empressés en sens contraire et qui espèrent que le monde ira aussi vite que leur désir : « Il y a dans les choses, remarque-t-il, une résistance qui n'est pas dans les idées, sans quoi le monde ne subsisterait pas six mois. »

Prendre des notes comme je le fais dans la Correspondance de Lamennais, c'est littéralement prendre des notes au chevet d'un malade qui, dans les accès de redoublement d'une fièvre continue, a tantôt d'affreux cauchemars, tantôt, et plus rarement, des visions entrevues dans l'azur. Le cauchemar domine ; l'Enfer tient plus de place que le Paradis. — « La société voyage dans les cercles de Dante. — Je vois comme une voûte de fer s'abaisser sur les peuples. — La société est idiote quand elle n'est pas frénétique, — cette pauvre société idiote qui s'en va à la Morgue en passant par la Salpêtrière. » C'est lui qui dit ces choses, et on peut imaginer quelle perspective lui composent ces belles images. Aussi brûle-t-il de s'en délivrer, et, pour cela, de passer outre, d'arriver d'un bond au terme. Il aime mieux la crise que l'attente de la crise ; il appelle la catastrophe pour hâter l'heure de la reconstruction. Car la Vérité triomphera, cette Vérité « qui seule, dit-il, a eu ses premières années, et qui aura ses dernières; » mais quelle vérité? — Je ne saurais mieux comparer Lamennais, pour son empressement à devancer les temps, qu'à un homme qui aurait dans la tête une montre à répétition qui lui sonnerait l'heure à chaque minute. On a fait douze minutes, et il croit qu'on a fait douze heures. La demi-heure n'est pas achevée que, lui, il a compté vingt-quatre heures bien sonnées, et il se lève en disant : *Nous sommes à demain!*

Au milieu de tous ces vertiges, de ces frénésies, de ces angoisses, et des *volte-face* qui s'ensuivent, il lui sera tenu compte d'une grande intention, d'un pressentiment extraordinaire et de quelques cris de dénonciation prophétique. Ce maniaque de génie ne s'est pas trompé sur tout. Il a eu la seconde et la troisième vue trop prompte, mais il a anticipé bien des choses qui s'opéreront; il les a vues à l'état de catastrophe, tandis que ce ne sera peut-être que par voie de transformation qu'elles s'introduiront insensiblement ; mais si le résultat est au bout, cela peut suffire pour l'indulgence des futurs neveux.

Même quand il est le Lamennais d'un ordre théocratique qu'il abjurera, il touche et intéresse, à le voir de près; il ne déplaît pas. Il est d'un naturel, en effet, d'un sincère, d'une intrépidité sans égale, d'une imprudence à faire peur; il justifie ce mot de l'abbé Frayssinous sur lui (seule réponse à tant d'injures) : « Cet homme *d'une candeur effrayante...* » Il justifie cet autre mot de son frère, l'abbé Jean, qui le nomme de son vrai nom : « Dieu l'a fait soldat! » Il va droit devant lui, aspirant à être un héros de sa cause, mais sans affecter jamais les poses d'un héros ; c'est le moins fat des hommes. Il a soif simplement d'être confesseur et martyr ; il voudrait vivre sous Tibère pour verser son sang. Il se répand lui-même, il se livre tout entier et se découvre ; il est tout dans son glaive, dans la pointe de son glaive, et n'a point de bouclier.

À tout moment, de belles paroles, des paroles élevées, pénétrantes, en même temps que suaves, lui échappent, et l'on s'étonne que l'on puisse avoir tant de talent, tant de ressorts dans l'âme (car il n'est pas si monotone qu'on l'a dit) avec si peu de bon sens pratique. Voulez-vous des paroles grandes et magnifiques?
— En voulez-vous de ravissantes de douceur?

Dans une lettre à Mme de Senfft, au plus fort des luttes (19 décembre 1827) :

« Je prends un plaisir extrême à voir cette vie passer comme l'oiseau qu'on entrevoit à peine, et qui ne laisse point de trace dans les airs. Et quand, après cela, j'arrête mes regards sur cette immense Éternité, fixe, immobile, vaste comme mon cœur, inépuisable comme ses désirs, je voudrais, je voudrais m'élancer dans ses profondeurs. Mais patience! allons jusqu'au bout; le bout n'est pas loin. Et puis le repos, la joie, l'éternelle vision de tout bien, *facie ad faciem!* »

Sur la mort des personnes qu'on aime, dans une lettre à M. de Vitrolles qui avait perdu sa fille (5 septembre 1829) :

« Il n'y a qu'un voile entre elle et vous : que cette certitude vous console! Nous nous en allons vers notre vraie patrie, vers la maison de notre père ; mais, à l'entrée, il y a un passage où deux ne sauraient marcher de front, et où l'on cesse un moment de se voir : c'est là tout. »

A Mme de Senfft encore, au moment où il agitait de publier *les Paroles d'un Croyant* (19 février 1834) :

« Vous allez entrer dans le printemps, plus hâtif qu'en France dans le pays que vous habitez (Florence); j'espère qu'il aura sur votre santé une influence heureuse : abandonnez-vous à ce qu'a de si doux cette saison de renaissance; faites-vous fleur avec les fleurs. Nous perdons, par notre faute, une partie, et la plus grande, des bienfaits du Créateur; il nous environne de ses dons, et nous refusons d'en jouir, par je ne sais quelle triste obstination à nous tourmenter nous-mêmes. Au milieu de l'atmosphère de parfums qui émane de lui, nous nous en faisons une, composée de toutes les vapeurs mortelles qui s'exhalent de nos soucis, de nos inquiétudes et de nos chagrins ; — fatale cloche de plongeur qui nous isole dans le sein de l'Océan immense. »

Mais n'est-ce pas lui qui se mettait volontairement sous la cloche du plongeur?

Il a des éclairs, rien que des éclairs de lucidité et des velléités d'apaisement, où il parle comme un homme revenu et tout à fait sage. Ainsi, à cette même comtesse de Senfft, après qu'il a franchi son Rubicon et qu'il a pris pied sur l'autre rivage :

« Plus je vais, plus je m'émerveille de voir à quel point les opinions qui ont en nous les plus profondes racines, dépendent du temps où nous avons vécu, de la société où nous sommes nés, et de mille circonstances également passagères. Songez seulement à ce que seraient les nôtres, si nous étions venus au monde dix siècles plus tôt ou, dans le même siècle, à Téhéran, à Bénarès, à Taïti. En relisant bien des choses que j'ai écrites, je ris de moi-même de bon cœur ; cela me met dans une grande défiance de mes propres idées d'abord, et puis de celles des autres. N'est-ce pas là toujours un profit réel ? »

Mais ne voilà-t-il pas qu'il est sage et modéré presque comme un Montaigne ! Quel dommage qu'il n'ait pas mieux persévéré dans cette veine ! Son démon familier ne le souffrait pas.

Il n'aime pas Paris, il n'aime pas Rome, il déteste Genève : qu'aime-t-il donc, ce dur Breton, avec ses aspérités d'origine et ses antipathies de race ? Il aura des paroles de tendresse pour la France :

« Chère France ! elle est encore, à tout prendre, ce qu'il y a de mieux dans cette Europe si corrompue. Sans doute elle renferme beaucoup de mal, mais *le mal y est moins mauvais qu'ailleurs,* et c'est beaucoup. » — « Vous jugez la France trop défavorablement, dit-il encore ; sans doute les âmes y sont, comme partout, affaiblies par l'égoïsme, mais infiniment moins que vous ne pourriez le croire. C'est encore, à tout prendre, le pays où il y a le plus de vie... »

Et ces mots ont d'autant plus de prix sous sa plume

qu'il les faut détacher du milieu de toutes sortes de malédictions contre les gouvernements et les régimes sous lesquels il les écrivait.

Le moment le plus intéressant à observer dans la Correspondance, et qu'elle éclaire, toute brisée qu'elle est, c'est celui où il se transforme : on sent le nouveau Lamennais naître et venir sous le premier. Il voulait régénérer à tout prix le monde. Homme d'Église et à la fois de sentiment démocratique (si l'on va au fond), il avait pensé naturellement d'abord à opérer cette régénération par l'Église, l'élite du monde selon lui, et par le chef de l'Église, dirigeant et inspirant sa sainte milice. Ce n'est que de guerre lasse et de désespoir qu'il se jeta dans les bras du parti contraire : il ne prit pour nouvelle et dernière formule : *Tout pour le peuple et par le peuple!* que quand il eut désespéré de faire accepter la sienne, sa formule première : *Tout par le Pape et pour le peuple!*

On le suit dans ses deux voyages de Rome, sous Léon XII, en 1824, et sous Grégoire XVI, en 1832. Si on l'avait fait cardinal la première fois, comme il paraît que Léon XII y songea, que serait-il advenu? qu'aurait-il fait, une fois coiffé du chapeau? Grande question pour Lamennais, comme au xviie siècle pour M. Arnauld, — plus douteuse, selon moi, pour Lamennais, qui était plus mobile. Il aurait bien pu voir différemment les choses par les fenêtres du Vatican.

Il a, dans tous les cas, de bien grandes et fortes paroles sur le silence dont là-bas on l'accueille, sur le sentiment de cette immobilité invincible, de ce peu de réponse et d'écho, de cette neutralité si prolongée qui était sans doute une sagesse relative, mais qui différait tant de la grande sagesse et de la haute politique d'autrefois :

« Combien de temps Dieu permettra-t-il encore qu'on se taise *là !* — Je ne crois pas que depuis que le monde est monde, il y ait eu un mouvement si prodigieux d'idées au milieu du silence de tout ce qui est institué pour parler. Chaque flot a sa voix dans cette vaste mer : le souverain de l'Océan se tait seul dans sa grotte. »

Prêt à sortir de Rome en 1832, il s'écriait :

« J'espère que mon séjour à Rome ne se prolongera pas désormais longtemps, et l'un des plus beaux jours de ma vie sera celui où je sortirai de ce grand tombeau, où l'on ne trouve plus que des vers et des ossements. Oh! combien je me félicite du parti que j'ai pris, il y a quelques années, de me fixer ailleurs, et que vous m'avez tant reproché (il écrit à madame de Senfft) ! J'aurais traîné, dans ce désert moral, une vie inutile, me consumant d'ennui et de chagrin. Ce n'était pas là ma place. J'ai besoin d'air, de mouvement, de foi, d'amour, de tout ce qu'on cherche vainement au milieu de ces vieilles ruines... Le Pape est pieux et voudrait le bien mais, étranger au monde, il ignore complétement et l'état de l'Église et l'état de la société. »

Ses lettres de cette date sont tout entières à lire dans le volume ; elles exhalent des cris d'aigle et de prophète. Cela perce le papier et ne se transcrit pas.

L'idée d'un grand rival se présente inévitablement à l'esprit. Il en est (et je le conçois) qui opposent et préfèrent Joseph de Maistre à Lamennais. Je leur demande de lire, avant de prononcer, les lettres des 10 février et 1er novembre 1832, du 25 mars 1833, des 27 avril et 20 août 1834, et celle du 8 octobre, même année, dans laquelle Lamennais discute et juge à son tour de Maistre. La faculté de souffrir, de saigner pour tous, et d'espérer, malgré tout, en l'avenir du monde, les sentiments d'humanité, de sociabilité chrétienne, qui y éclatent, sont tels que Lamennais ne craint ici la comparaison avec personne. L'expression est souvent sublime.

Le Lamennais des *Paroles d'un Croyant* sortit un jour de cette lutte intérieure et de cette poignante agonie : il brisa soudainement avec son passé. On voit dans cette Correspondance quelle plaie cruelle cette rupture laissa dans le cœur des plus fidèles amis. Il avait beau les prévenir, ces amis tendres, et leur dire comme à l'oreille : « Peut-être, avant peu, entendrez-vous parler de quelque chose qui fera crier... Il va paraître un petit livre qui vous déplaira fortement. Je vous supplie de ne pas le lire. » Eux, tout alarmés, lisaient bien vite et restaient navrés. Leur amitié, pourtant si atteinte, n'en mourut pas : on se détachait difficilement de l'homme en Lamennais, quoi qu'il pût faire.

Il avait cru d'abord pouvoir se résigner au silence : « Pour moi, disait-il, je suis bien résolu de ne plus rentrer dans la lice; blessé par ceux pour qui je combattais, j'en sors pour toujours. » Quelques mois étaient à peine écoulés qu'il rentrait dans cette même lice, mais par une tout autre barrière.

M'est-il permis de dire, sur ce moment décisif de sa vie, quelque chose que je sais bien?

C'est moi-même qui me suis trouvé chargé par Lamennais du manuscrit des *Paroles d'un Croyant* pour en procurer la publication, comme on disait autrefois, pour en surveiller l'impression; je n'ai jamais raconté ces détails qui peuvent avoir leur intérêt, et dont plusieurs personnes existantes sont là encore pour attester, au besoin, l'exactitude.

Tout à la fin de mars ou dans les premiers jours d'avril 1834, M. de Lamennais, avec qui j'étais lié alors (et avec lui on ne l'était pas à demi), m'écrivit un mot dans lequel il m'exprimait le désir de me voir pour une affaire qui pressait. Je courus chez lui; il demeurait à l'extrémité de la rue de Vaugirard, dans une grande maison qu'il occupait avec quelques-uns de ses amis. En arrivant, je vis à la porte un carrosse, et, en traversant la cour, je rencontrai l'archevêque de Paris, M. de Quélen, qui venait de visiter M. de Lamennais, et, sans doute, de lui prodiguer les égards pour le contenir. En entrant à mon tour dans la chambre d'où sortait le prélat, en m'asseyant sur la chaise de paille où l'avait fait asseoir M. de Lamennais, je m'aperçus que celui-ci était très-agité; il ne me laissa pas même commencer : « Mon cher ami, me dit-il sans plus de préambule, il est temps que *tout cela* finisse; je vous ai prié de venir. Voici, ajouta-t-il en ouvrant le tiroir de la petite table de bois près de laquelle nous étions assis et en y prenant un assez mince cahier d'une fine écriture, voici un petit écrit que je vous remets et que je voudrais que vous fissiez paraître le plus tôt possible : je pars dans deux jours, arrangez cela auparavant avec un libraire; vite, très-vite, je vous en prie. Je n'y veux pas mettre mon nom. » Je lui répondis que j'allais à l'instant m'occuper de chercher ce libraire, chose bien aisée avec son nom, un peu plus difficile peut-être avec la condition de l'anonyme. J'allai immédiatement chez l'éditeur Eugène Renduel, qui consentit au premier mot, en regrettant seulement que l'auteur ne voulût point se nommer. Mais quand je retournai le lendemain trouver M. de Lamennais, sa pensée avait fait du chemin ; il consentait à mettre son nom au livre. Il reçut la visite du libraire, s'entendit avec lui, et partit en me laissant les soins de l'impression : « Vous êtes maître absolu, me dit-il ; vous changerez ce qu'il vous plaira. » C'était là une parole de confiance dont j'entendais bien ne pas user.

L'impression commença. Je dois faire un aveu qui n'est pas à l'honneur de l'esprit critique, je ne parle que du mien. A peine en possession du petit écrit, je l'avais parcouru, et je n'en avais pas apprécié toute la valeur, toute la vitalité. Nous étions alors des raffinés en matière de style. La forme un peu déclamatoire, un peu apocalyptique, de cet éloquent pamphlet m'avait caché d'abord ce qu'il y avait là dedans de flamme communicative et de puissance d'éruption, — de ce qui faisait dire plus tard à l'auteur : « C'est égal ! la fibre humaine a vibré. » Je fus averti d'une singulière manière. Un matin que je reportais les épreuves, on me prévint que l'imprimeur, M. Plassan, désirait me parler. « Vous êtes chargé, me dit-il, de l'impression d'un écrit de M. de Lamennais qui va faire bien du bruit ; mes ouvriers eux-mêmes ne peuvent le composer sans être comme soulevés et transportés ; l'imprimerie est toute en l'air. Je suis ami du gouvernement, je ne puis mettre mon nom à cette publication; mais, comme l'affaire est commencée, je ne refuse pas mes presses. On a le temps de chercher un autre nom d'imprimeur. » Je n'étais que passif en tout ceci; je prévins l'éditeur, M. Renduel, et je ne sais plus comment les choses s'arrangèrent.

Seulement, à un moment de l'impression, un passage du chapitre XXXIII, où est décrite une vision, me parut passer toute mesure en ce qui était du Pape en particulier et du catholicisme. Il n'entrait pas dans mon esprit que M. de Lamennais prêtre, et, à cette date, n'ayant nullement rompu encore avec Rome, pût se permettre une telle hardiesse. J'usai de la faculté qui m'avait été laissée; je pris sur moi de rayer deux lignes et de mettre des points. Ces points ont subsisté depuis dans toutes les éditions, je crois, et l'auteur ne m'a jamais parlé de cette suppression.

Cette publication des *Paroles d'un Croyant* rompit toute incertitude sur les pensées de Lamennais et fixa aux yeux de tous et aux siens propres sa situation. C'est probablement ce qu'il voulait; ce fut comme le coup de canon qu'on tire en mer pour dissiper le brouillard. Il fut manifeste dès lors à tous qu'il était entré à pleines voiles dans un océan nouveau.

On sait le reste ; on sait que sa dernière navigation ne fut pas plus exempte que l'autre de bourrasques et de tempêtes. Il y eut des jours où le fils de l'armateur parut redevenir un corsaire. Les Lettres de Lamennais publiées déjà ou encore à publier, corrigeront heureusement ce que ses derniers excès de parole en 1848 avaient pu laisser de trop défavorable dans les esprits à son sujet; elles le montrent au naturel, avec tous ses défauts, avec ses compensations et ses avantages. Aujourd'hui qu'il est couché dans le tombeau et que l'idée entière de l'homme plane et surnage, rendons-lui son nom véritable : c'est le soldat de l'avenir, le soldat démocratique croyant et fervent, sans paix ni trêve, ne connaissant que le cri *En avant!* insensé bien souvent, hors de toute mesure, mais avec ce profond sentiment des infirmités sociales et des souffrances populaires, en faveur duquel il lui sera beaucoup pardonné. L'avenir ne le reniera pas ; sa dernière forme, dégagée de quelques violences qui de loin, déjà, nous font seulement sourire, prévaudra dans la mémoire ; son dernier geste, dès qu'on veut bien oublier l'énergumène ou l'enfant colère, est d'un ami touché de tendresse jusqu'au fond de l'âme pour ceux qui viendront. Lamennais était un apôtre et un prophète égaré, dépaysé : un apôtre, après tout, n'est pas un homme politique ; un prophète n'est pas un conseiller d'État de salon ou de canapé. Il peut suffire à sa justification auprès des races futures que quelques-uns de ses essors et de ses coups d'œil aient une longue portée. Or, cela est vrai de l'esprit étrange et puissant dont nous parlons. Il a eu ses abîmes, il a ses grandeurs. Un homme qu'il combattit toute sa vie et qui ne le rencontra jamais en face (tant Lamennais était toujours en deçà ou au delà), M. Guizot, a tracé de lui, au tome III de ses *Mémoires,* un portrait supérieur, éloquent, ressemblant, généreux d'intention jusque dans sa sévérité, admirable de talent, pour tout dire. Eh bien! dans l'avenir, sur quelques-unes des questions les plus vivaces, il n'est pas sûr que, des deux, ce soit Lamennais qui passe pour s'être le plus trompé.

Lundi 30 septembre 1861.

MÉLANGES RELIGIEUX

HISTORIQUES, POLITIQUES ET LITTÉRAIRES,

PAR

M. LOUIS VEUILLOT (1).

ÇA ET LA, PAR LE MÊME (2).

> « C'était le point attaqué, et j'aime la lutte. »
> VEUILLOT, *l'Honnête Femme.*

Voilà un bien gros morceau. Je ne les crains pas autant que quelques-uns le pensent, mais le moment pour moi de mordre à celui-ci n'était pas venu. Quand je dis que le moment me paraît venu aujourd'hui, que l'on me comprenne bien ; ce n'est point parce que M. Veuillot est hors de la lice, que je crois devoir en profiter. D'ailleurs, des écrivains comme lui ne sont jamais

---

(1) Douze volumes in-8°, en deux séries, chez Gaume frères, rue Cassette, 4, et Louis Vivès, rue Delambre, 5.
(2) Deux volumes in-18, 4ᵉ édition, 1860.

désarmés. Mais il y a un peu de silence autour de lui, et ce silence est favorable à l'étude que je désire faire de ses œuvres et de son talent.

Je ne suis point, et tant s'en faut, un adhérent ; je ne suis pas ou je voudrais être le moins possible un adversaire : je ne suis que cette chose qu'il méprise tant et qu'il traite si à la légère, un littérateur, de ceux qui se sentent attirés vers l'esprit et le talent partout où ils les rencontrent, fût-ce dans le plus grand mélange. Il m'a reproché un jour de m'être occupé de Rabelais, de qui La Bruyère a dit que c'est tantôt « le charme de la canaille, » et tantôt « le mets des plus délicats. » Je viens à lui au même titre, comme à un grand satirique et railleur, quoiqu'au fond je le trouve souvent moins raisonnable que Rabelais.

Un des hommes envers qui M. Veuillot s'est montré le plus injuste, M. de Rémusat, me disait un jour, à propos de l'élection de l'abbé Lacordaire à l'Académie, sur laquelle je le poussais : « Que voulez-vous ? j'ai un si grand faible pour le talent qu'il n'est pas jusqu'à ce diable de Veuillot à qui je ne pourrais m'empêcher, je crois bien, de donner ma voix s'il se présentait. » Voilà le vrai littérateur, libre d'esprit, comme je voudrais être.

Des dieux que nous servons connais la différence !

Mais j'oubliais que M. Veuillot a dit qu'une citation de Voltaire « se place tout naturellement dans la bouche des sots. »

— Et puis, je plaisante ; car, lui-même, dans les

courts instants où il n'a voulu être que littérateur, je l'ai trouvé, pour mon compte, très-indulgent.

La meilleure manière d'arriver à être juste pour M. Veuillot, est de se le bien expliquer. Il est enfant du peuple, fils d'honnêtes gens, de gens de peine et de travail. Élevé au hasard, mis pour toute école à *la mutuelle*, puis petit clerc d'avoué, il s'est formé lui seul ; il a dû faire lui-même son éducation, acquérir sans maître sa littérature : il a commencé d'écrire avant de commencer à étudier. Il avait dix-sept ans en 1830, quand la Révolution de Juillet éclata et quand le gouvernement du juste-milieu essaya de se fonder. On eut bientôt besoin de plumes et de défenseurs ; on en prit jusque parmi les enfants. M. Veuillot fut du nombre. On a vu, depuis, la République prendre ses défenseurs, à son tour, jusque parmi les enfants et organiser les *mobiles*. Le lendemain de la victoire, une femme de la haute société et de beaucoup d'esprit disait à M. de Molènes : « C'est fort heureux, monsieur, que vos *petits monstres* n'aient pas tourné. » Cela tint à peu de chose, en effet. De même pour M. Veuillot, qui fut d'abord un des *mobiles* du gouvernement de Juillet, un des enfants terribles qu'il enrôla : « Sans aucune préparation, dit-il, je devins journaliste. Je me trouvai de la Résistance ; j'aurais été tout aussi volontiers du Mouvement, et même plus volontiers. » Il méprisait en effet la bourgeoisie, tout en défendant l'ordre public ; il avait en pitié le *pays légal* tout en le servant. On l'envoya rédiger des journaux en province, à Rouen, à Périgueux ; il s'y fit la main, il s'y forma l'esprit, il y connut les hommes, et conçut d'emblée fort peu d'estime pour l'espèce en général, sauf un petit nombre d'exceptions. Il eut notamment la fortune de connaître à Périgueux le général Bugeaud, qu'il devait retrouver plus tard, et dont le rude et mâle bon sens, plus probe que délicat, lui imprima un pli.

Il éprouva tout d'abord pour ce guerrier, alors très-impopulaire, un sentiment qu'il ne prodiguait pas, le respect; et, dans la suite, engagé au plus fort des luttes, on l'a entendu dire : « Il y a deux hommes dont je ne dirai jamais de mal, le maréchal Bugeaud et M. Guizot. » Et il tint parole, exactement pour l'un, à très-peu près pour l'autre.

A cette date où nous sommes, il n'avait rien, ou bien peu de chose, du chrétien encore; c'est dans un voyage à Rome, où il était allé avec un de ses amis par simple curiosité, qu'il se convertit. Il avait vingt-cinq ans. Il a raconté ce moment décisif de sa vie d'une manière touchante, et que nul n'a droit de ne pas croire sincère. M. Veuillot, pour un tel acte accompli dans le secret de la conscience, n'a besoin d'aucun garant, et il a donné, ce me semble, assez de gages publics et fait assez de sacrifices à sa cause pour que personne ne mette en doute sa sincérité quand il dit : *Je crois*. Mais il y a un côté en lui que je me flatte de comprendre mieux que la plupart de ses adversaires ; c'est ce côté-là, et j'y insiste. Moi aussi j'ai visité Rome vers ce même temps, une année après M. Veuillot, et, me rappelant mes impressions d'alors, je conçois les siennes. Dans cette Rome encore paisible, telle que je la vis trop rapidement au passage, entre le Colisée et le Vatican, chaque âme, disposée à une dévotion, la développait à son aise, démesurément et sans que rien y fît obstacle. C'était le séjour le plus commode à une idée unique, à un culte de l'imagination ou du cœur, et j'en avais sous les yeux trois ou quatre existant ensemble, d'un ordre tout différent. Je voyais à l'École de France M. Ingres, dévot à l'antique et à Raphaël, et qui frémissait d'enthousiasme à ce seul nom. Le même jour j'avais vu le sculpteur Fogelberg, ce Suédois tout grec, dont l'œil se mouillait de larmes en nous montrant l'Apollon au Vatican et les contours lointains des paysages d'Albano. Le lendemain, c'était la princesse Zénaïde Wolkonski, toute catholique et propagandiste, toute chrétienne comme l'autre était tout païen, ayant à raconter des œuvres merveilleuses, couronnées de bénédictions surnaturelles : était-ce l'âge d'or des trois premiers siècles de l'Église qui recommençait? Je voyais aussi un vieux général polonais dévot aux chapelets et aux médailles dont il avait éprouvé et dont il préconisait maint effet ; à deux pas de là, le peintre Overbeck, dans son atelier, dévot à l'art pur chrétien. Que de dévotions différentes et toutes sincères! Et chacun d'eux s'étonnait qu'on n'habitât point Rome à jamais quand on y avait une fois touché ; chacun, dans cette masse de monuments et de ruines, se creusait sa Rome à lui, sa catacombe, ne voyait qu'elle, et n'était troublé par rien alentour dans ce grand silence. C'était juste le contraire de Paris, où l'on est percé à jour en tous sens et à chaque heure par l'idée du voisin ou du passant.

M. Veuillot fut touché d'un certain aspect de cette Rome multiple, de l'aspect à la fois grandiose et mystique ; mais il ne fut pas touché en simple artiste et amateur qui sent et qui passe. Ame robuste, entière, non usée de père en fils par l'élégance et la politesse des salons, intelligence brusque et absolue, non assouplie par la critique, non rompue aux systèmes, d'une sensibilité profonde et d'un grand besoin de tendresse au milieu de certaines grossièretés de nature, il fut atteint et renversé en même temps, retourné tout d'une pièce ; le fier Sicambre s'agenouilla : il se fit du même coup chrétien, catholique, ultramontain. Il ne faut pas oublier, en le jugeant, cette circonstance qu'il n'a pas sucé le christianisme peu à peu, à diverses reprises et dès l'enfance. Violent néophyte, catéchumène intrépide, il a embrassé le christianisme et toutes les religions romaines d'un seul coup, sans le moindre petit préservatif ou correctif à la française. Il revint de là en soldat de la foi et en missionnaire, décidé à propager et à enfoncer la vérité, coûte que coûte, parmi les infidèles, parmi les fils de Voltaire. M. de Montalembert guerroyait presque seul alors pour cette même cause. Voilà une recrue plébéienne qui lui arrivait, sur laquelle il ne comptait pas : un Cadoudal à côté du Larochejaquelein.

M. Veuillot ne tarda pas à renoncer aux journaux du gouvernement à la tête desquels son talent, apprécié déjà, l'allait placer ; il entra dans les journaux religieux (1842), et bientôt devint à *l'Univers* le rédacteur principal et le seul en vue, le champion qui, pendant près de dix-huit ans, porta le poids des discussions, des attaques et des colères.

Il avait publié auparavant ses impressions de voyage à Rome et en Italie, sous le titre de *Rome et Lorette* (il y a de belles choses), et, plus anciennement encore, un voyage en Suisse (1839), ou plutôt *les Pèlerinages de Suisse;* car tout prend un caractère religieux sous la plume de M. Veuillot. Il commence ce pèlerinage, qui a surtout pour objet la Suisse catholique, par une diatribe violente contre Genève, où l'on célébrait, quand il y passa, l'inauguration de la statue de Jean-Jacques, un sujet tout trouvé d'anathème : « Tristes fêtes dont nous n'osons plus rire, s'écrie l'auteur, quand nous songeons qu'il est une autre vie et que probablement ce malheureux Rousseau, mort dans l'hérésie, sans sacrements et, selon toute apparence, sans repentir, a plus à faire à la justice de Dieu qu'à sa clémence... » Je laisserais ce passage et le mettrais sur le compte de la jeunesse, si les mêmes sentiments d'exécration ne revenaient sans cesse sous la plume de l'auteur, si, dans ces volumes de *Çà et là* où il y a de charmants paysages et de beaux vers pleins de sensibilité, je ne voyais, lors d'une nouvelle visite à Genève (chapitre *Du Mariage et de Chamounix*), la même répétition d'injures contre la statue et les mêmes invectives contre les Genevois en masse. J'admets qu'on les aime modérément; mais pourquoi, chaque fois que l'on passe chez eux, commencer par les insulter? Pourquoi, dans ce même *Çà et là* (car je ne m'astreins pas à l'ordre chronologique), à propos d'une visite et d'un séjour en Alsace, courir sus aux

Juifs en masse, aux Luthériens, aux Piétistes ou non Piétistes, aux humbles pasteurs de ces contrées : « On rencontre par la campagne, dit l'auteur, des charretées de personnages, hommes et femmes, vêtus de noir, avec un certain air d'honnêteté douceâtre et de santé blafarde. Ce sont des pasteurs qui promènent leurs épouses, leurs enfants ou leurs fiancées ; ils n'ont guère autre chose à faire. » Notez qu'ici ce ne sont pas les nécessités de la polémique qui commandent, c'est pur zèle et train habituel d'esprit. Ces moqueries lui sortent d'abondance de cœur et se versent sur des classes entières, qui ont leurs infirmités sans doute et leurs ridicules, mais qui pourraient le rendre à la communion adverse. Et que dirait alors M. Veuillot ?

C'est ici que ma querelle sérieuse avec lui commence, et qu'avant de louer l'écrivain, l'excellent prosateur, et d'admirer le peintre vigoureux de la réalité, j'ai besoin absolument de m'expliquer sur le fond des choses, de marquer mes réserves ; car tout ce qui n'est pas croyant et convaincu à sa manière, gallicans, protestants, à plus forte raison déistes, naturistes ou *panthéistes*, comme on dit, tout y passe ; il les raille, il les crible d'épigrammes flétrissantes (car il a la touche flétrissante) ; il les traite même, en ses heures d'indignation, comme des espèces de malfaiteurs publics. Quand il s'y met, c'est tout un carnage.

Je ne fais pas ici de théologie, je ne fais que de la littérature ; mais enfin M. Veuillot nous croit-il donc si frivoles, parce que nous ne prêchons pas ? Il parle de vérité ; mais est-ce qu'il se figure que parce que nous sommes polis et que nous nous exprimons sur certains grands sujets d'un air de doute et de défiance pour nos propres opinions, nous ne croyons pas aussi à la vérité?

Au reste gardons-nous bien des professions de foi; restons dans notre rôle d'observateur qui veut être exact : je vais seulement faire deux ou trois suppositions qui n'en sont pas, mais qui sont des cas en effet existants. — Quoi? parce qu'un homme de bon esprit, étudiant les sciences, méditant sur les faits naturels, sur les lois qui les régissent, sur les origines mystérieuses et les transformations qui s'y opèrent, ne peut arriver à concevoir l'idée de Création proprement dite, et qu'il accepte plus volontiers l'idée d'une succession continue, avant comme après, pendant un temps infini, — cet homme qui, en raison de cette conception qui lui paraît la plus probable, ne peut avoir les mêmes idées que vous sur la genèse et l'origine du monde; — vous qui n'avez nulle idée des sciences proprement dites ni de leurs méthodes, ni de leurs résultats, ni de leur progrès continuel et croissant, vous l'insulterez pour ce fait seul, — lui qui est d'ailleurs un savant de mérite, un honnête homme, un sage!

Ou bien encore : — C'est un autre homme, un philosophe cette fois plutôt qu'un naturaliste, c'est un homme qui a médité plus abstraitement sur les causes et les effets, sur les lois de l'esprit humain. Cet homme admet bien, comme vous, l'idée générale de Création, et même il ne saurait concevoir l'idée contraire, celle d'une succession continue à l'infini; mais après cette idée de Création il s'arrête, il ne peut concevoir ni admettre que l'Intelligence et la Puissance infinie se soit, à un certain jour, incorporée, incarnée dans une forme humaine ; il respecte, d'ailleurs, au plus haut degré, à titre de sage et de modèle moral sublime, Celui que vous saluez d'un nom plus divin ; — et cet homme, parce qu'il ne peut absolument (à moins de se faire hypocrite) admettre votre idée à vous, avec toutes ses conséquences, vous l'insulterez !

Quoi encore ? — Cet autre homme, lui, est chrétien ; il admet la divinité, une émanation plus ou moins directe de la divinité, une inspiration d'en haut dans la vie, dans les actes et les paroles du Christ : mais il se permet de rechercher quels ont été au vrai ces actes et ces paroles ; il étudie les témoignages écrits, les textes ; il les compare, il les critique, et il arrive par là à une foi chrétienne, mais non catholique comme la vôtre : homme pur d'ailleurs, de mœurs sévères, de paroles exemplaires : et cet homme-là, parce qu'il ne peut en conscience arriver à penser comme vous sur un certain arrangement, une certaine ordonnance, magnifique d'ailleurs et grandiose, qui s'est dessinée surtout depuis le ve siècle, vous l'insulterez, vous l'appellerez à première vue *blafard en redingote marron !*

Mais je vais plus loin et je ne suis pas au bout : — Cet homme, — un autre homme encore, — est arrivé à admettre, à comprendre, à croire non-seulement la Création, non-seulement l'idée d'une Puissance et d'une Intelligence pure, distincte du monde, non-seulement l'incarnation de cette Intelligence ici-bas dans un homme divin, dans l'Homme-Dieu; mais il admet encore la tradition telle qu'elle s'est établie depuis le Calvaire jusqu'aux derniers des Apôtres, jusqu'aux Pères et aux pontifes qui ont succédé; il tient, sans en rien lâcher, tout le gros de la chaîne; il est catholique enfin, mais il l'est comme l'étaient beaucoup de nos pères, avec certaines réserves de bon sens et de nationalité, en distinguant la politique et le temporel du spirituel, en ne passant pas à tout propos les monts pour aller à Rome prendre un mot d'ordre qui n'en peut venir, selon lui, que sous de certaines conditions régulières, moyennant de certaines garanties; et ce catholique, qui n'est pas du tout un janséniste, qui n'est pas même nécessairement un gallican, qui se contente de ne pas donner dans des nouveautés hasardées, dans des congrégations de formation toute récente, dans des résurrections d'ordres qui lui paraissent compromettantes; — ce catholique-là, parce qu'il ne l'est pas exactement comme vous et à votre mode, vous l'insulterez encore!

C'est trop, et votre confesseur (je ne me permettrais jamais de m'immiscer dans ces choses, si vous n'étiez tout le premier à nous en parler), — votre confesseur lui-même vous l'a dit : « Vous êtes trop vif, trop aisément irrité. » Mais ce serait à vous de vous le dire. Autrement vous vous exposez à ce qu'on vous accuse, comme on l'a fait, d'être encore moins un cœur et un esprit qui se soucie de la vérité, qu'un tempérament qui se satisfait, un talent puissant et à jeun qui cherche partout sa pâture. Le Quirinal et le Vatican ne semblent alors n'être pour vous, en effet, que des positions plus commodes, du haut desquelles vous canonnez et balayez à plaisir le pauvre monde.

Je sais bien que dans la plupart des cas, vous n'avez attaqué ces catégories de *libres penseurs,* comme vous les appelez indistinctement et comme quelques-uns d'entre eux s'intitulent, que quand ils arboraient eux-mêmes leur drapeau et qu'ils ouvraient le feu. C'était guerre contre guerre. Comme dans les luttes à mort des Montagnards et des Girondins, on laissait assez en paix les gens de la Plaine, ceux qui ne soufflaient mot. — Pas toujours cependant, et plus d'un qui se tenait à l'écart y attrapait son éclaboussure.

J'en viens vite aux parties où j'ai à louer. Il y a dans *Çà et là,* à la fin du second volume, une *Confession littéraire,* et dans *Rome et Lorette,* un chapitre ou discours *du Travail littéraire,* dans lesquels M. Veuillot nous donne ses jugements sur les ouvrages d'esprit et sur les auteurs. Il nous livre là le secret de sa rhétorique tant naturelle qu'artificielle, telle qu'il se la fit à lui-même un peu avant le voyage de Rome et après. Jusqu'à vingt-quatre ans, il n'avait lu avec plaisir, nous dit-il, que les écrivains du jour, Michelet, Janin, Mme Sand, etc., et il les admirait ou les goûtait assez confusément. Le premier livre qui le tira de ce pêle-mêle, en lui donnant un terme de comparaison, et qui l'initia à la littérature classique, ce fut *Gil Blas,* qu'il vit entre les mains d'un ami ; le livre, à peine lu, le dégoûta à l'instant « de la faconde moderne, du roman d'intrigue, du roman de thèse, du roman de passion, et de tout cet absurde et de toute cette emphase qu'il avait tant aimés. » Ce prompt effet du naturel et du simple sur un esprit ferme et né pour le bon style est rendu à merveille. Pourquoi faut-il que l'auteur converti se soit cru obligé d'ajouter à cet éloge par manière de laisser-passer : « *Gil Blas* est un mauvais livre, plein de misanthropie, avec du venin contre la Religion...? » Pauvre *Gil Blas*, miroir et tableau fidèle de la vie humaine, il est bien innocent d'une intention si scélérate. Ce sont de ces choses qui me causent une vraie douleur quand je les lis chez M. Veuillot, et que je les rencontre à côté de tant de jugements fermes, sagaces, bien frappés : tel est dans ce chapitre le jugement sur Hugo et sur Musset en six lignes qui disent tout. — Entre les classiques français qu'il se mit à lire régulièrement, il n'en est aucun auquel il fut plus redevable qu'à La Bruyère; il l'étudia à fond, tour et style. La Bruyère a dû être pour un temps son livre de chevet. Le volume des *Libres Penseurs* (1848) en porte la marque à chaque page. C'est l'œuvre d'un La Bruyère ligueur, voisin des halles, vengeur des paroisses, qui profite habilement de la langue révolutionnaire et s'en fait un ragoût de plus ; qui s'en donne à cœur-joie et à lèche-doigt; qui, à défaut de Versailles où il n'est pas allé, se rabat et tombe sur la haute et basse bourgeoisie, sur la gent parlementaire, la gent écriveuse, grosse et menue, le fretin des journaux, la province ; mais qui, jusque dans le trivial et l'injurieux, dans ce qui dégoûte et repousse, a gardé l'art de l'imprévu, l'art de réveiller à chaque coup son lecteur par la variété des tons, le contraste des fragments, le *brûle-pourpoint* des apostrophes, tout ce qui supplée au manque de transitions.

Trop sévère pour Montaigne qui « de sa personne lui agrée peu, » il ne me paraît pas injuste pour Saint-Simon. Le jugement qu'il porte de ce *duc enragé* est des plus remarquables. Il devrait l'aimer, pensera-t-on, pour sa bile même et son fiel si coloré, pour cet excès précisément et cette rage de pinceau dans lesquels il semble vouloir l'imiter souvent. Non; un seul point gâte toute cette splendide indignation aux yeux de M. Veuillot : Saint-Simon est clandestin. Le feu de l'honneur et celui du génie irrité ne se recèlent pas ainsi durant cinquante ans : « Ces belles flammes veulent le jour. Saint-Simon se cache ; il fabrique sa prétendue histoire en secret, comme on fabrique la fausse monnaie... Il a tout son génie, toute sa vengeance dans un tiroir bien fermé. » Le tiroir ne s'ouvrira, le baril de poudre ne sautera que quand il n'y sera plus. Saint-Simon n'a jamais eu le courage de ses animosités et de ses colères. M. Veuillot, qui a eu le courage plébéien d'être un Saint-Simon en plein vent et à pleine poitrine, à la barbe de l'ennemi, a droit de dire son fait au duc et pair. Cette page restera.

Dans le discours sur le *Travail littéraire,* qui se lit à la fin de *Rome et Lorette* et qui est une espèce de discours académique de réception dans une société religieuse, M. Veuillot distingue deux veines et deux courants dans la littérature française, le courant gaulois, naturel, et ce qu'il appelle l'influence sacrée, religieuse, épiscopale : il fait à celle-ci, pour la gravité et l'élévation, une part bien légitime ; il est ingrat pour l'autre, pour le vrai et naïf génie national qu'il sent si bien, qu'il définit par ses heureux caractères, et que tout à coup il appelle *détestable,* se souvenant que ce libre génie ne cadre pas tous les jours avec le Symbole. Mais il a beau faire, il en tient, lui, à son corps défendant et *jusqu'aux moelles ;* il est bien du fonds gaulois, du plus gras et du plus dru ; quoique, sous l'influence combinée de Bossuet et de M. de Maistre et sous le coup des événements, il ait eu ses inspirations éloquentes, il n'est complétement original que quand il coupe en plein dans sa première veine. — Car des pages même comme celle que je viens d'indiquer sur Saint-Simon, si vertes, si amères d'accent et où la verve, après tout, ne demande qu'à s'étaler insolemment au soleil, cela n'a rien d'épiscopal : c'est du mâle gaulois, c'est du bon Regnier en prose, c'est d'un rude et vaillant compère.

En dehors des journaux, M. Veuillot a beaucoup écrit, et je ne puis parler de tous les livres qu'il a composés : le volume, *les Français en Algérie* (1845), résume avec intérêt les souvenirs d'un voyage qui remonte à 1841, et dans lequel il fut l'hôte, le commensal et presque le secrétaire du maréchal Bugeaud, nouvellement nommé gouverneur général. Il s'y montre fort réconcilié avec l'état militaire qu'il avait moins honoré avant de le voir à l'œuvre et en action. Disciple de M. de Maistre, il insiste sur le bienfait de la religion dans les camps, sur l'alliance du prêtre et du soldat, idée qu'il développera plus tard dans *la Guerre et l'Homme de guerre* (1855), et qui lui inspirera de beaux chapitres, *Bugeaud* et *Saint-Arnaud*.

Son roman de *l'Honnête Femme* (1844) ne peut être passé sous silence. Je recommande de préférence aux curieux la première édition non corrigée, plus complète que les suivantes, plus salée de gros sel et plus voisine du vieil homme. Il y a bien du talent, dans la première moitié surtout, car l'action se gâte en avançant. L'auteur a mis là, sous forme dramatique, ses observations de journaliste en province; il a réuni tous les personnages plats et ridicules auxquels il a eu affaire, dans un chef-lieu idéal qu'il appelle *Chignac*. Ils sont tous pris au *daguerréotype* ou *photographiés,* comme on dit aujourd'hui, avec un relief puissant. Ce n'est pas lui qui flatte et embellit l'humanité; doué et armé comme il l'est d'un esprit de malice et de goguenarderie, il la voit tellement bête, tellement basse, cette pauvre humanité, qu'il a bien besoin, à la fin, de la rédemption et du Crucifix pour ne pas la conspuer tout à fait. Mais dans la première partie de ce roman, où le sermon prendra trop tôt sa revanche, que de jolis chapitres pourtant, gais et fins, bien enlevés et dignes d'un Charles de Bernard, avec le trait plus accusé! Savez-vous qu'il a devancé *Madame Bovary* pour certaines peintures étonnantes de vérité locale? Il est réel au delà de tout. Balzac imagine et invente beaucoup plus dans ses portraits de provinciaux; il surcharge et surajoute à tout instant: M. Veuillot rend et copie mieux. En fait de journaliste de province, il est impossible de le méconnaître lui-même dans le petit journaliste ministériel, si insolent, si spirituel, si acharné à ses victimes, et à qui il fait dire, parlant de ceux-là mêmes qu'il est chargé officiellement de défendre :

« Quel plaisir de dauber sur ce troupeau de farceurs illustres et vénérés! Croirait-on, à les voir couverts de cheveux blancs, de croix d'honneur, de lunettes d'or, de toges et d'habits brodés, fiers, bien nourris, maîtres de cette société qu'ils administrent, qu'ils jugent et qu'ils grugent..., croirait-on que leurs calculs sont dérangés, que leur sommeil est troublé par le bruit du fouet dont ils ont eux-mêmes armé un pauvre petit diable sans nom, sans fortune et sans talent...? Grosses outres gonflées de fourberies et d'usure, je saurai tirer de vous quelque chose qui pourra suppléer au remords! Croyez qu'il n'y a point de Dieu; mais il y a un journaliste, un gamin... car enfin je ne suis qu'un gamin...

« Au fait, je ne sais pas jusqu'à quel point je vaux mieux qu'eux... Je fais un métier de bourreau, et je ne suis pas absolument sûr de le faire par conscience... Ils ont leurs passions, j'ai les miennes; ils cherchent leurs plaisirs, et moi, en les tourmentant, je cherche le mien... »

Voilà des aveux. — La fin du roman me déplaît et déplaira, je crois, à bien du monde ; le parti pris s'y fait sentir. Ce M. de Valère, dévot et ambitieux à la fois, est peu attrayant, et les échantillons que j'ai rencontrés de cette forme de jeunes hommes politiques ne me la rendent pas plus acceptable. Il ne cesse d'être ambitieux qu'après s'être montré trop maladroit. On n'entre pas dans l'intrigue politique quand on se sent si rétif. Avec les idées qu'il a, ce n'est pas comme candidat à la députation qu'il devait arriver à Chignac, c'est comme missionnaire. Toute cette fin n'est plus de l'observation et sort de la vraisemblance.

Il est temps enfin d'en venir au journaliste en M. Veuillot : c'est son côté supérieur. Il y eut donc un jour où il se dit qu'il manquait un journaliste véritable au parti catholique ; et il résolut de l'être. Mais d'abord il est permis de se poser une question :

Un journaliste catholique est-il possible? Est-il possible « de dire chaque jour *le mot catholique* sur les événements de chaque jour? » et quel en est l'effet?

Est-il possible de venir interpréter publiquement au sens religieux strict et comme on le ferait entre soi, c'est-à-dire entre croyants, les événements de chaque matin, pluie, grêle, inondations, sinistres de tout genre, mort d'un adversaire, etc., sans appeler, par ces interprétations qui deviennent aussitôt téméraires, la colère ou les railleries de ceux qui ne pensent pas comme vous?

Est-il possible d'allier la charité, qui passe, aux yeux même des indifférents, pour faire le fond du Christianisme et pour être la plus excellente des vertus chrétiennes, avec la censure énergique non-seulement des vices criants, mais des inconséquences de tout genre qu'un catholique rigide rencontre à chaque pas dans la vie du siècle?

Est-il possible de venir afficher à tout instant comme modèle, de proposer pour remède, ses recettes morales, ses pratiques dévotieuses, le secret des confessionnaux et des oratoires, devant des esprits, sensés d'ailleurs, quoique très-divers d'opinions, qui trouvent cela au moins de mauvais goût, ou qui se révoltent de la prétention et s'en irritent?

Est-il possible, en insistant avec vigueur, amertume et satire (si surtout on en a le goût et le talent, si la verve vous pousse, si les doigts vous démangent sans cesse, si l'on porte jusque dans *l'Univers* beaucoup de son tempérament de Chignac), — est-il possible, dis-je, en arrangeant ainsi son monde, de ne pas produire un effet tout contraire à celui qu'on prétend chercher, de ne pas instituer un combat à outrance, de ne pas rendre bientôt odieuses et la personne même de l'attaquant et jusqu'aux doctrines? On me dira que c'est le propre et l'ordinaire du *scandale de la Croix*. Mais faut-il transporter ce scandale, le risquer et le multiplier à propos de tout, à chaque instant et sur chaque point de la société, et sous sa forme la plus offensive, la plus provocante? Est-ce sage? est-ce prudent? est-ce chrétien au sens où le monde l'entend?

Je sais qu'autrement, et en observant toutes les convenances sociales, un défenseur catholique, un journaliste ami de la Religion, peut être infiniment respecté et honoré, sans produire un grand effet. C'est ce qui fait que je me pose cette question : Un journaliste catholique, comme l'entend M. Veuillot, est-il possible et utile hors d'un cercle de lecteurs déjà convaincus? et y a-t-il un milieu entre un écrivain catholique distingué, délicat, élevé, aristocratique et sans aucune action, comme le prince Albert de Broglie, par exemple, ou, dans un genre plus neutre, M. de Carné, et un défenseur à feu et à sang comme M. Veuillot?

Certainement il faut des avocats de plume et de parole, des avocats éloquents (et on lui en connaît) au parti catholique pour les grandes questions à l'ordre du jour, ce n'est pas ce dont il s'agit ici. Mais des journalistes proprement dits, il est plus douteux que ce soit utile, je ne dis pas au parti, mais à la religion.

Quoi qu'il en soit, littérairement parlant, M. Veuillot a été un journaliste du plus grand talent, et c'est ce qui nous attire.

Lundi 7 octobre 1861.

MÉLANGES RELIGIEUX

HISTORIQUES, POLITIQUES ET LITTÉRAIRES

PAR

M. LOUIS VEUILLOT.

ÇA ET LA, PAR LE MÊME.

(SUITE ET FIN.)

J'ai entrepris une tâche plus difficile qu'il ne semble et qui est peut-être prématurée; j'essaie d'appliquer l'étude critique littéraire, le goût de la littérature pure et simple, cette curiosité libre et heureuse, bienveillante et innocente, à quelque chose et à quelqu'un qui n'est pas de cette nature-là, à un combattant énergique, ardent, tour à tour blessant et blessé, qui est encore tout palpitant, tout saignant et outrageux, étendu sur l'arène. Je me risque pourtant, assuré de la droiture et de la sincérité de mon intention.

Il y aurait, dans les douze volumes que j'ai devant moi et qui représentent dix-sept années de rédaction à *l'Univers*, à distinguer plusieurs temps : — la période de Louis-Philippe, de 1843 à 1848, très-riche en grandes polémiques sur la liberté d'enseignement, sur la question des Jésuites, en luttes contre les universitaires, les professeurs du Collége de France, les romanciers feuilletonistes, et en croquis parlementaires de toutes sortes et de toutes dimensions ; — la période républicaine proprement dite, la moins féconde (l'auteur gêné dans son journal fit sa débauche d'esprit au dehors, dans *les Libres Penseurs*) ; — la période qui date de la présidence et qui comprend l'Empire, dans laquelle on distinguerait encore deux moments, l'un de complet acquiescement ou même d'admiration fervente ; l'autre de séparation, de scission jusqu'à la déchirure. Il y aurait, si on le voulait, à considérer en M. Veuillot, non pas seulement le journaliste de verve et d'assaut, l'observateur et le portraitiste à bâtons rompus, mais l'homme des longues tactiques, le stratégiste qui a pu se tromper à son point de vue, et qui, je crois, s'est trompé en effet, mais qui avait un plan suivi, étendu et plus raisonné qu'on ne serait tenté de le lui reconnaître. Il se dessinerait tel surtout, si on le suivait dans ses démêlés et ses querelles avec les hommes de son parti et qui ne sont pas précisément de son bord, avec les catholiques qui le désapprouvent et le désavouent ; en se défendant contre eux, il s'explique et oppose système à système.

Mais nous ne prenons pas si méthodiquement les choses ; nous n'accordons pas tant à ces grands desseins qu'on développe sur le papier, à ces vues que les gens d'esprit ne sont pas embarrassés de trouver après coup. L'homme s'agite et fait des plans, ses passions le mènent; son talent, quand il est une passion, le mène aussi. M. Veuillot a été bien souvent à la merci du sien, et ce sont précisément ces hasards, ces rencontres telles quelles, les meilleures possible, que nous cherchons en lui et chez lui.

Et d'abord, il comprend bien le journaliste, car il l'est autant et plus que personne. On n'est pas journaliste pour mettre de temps en temps des articles dans les journaux; on l'est pour être prêt à y écrire n'importe sur quoi, à toute heure et à toute minute; il faut tirer au vol et ne pas manquer :

« Le talent du journaliste, dit-il, c'est la promptitude, le trait, avant tout la clarté. Il n'a qu'une feuille de papier et qu'une heure pour exposer le litige, battre l'adversaire et donner son avis; s'il dit un mot qui n'aille au but, s'il prononce une phrase que le lecteur ne comprenne pas tout d'abord, il n'entend point le métier. Qu'il se hâte, qu'il soit net, qu'il soit simple. La plume du journaliste a tous les priviléges d'une conversation hardie; il doit en user. Mais point d'apparat, et qu'il craigne surtout de chercher l'éloquence. Tout au plus peut-il l'étreindre un instant quand il la rencontre... »

Voilà l'homme qui parle de son métier en maître, et qui, le cadre donné (un cadre faux, mais commode), excellera à le remplir.

Je dis que le cadre est *faux,* car je ne crois pas que la religion doive se prêter à ce jeu-là. — Je dis qu'il est *commode;* car du haut de la Religion, de cette idée inexpugnable et infaillible, on est à l'aise pour courir sus à toutes les opinions et à tous les partis, au siècle tout entier.

Et tout d'abord ouvrez ces volumes : comme le journaliste profite de la hauteur de l'idée religieuse pour y adosser son talent satirique, pour lui donner de la consistance et un air de dignité, de moralité! Appuyé qu'il est à ces hautes colonnes du temple, regardez-le d'un peu loin : la menace s'ennoblit, la laideur s'efface; ses invectives les plus grosses, comme ses méchancetés les plus fines, prennent aisément un caractère de justice inexorable et de sévérité vengeresse.

Car il y a deux Veuillot : celui qui est debout, grave, triste, imposant d'attitude, d'un beau front, parlant d'or sur les grands sujets, prêchant aux autres le respect qu'il a lui-même si peu, prompt à en remontrer aux gouvernements sur le principe de l'autorité, et, quand il se fâche, le faisant au nom d'une autorité supérieure, et, pour ainsi dire, exerçant les justices de Dieu. — Je ne nie point la part de sentiments sérieux, qui sont d'accord en lui avec cet air-là.

Et il y a l'autre Veuillot, celui qui s'amuse, qui, assis dans la tribune des journalistes ou étendu dans son fauteuil, lorgnant et lardant son monde, se tord de rire, a le *rictus* des servantes de Molière, exerce les justices du bon sens ou les avanies de sa passion, et mord à belles dents à même du prochain.

Je pourrais ajouter, si ce n'était ici une digression, qu'il y en a un troisième, celui qu'on rencontre par hasard dans le monde, doux, poli, non tranchant, modeste dans son langage, d'un coup d'œil et d'un ton de voix

4.

affectueux, presque caressant; il est impossible de l'avoir rencontré quelquefois et d'avoir causé avec lui sans avoir reconnu dans cet ogre tant détesté, et qui a tout fait pour l'être, l'homme doué de bien des qualités civiles et sociales.

Ai-je besoin, en parlant ainsi, de demander permission et licence à tous ceux qu'il a blessés, et dont la plupart sont de mes connaissances et de mes amis, dont quelques-uns même sont tout proche de moi? Non; c'est là un honneur de la civilisation tant malmenée par M. Veuillot et de la tolérance passée dans nos mœurs que, du moment qu'il s'est trouvé, ou à peu près, réduit au silence, personne ne lui en a plus voulu; on a oublié l'injure pour ne songer qu'au talent, pour regretter même de ne plus rencontrer ce talent chaque matin, à la condition, s'il était possible, d'un moins âpre emploi.

Ce qui est certain, c'est que les volumes recueillis aujourd'hui sont très-intéressants à lire, ou du moins à parcourir; et soit qu'il ait choisi entre ses nombreux articles, soit qu'il ait corrigé çà et là des expressions, l'ensemble donne l'idée d'un Veuillot plus grave que l'on ne se le figure d'ordinaire. La satire y est fréquente, presque continuelle; mais le ton mâle et ferme la relève singulièrement. Il n'y a pas trop de miracles de la Salette; c'est déjà trop d'un cependant; ô honte pour l'esprit et le talent! passons vite. J'aime mieux (et je crois que presque tous seront comme moi) M. Veuillot, quand il sort de chez lui, quand il perd de vue le clocher de sa paroisse, et qu'il vit aux dépens de l'ennemi, fût-ce à nos propres dépens. Suivons-le donc jusque chez nous.

Quand je dis *chez nous,* je le prendrai plutôt à côté de chez nous, s'il vous plaît, et s'exerçant sur le compte des hommes politiques d'une époque déjà ancienne.

Ses croquis parlementaires sont charmants. Imaginez un homme de cet esprit, de ce fin coup d'œil et de cette humeur mordante venant s'asseoir chaque après-midi, pendant des années, dans un coin de la tribune des journalistes, et de là étudiant à loisir ses sujets dans tous les sens et dans toutes les postures, prenant aujourd'hui un profil, demain un autre, multipliant et variant ses silhouettes. Quelle école, pour qui se sent des dispositions à être moraliste ou peintre d'après nature, que de telles assemblées politiques auxquelles on assiste tous les jours sans en être, sans en accepter les conventions ou en subir les illusions! Les hommes publics s'y montrent en pied, et, grâce à leurs mouvements, on en a vite fait le tour. Les talents, les habiletés, les faibles et les ridicules, les amours-propres et toutes les formes de fatuité se dessinent, se déploient, s'étalent, se trahissent devant vous et durant des heures. Que de personnages importants et agités, tout pleins d'eux-mêmes, qui posent complaisamment, sans songer qu'ils sont là devant Charlet, devant Gavarni ou Daumier, ou même devant Nadar! Le propre du talent de M. Veuillot, feuilletoniste des Chambres, c'est qu'en même temps qu'il sait et qu'il rend, de chacun, le geste, le timbre de voix, les tics, il sait aussi la valeur sérieuse de l'homme et la respecte assez quand il la rencontre. C'est en cela qu'il se distingue, dans ses croquis, d'Armand Marrast purement satirique. Comme controversiste M. Veuillot est partial et injuste ; il est juste comme peintre, il ne peut s'empêcher de faire ressemblant. Mieux on connaît les masques, et plus on trouve que presque toujours il a bien touché.

Et ne reconnaissez-vous pas, pour peu que vous ayez vu le régime des dix-huit ans, cet aide de camp du roi, député, ce ministériel pur et chevaleresque? « Il est doué d'une haute taille, d'une voix assez nette, d'un beau galon d'officier du roi, qui se voit même sur ses habits bourgeois. Il s'avance au combat avec quelque apparence d'indiscipline, armé de deux ou trois bons mots politiques, repiqués d'un peu de littérature : il écarte les voiles parlementaires, décoche hardiment ses flèches au vif de la situation et quitte la tribune sur un *aria di bravura,* qu'il réserve à cette fin. Joli rôle de page dont il s'acquitte au commencement de chaque session très-galamment... » (M. Liadières.)

Et cet ancien avocat, cet ancien procureur général, cet ancien garde des sceaux, dont l'éloquence vigoureuse et désagréable laissait voir trop de nerfs et de tendons (M. Persil), ne croyez-vous pas l'entendre? « Il a pris la parole : des restes de cette voix usée à déclamer des réquisitoires, qui passe sur les idées avec l'aisance et la mélodie d'une scie édentée, il a proposé dans l'intérêt de l'Église une chose bien simple, un court article additionnel, etc... »

Et cet autre plus agréable, ce garde des sceaux en fonction, mais qui évite tant qu'il peut les batailles rangées, il n'attrape qu'un mot, mais le mot est bon :

« Son premier soin a été naturellement de rapetisser le débat pour le mieux remplir. » (M. Martin du Nord.)

Et cet ancien journaliste, conseiller d'université, député inclinant à gauche : « Cet honorable universitaire ignore l'art de parler avec calme. Il est toujours furieux, *et jusqu'à : Je vous aime, il dit tout aigrement*. D'un ton furieux donc, il demande des explications, etc. » (M. Dubois de la Loire-Inférieure.)

Celui-là, il se fâche, il a le hoquet, mais du moins il parle ; il y en a qui, en s'efforçant de parler, ne réussissent qu'à suer sang et eau et à défaillir ; celui-ci, par exemple, que vous ne sauriez reconnaître, car il n'a que bien rarement donné : « Orateur prompt à se cabrer au moindre bruit, sujet à voir ses pensées s'enfuir comme une volée d'oiseaux qu'un geste effarouche, et qui fait rage contre lui-même, mais en vain, d'être si mal aguerri. Toute son énergie est dans la paume de sa main dont il frappe la tribune, afin de s'animer au monologue ; toute sa mémoire est au fond du verre d'eau sucrée. »

Mais je crois que nous avons changé de tribune : nous sommes à la Chambre des Pairs ; une voix sourde se fait entendre (M. Portalis) ; le respectable orateur ne se fie pas, comme le précédent, au verre d'eau sucrée, souffleur trop souvent capricieux : « Il arrive toujours ayant à la bouche un commencement d'improvisation dont la suite est toujours sous son bras, dans de certains petits papiers dont il ne se sépare guère... » Et sur ces petits papiers, ô merveille ! ô miracle ! se trouve la réfutation écrite du discours que l'orateur précédent a tâché d'improviser.

M. de Montalembert s'est levé, il parle, à la bonne heure! voilà l'orateur en personne, au verbe enflammé, à la voix pénétrante comme un glaive, au timbre inflexible et sonore; et des armes si belles sont au service d'une sainte cause. C'est pourtant lui dont M. Veuillot dira un jour : « M. de Montalembert se croit libéral, il est simplement orateur. » Mais alors M. de Montalembert était tout à ses yeux. Et le ministre qui veut lui répondre (M. Villemain) et qui, plus heureux à d'autres jours, l'essaie cette fois vainement, comme on le renvoie à ses livres! « Non-seulement il n'a pu trouver une pointe, mais même les mots, chose étrange, lui ont manqué... Les subjonctifs étaient rares, la phalange des adjectifs, d'ordinaire si docile et si abondante, n'arrivait pas. » Et cet autre, plus ou moins ministre aussi (M. Cousin), toujours dolent, toujours mourant quand il commence; M. le président, en réclamant pour lui l'indulgence de la Chambre, croit devoir annoncer qu'il ne pourra parler que *très-faiblement*. Profond silence! chacun s'intéresse; les huissiers s'agitent et sont eux-mêmes visiblement émus; on se tient prêt pour quelque évanouissement. Sur quoi « notre moribond entre en matière et, d'une voix de Stentor, pendant près d'une heure, — et quelquefois pendant trois, — il se livre aux emportements du zèle universitaire le plus fougueux... » J'abrége bien des traits de comédie; j'éteins; c'est assez ici d'indiquer.

Quant à M. Guizot, dès qu'il paraît et qu'il intervient, M. Veuillot le respecte; il n'a que des hommages pour la dignité, pour la majesté de sa parole; mais la parole n'est pas tout. « M. Guizot sait mieux que personne justifier ou nier à la tribune les erreurs du Cabinet; mais il n'est pas toujours à la tribune. » — Tout ce compte rendu des Chambres est excellent, si l'on ne regarde qu'aux physionomies.

Il y a entre autres un très-joli feuilleton politique : c'est une séance de la Chambre des députés (26 janvier 1848) critiquée avec du La Bruyère. « Nous avions près de nous, dit M. Veuillot, un homme d'esprit, fin observateur des choses humaines, et qui a porté sur le caractère français des jugements aussi piquants que sincères. Si nous osions donner un conseil à nos orateurs, c'est de le fréquenter un peu. » Ce voisin, ce jour-là, n'est ni plus ni moins que La Bruyère en personne; et pour chaque député qui paraît à la tribune, dans le jugement et la définition de sa manière et de son caractère, c'est toujours un mot emprunté à La Bruyère qui fournit le dernier trait. L'idée est ingénieuse, le tour est littéraire; un partisan déclaré des classiques ne ferait pas mieux. Le pauvre Rigault aurait été fier de signer ce feuilleton-là.

C'est, au contraire, cet espiègle de Camille Desmoulins qui aurait pris plaisir à signer un autre feuilleton des plus régalants, celui du 1ᵉʳ février 1848, dans lequel le discours de début, le *maiden-speech* d'un chirurgien de Paris, opérateur aussi habile que député malencontreux (M. Malgaigne), est si plaisamment grimé pour le geste et noté pour l'accent : journée unique où, au milieu de ses graves préoccupations, la Chambre entière fut prise d'un fou rire, d'un rire homérique, et où, pour un moment, il n'y eut plus amis ni ennemis sur tous les bancs, « il n'y eut que des gens de bonne humeur. »

Mon métier ici n'est pas de mettre les noms propres : comme cependant en pareille matière rien ne vit que par là, et que le recueil des *Mélanges* est bien gros à feuilleter tout entier, MM. Gaume feront bien, dans l'intérêt du livre qu'ils éditent, d'y ajouter une table générale alphabétique des noms de personnes. Il n'y aura pas de jaloux; nous y serons tous, écrivains, journalistes, ex-députés et pairs. Une bonne Table dispensera seulement de tout parcourir pour mettre la main sur l'endroit sensible. Chacun ainsi trouvera plus commodément son règlement de compte ou celui du voisin. On courra tout aussitôt à l'image, portrait ou caricature. Ce sera comme un *Vapereau* amusant.

Sérieusement, c'est un répertoire que ce recueil de *Mélanges*. Vous y avez, sur chaque personnage du temps, des jugements agréables ou non à l'amour-propre, mais qu'il faut connaître, et des expressions presque inévitables désormais au sujet d'un chacun, des expressions qui s'accrochent à vous en passant et qu'on ne peut plus secouer. Plutarque a fait un traité *Sur l'utilité à retirer de ses ennemis* : apprenons de M. Veuillot quelques-uns de nos défauts pour nous en corriger; mais prenons bien garde, nous pourrions, tout à côté, nous amuser un peu trop de ce qu'il dit des autres : tant la nature est maligne, tant le tour qu'il donne aux choses est plaisant!

Il y aurait de l'injustice envers M. Veuillot à s'en tenir

là dans l'éloge et à ne le considérer que comme satirique. Son plus beau moment de journaliste, et que rien ne saurait faire oublier, est celui de 1852 à 1855, pendant lequel, ses parties élevées prenant le dessus, sa fibre populaire aussi s'en mêlant, il s'associa pleinement au sentiment public, à l'âme patriotique de la France et fit acte d'adhésion éclatante à la politique impériale dans la guerre de Crimée et pour les premières victoires. Il n'a certes pas, même aujourd'hui, à s'en repentir. Et ne dites point, je vous prie, que c'est avec la force que lui, catholique, fit alliance à ce moment; ou bien ajoutez que ce fut avec la force vive et le cœur même du pays. J'ai vu de ces autres chrétiens et catholiques libéraux qu'on lui oppose et que j'honore, de ces hommes d'une certaine sagesse : les jours où l'on ne prenait pas le Mamelon-Vert, l'un d'eux me disait avec un petit ris sardonique : « Et cela prouve qu'il ne faut pas aller à Sébastopol. » Courte sagesse, qui tendrait à priver une nation de ses tressaillements les plus sublimes! C'est un titre d'honneur à M. Veuillot de les avoir ressentis et rendus si dignement. Ses portraits des *Deux Empereurs* (3 et 5 mars 1854), son article nécrologique sur le maréchal Saint-Arnaud (9 octobre), ses considérations sur la guerre, dans lesquelles il nationalise, en quelque sorte, les idées de M. de Maistre, son parallèle du *Prêtre* et du *Soldat* (11 janvier 1855), sa *Rentrée de la Garde impériale* (30 décembre), sont des chefs-d'œuvre. Qui pourrait les lire sans les admirer? Il y apparaît éloquent, enthousiaste, religieux à la fois et bon Français, et, pour parler son langage, « tout rayonnant des meilleures ardeurs de la vie. » Je ne sais pas, en vérité, de plus noble prose ni dont la presse doive être plus fière. Ce sont là des pages d'histoire.

Un jour, qu'il était de loisir et qu'il se trouvait au bord de la mer, rêveur par aventure et en quête d'un sujet de fantaisie, il eut l'idée de définir en vers (car il a plus d'une sorte de talent) la prose telle qu'il l'aime et telle qu'il la manie. Voici le passage. Il a commencé par se demander à lui-même, avec quelque surprise, pourquoi l'idée lui est venue un peu tard de faire des vers :

> Ce n'est pas mon métier ni mon talent ; la prose
> M'irait mieux, si j'avais à dire quelque chose.
> O prose, mâle outil et bon aux fortes mains !
> Quand l'esprit veut marcher, tu lui fais des chemins ;
> Sans toi, dans l'idéal il flâne et vagabonde.
> Vrai langage des rois et des maîtres du monde,
> Tu donnes à l'idée un corps ferme et vaillant.
> Tu l'ornes si tu veux ; jamais un faux brillant
> A sa simplicité, malgré toi, ne s'ajoute.
> Grave dans le combat, légère dans la joute,
> Tu vas droit à ton but, et tu n'as pas besoin
> De lâcher de la corde au mot qui fuit trop loin.
> Ton métal est à toi. Serve de la pensée,
> La phrase saine et souple, en son ordre placée,
> Vit, commande déjà : le poëte aux abois
> Poursuit encor la rime à travers champs et bois.
> Bossuet a fini, lorsque Boileau commence.
> En prose l'on enseigne, et l'on prie, et l'on pense ;
> En prose l'on combat. Les vers les plus heureux
> Sont faits par des rêveurs ou par des amoureux.
> Dans les nobles desseins dont l'âme est occupée,
> Les vers sont le clairon, mais la prose est l'épée.

On le voit, c'est la revanche complète de la prose contre l'éloge absolu qu'avait fait des vers Alfred de Musset (*J'aime surtout les vers, cette langue immortelle...*); et ce qui est piquant, la revanche de la prose est elle-même en très-beaux vers.

Cette heureuse boutade se rencontre dans *Çà et là*. Parler de *Çà et là* maintenant, après les *Mélanges politiques,* c'est revenir en arrière ; car la plupart des pages rassemblées dans ces deux volumes sont d'une date assez ancienne, et laissent trop voir les défauts de l'auteur. Il y a des imperfections et des faiblesses de jugement et de talent. Nous y retrouvons de petits romans dans lesquels tout est beau et parfait d'une part, tout est laid et gâté de l'autre, selon qu'on est ou qu'on n'est pas bon catholique. Ce sont des historiettes de sainteté. Et il me faut ici, malgré moi, refaire à M. Veuillot une dernière querelle, sur un des thèmes précisément qui lui tiennent le plus à cœur.

Il raille et bafoue sans cesse le bourgeois, ce bon *M. Oscar Plumeret,* comme il l'appelle en un endroit, dans un de ces petits contes dévots que je viens de lire. Je n'ai goût ni mission de le défendre ; mais enfin il a moins raison contre lui qu'il ne croit. Ce bourgeois, tel qu'il le fait, est lourd, béotien, inconséquent, il n'est pas si absurde. Il y a un certain progrès de civilisation, un certain résultat de *lumières* (vous avez beau rire) qui a filtré jusqu'à lui, et qui me le fait très-bien supporter quelque temps, à travers ses ridicules.

Il est en diligence avec deux de ces Messieurs catholiques ou néo-catholiques, qui sont bien décidés à se moquer des progrès du siècle en sa personne; il s'aperçoit qu'ils ne sont pas du même bord que lui : « Vous êtes comme cela, dit-il, je suis autrement; chacun ses goûts, chacun ses opinions. » Mais ce bourgeois est plus tolérant que vous, qui n'êtes occupés qu'à le draper, à le mépriser. Il n'a pas lu Bayle; on dirait qu'il a profité de ses leçons.

Il a épousé une femme protestante, et il fait ses réflexions sur ce qu'il observe en elle. Il s'accommode de ce qu'on lui sert à table en voyage; il s'accommode de toutes les personnes qu'il rencontre, pourvu que ce soient d'honnêtes gens, socialement parlant. Mais il est fort sage, ce bourgeois!

Il n'entend pas certaines allusions que lui font les beaux esprits convertisseurs avec qui il cause, et qui tendraient à le ramener aux effrois et aux pratiques d'un bourgeois de Paris du temps de Robert le Pieux. Il se contente sur bien des points de dire : « *Je ne sais pas, je ne vois pas.* » Mais il n'est pas si sot, ce bourgeois. Il n'a pas lu Locke, mais il lui est arrivé, je ne sais comment, — à travers l'air, — quelque chose de sa réserve prudente.

Il a trop lu Béranger. Il croit à ce qu'il appelle *le Dieu des bonnes gens,* c'est-à-dire à un Dieu plutôt indulgent que cruel et vengeur. C'est sans doute très-incomplet, mais ce n'est pas une bêtise ; ce n'est pas une impiété.

En un mot, il y a dans la masse de la société des résultats généraux qui viennent de très-loin, qui sont le produit de plusieurs siècles de raisonnement, d'analyse et de bon sens émancipé, de morale religieuse sécularisée, le produit des découvertes positives en astronomie, en physique, etc. Tout cela filtre lentement, insensiblement, dans les plus épais cerveaux ; ce n'est pas très-clarifié ni élaboré, mais c'est très-acquis et très-fixe. Cet amalgame plus ou moins bourgeois vous choque : moi, j'appelle cela, au moral, des *faits accomplis*. Observez-les bien et partez de là. Je ne vous dis pas, gens d'esprit, de suivre, sans vous en rendre compte, ce grand courant ; je ne vous dis pas que vous ne pourrez le contrarier, le remonter même de côté sur quelques points, surtout aux endroits où il vient d'y avoir une de ces cascades qu'on appelle révolutions ; mais, dans son ensemble, vous ne le ferez pas rétrograder.

J'aime mieux finir par louer M. Veuillot pour de très-beaux vers encore, et cette fois des vers de cœur et de sensibilité qui se trouvent jetés comme au hasard entre des pages de prose. Frappé dans ses joies de famille, dans ses affections profondes, il a gémi ; il n'a pas seulement prié, il a chanté : écoutez ce chant imprévu qui révèle dans cette âme de lutte et de combat des sources vives de tendresse :

Je ne suis plus celui qui, charmé d'être au monde,
En ses âpres chemins avançait sans les voir ;
Mon cœur n'est plus ce cœur surabondant d'espoir,
D'où la vie en chansons jaillissait comme une onde.

Je ne suis plus celui qui riait aux festins,
Qui croyait que la coupe aisément se redore,
Et que l'on peut marcher sans que rien décolore
   La beauté des aspects lointains !

Est-ce donc moi, mon Dieu! qui sous un ciel de fête,
Quand l'orgue chantait moins que mon cœur triomphant,
Du pied de vos autels emmenai cet enfant,
Le bouquet d'oranger au sein et sur la tête ?

De quels rayons divins ce jour étincela !
Que de fleurs dans les champs, dans les airs quels murmures !
Tout nous riait, les eaux, les bois, les moissons mûres...
    Est-ce moi qui passai par là ?

Sur mon front qui se ride, ai-je vu tant de flammes ?
Ai-je, d'un jour si beau, vu le doux lendemain ?
Est-ce à moi qu'on a dit, en me pressant la main :
« Pour t'aimer j'ai deux cœurs; je porte en moi deux âmes ! »

Plus tard, à ce bonheur quand vous mettiez le sceau,
Ai-je été ce mortel béni dans sa tendresse,
Qui vous offrait, Seigneur, des larmes d'allégresse,
    Prosterné devant un berceau ?

Dieu clément, est-ce moi? les berceaux, la couronne,
L'avenir... Maintenant, quand je songe à ces biens,
J'ignore si je rêve, ou si je me souviens.
J'habitais dans la joie, et le deuil m'environne.

. . . .

Le temps, ce ravisseur de toute joie humaine,
Nous prend jusqu'à nos pleurs, tant Dieu veut nous sevrer !
Et nous perdons encor la douceur de pleurer
Tous ces chers trépassés que l'esprit nous ramène.

. . . .

Le temps n'a pas marché ; c'est hier, c'est tout à l'heure :
J'étais là, près du lit de mon père expirant,
J'allais d'un ami mort, vers un ami mourant...;
Et vous, trésors de Dieu, trésors qu'au moins je pleure,

Biens que j'eus un instant et dont j'ai su le prix,
Doux enfant, chaste épouse, ô gerbe moissonnée !

> O mon premier amour et ma première née,
> Anges que le Ciel m'a repris !
>
> La mère, en s'en allant, des agneaux fut suivie ;
> L'une partit, puis l'autre ! Avant qu'il fût deux mois,
> De mes tremblantes mains j'en ensevelis trois ;
> Je les vois, mais non plus dans la fleur de la vie ;
>
> Non plus avec ces traits dont j'avais trop d'orgueil,
> Au baiser paternel offrant leurs jeunes têtes ;
> Mais telles que la mort, hélas ! me les a faites
> Immobiles dans le cercueil.
>
> Mes pas suivent encor le char qui les emporte ;
> Dans la fosse mon cœur tombe encor par lambeaux ;
> Et comme les cyprès plantés sur leurs tombeaux,
> Ma douleur chaque jour croît et devient plus forte...

Je recommande aussi le beau et triste sonnet qui exprime une pensée d'agonie :

> J'ai passé quarante ans. De l'humaine misère
> J'ai porté le fardeau tous les jours... ;

et le sonnet qui suit, écrit au bord de la mer, et où le poëte dit énergiquement à sa manière : « Je suis soûl des hommes. »

Je ne conclus pas. Je ne sais si j'ai bien fait comprendre toute ma pensée ; le procédé est indiqué plutôt qu'appliqué à fond. Je voulais seulement, sur ce terrain littéraire qui est neutre, dans ce champ d'asile largement ouvert à tous, amener les uns et les autres à être plus justes qu'on ne l'est sous le feu de la polémique ; c'est le moyen, s'il y en a un, d'humaniser et de désenvenimer la polémique elle-même.

Lundi 14 octobre 1861.

MÉMOIRES

POUR SERVIR A L'HISTOIRE DE MON TEMPS

PAR M. GUIZOT (1).

Il est délicat aux hommes de notre génération de venir parler des chefs de la génération qui nous a précédés. Les distances et les avances de l'âge, des positions, des talents, ils les ont eues dès le principe, il les ont toujours gardées. Nous semblons mal venus de nous ingérer, fût-ce à la dernière heure, de juger des hommes qui ont été nos guides et nos maîtres, ou qui n'ont cessé de l'être que parce qu'à un certain jour nous nous sommes émancipés et séparés. Et cependant, d'enfants que nous étions, nous avons grandi à leur ombre, et quelquefois malgré leur ombre ; nous aussi, nous avons vécu, nous avons vieilli ; nous avons nos opinions faites et qui ont le droit, à leur tour, de se dire mûres. Et puis, est-ce rendre à leurs œuvres le plus digne hommage que d'éviter d'en parler devant tous? Osons donc :

(1) Le quatrième volume venait de paraître. — Michel Lévy, rue Vivienne, 2 bis.

oser, d'ailleurs, est peut-être plus facile, plus convenable avec M. Guizot qu'avec tout autre, parce que deux points essentiels surmontent et domineront toujours les objections à son égard, le respect pour l'homme, et l'admiration pour le talent; parce qu'aussi, plus aguerri de tout temps aux luttes et aux contradictions, il a l'élévation de les comprendre et la générosité de les excuser. La conscience qu'il a de lui-même et un principe naturel d'orgueil le mettent aisément au-dessus des petites susceptibilités de l'amour-propre.

Ses *Mémoires,* du moment qu'il se décidait à les publier de son vivant, ne pouvaient avoir qu'un caractère public et non secret : ne vous attendez pas à des révélations bien rares sur les personnes ou sur les choses. Il ne dira rien qu'il ne pense sur les personnes, mais il ne dira pas tout ce qu'il pense ; il exposera les faits, il les expliquera dans leurs raisons principales et générales, il ne les éclairera par aucun jour inattendu. Il croit peu à des dessous de cartes, et, dans tous les cas, il estimerait indigne de lui de s'en occuper. Ses *Mémoires* n'apprendront que peu de chose aux hommes de son temps qui ont vécu à côté de lui; ils sont très-propres à instruire ceux qui sont venus depuis et qui viendront par la suite ; et c'est en vue de ces derniers que l'auteur semble les avoir composés. Témoin de plusieurs régimes politiques et acteur du premier ordre dans l'un d'eux, il a voulu présenter un exposé narratif qui fût à la fois une défense et une apologie.

Le premier volume ressemble davantage à des mémoires proprement dits. L'auteur y parle de sa jeunesse,

5.

de sa première éducation, de son entrée dans le monde, de ses débuts littéraires, sitôt suivis de ses débuts politiques en 1814 ; de ce voyage à Gand, qui lui fut tant reproché, et qui n'était pas un tort, mais qui devint un embarras; de sa carrière durant la seconde Restauration, carrière de publiciste, d'historien, de professeur, toujours à côté et en vue de la politique. C'est d'une lecture agréable; des portraits assez fréquents et bien touchés, de l'abbé de Montesquiou, de M. de Talleyrand, de M. Lainé, de M. de Chateaubriand, de Béranger, etc., prouvent que la fermeté du ton n'exclut pas chez lui une certaine variété. On y sent se dessiner les formes d'esprit de l'auteur lui-même, confiance, espérance, certitude ; on y saisit ses origines intellectuelles et morales, son tour et son degré de libéralisme, ses limites distinctes et précises : « Je suis de ceux, dit-il, que l'élan de 1789 a élevés et qui ne consentiront point à descendre... Né bourgeois et protestant, je suis profondément dévoué à la liberté de conscience, à l'égalité devant la loi, à toutes les grandes conquêtes de notre ordre social. Mais ma confiance dans ces conquêtes est pleine et tranquille, et je ne me crois point obligé, pour servir leur cause, de considérer la maison de Bourbon, la noblesse française et le Clergé catholique comme des ennemis. » Ses ennemis, il les verra plutôt *en bas,* comme il dit, du côté de la démocratie. Il se montre plus sensible aux conquêtes civiles qu'à la passion jalouse de l'indépendance et de la gloire nationale. Celle-ci lui semble une passion un peu commune; il la renverrait volontiers au peuple. Pour lui, d'autres astres ont présidé à son berceau; il a grandi sous d'autres influences : « Placé dans la vie civile, dit-il encore, d'autres idées, d'autres instincts, m'ont fait chercher ailleurs que dans la prépotence par la guerre la grandeur et la force de mon pays. J'ai aimé et j'aime surtout la politique juste et la liberté sous la loi... On m'a quelquefois reproché de ne pas m'associer assez vivement aux impressions publiques. Partout où je les rencontre sincères et fortes, je les respecte et j'en tiens grand compte; mais je ne me crois point tenu d'abdiquer ma raison pour les partager, ni de déserter, pour leur plaire, l'intérêt réel et permanent du pays. » Il n'a pas la vibration populaire; le courant atmosphérique des masses ne l'atteint pas : jusque dans ses passions, il est et restera *rationnel*. Le court jugement qu'il porte de Carnot en passant (« honnête homme autant que peut l'être un *fanatique badaud* »), indique que, pour tout ce qui sort de son cercle défini, de son champ de vision tracé, le dédain peut le rendre léger, injuste, sans qu'il y ait jamais malveillance. Mais tout cela ne fait que se dessiner encore. L'auteur a pourtant, par le titre même de son livre, pris possession déjà de l'époque, et il dit « *Mon* temps. » J'ai toujours été étonné, je l'avoue, de cette façon de dire, qui est très en usage, je le sais, même chez d'autres peuples; mais j'en suis toujours un peu choqué pour mon compte; quand un homme, si éminent qu'il soit, parle des années que nous avons parcourues et vécues comme lui, et qu'il m'en parle à moi-même, j'aimerais mieux qu'il dît « *Notre* temps. »

L'originalité de l'ouvrage commence avec le second

volume, c'est-à-dire avec la Révolution de Juillet, qui porta décidément M. Guizot et ses amis au pouvoir et qui fit d'eux, sauf quelques intervalles assez courts, les gouvernants de la France pendant dix-huit ans. Un sentiment personnel élevé domine et donnera le ton au discours, à l'apologie tout entière : « Si j'étais sorti de l'arène comme un vaincu renversé et mis hors de combat par ses vainqueurs, je ne tenterais pas, dit-il, de parler aujourd'hui des luttes que j'ai soutenues. » M. Guizot ne s'estime donc point proprement un vaincu, puisque ses adversaires immédiats et directs, c'est-à-dire ceux qui le combattaient dans les Chambres, n'ont point profité de sa chute et sont tombés avec lui, puisque la Chambre elle-même et l'édifice entier ont croulé. Ç'a été un bouleversement général, un tremblement de terre, une catastrophe presque physique, ce n'est point une défaite. A la bonne heure! Il resterait toujours à examiner si la catastrophe n'a pas été provoquée et hâtée par ces luttes obstinées et retentissantes, à l'intérieur d'une Chambre dont les portes s'ébranlaient sans vouloir s'ouvrir ni même s'entr'ouvrir. Mais je ne discute pas en ce moment, j'analyse.

M. Guizot expose, avec l'autorité d'un témoin et la supériorité d'un historien, les conséquences de la Révolution de Juillet 1830; il n'en dissimule pas le côté faible, incomplet, contradictoire, illogique, mais d'autant plus honorable, selon lui. Ç'avait été une révolution par le fait, et le lendemain on n'avait pas voulu que ce fût une révolution. Les principaux chefs victorieux étaient résolus à ne pas devenir des révolutionnaires, même en ayant fait bel et bien une révolution. Le prince qu'on se donnait pour roi, quels que pussent être ses désirs secrets, était si peu de l'étoffe dont sont faits les grands usurpateurs, qu'il ne semblait avoir eu d'autre pensée première que de se dérober : il avait fallu courir après lui et le prendre quasi au collet pour l'obliger à se faire roi. « Quand je l'entendais appeler le roi *de notre choix*, j'étais toujours tenté de sourire, » nous dit M. Guizot. En effet, on n'avait pas eu le choix; il y avait nécessité, urgence. C'était la solution inévitable, la seule possible alors et la seule bonne, pensaient M. Guizot et ses amis; il fallait s'y tenir et s'y cantonner. — C'était une phase nécessaire par où il fallait passer au moins provisoirement, pensaient d'autres moins confiants, moins absolus. — « C'est une planche pour traverser le ruisseau, » disait en goguenardant Béranger aux amis plus vifs qui lui reprochaient d'avoir adhéré.

Les *Mémoires* de M. Guizot nous remettent en présence de la situation même, et des résultats qui se sont produits. Après la lecture des quatre premiers volumes, et sans préjudice des impressions qu'y ajouteront les volumes suivants, on peut se poser déjà plusieurs questions et se faire les réponses.

A s'en tenir à ce que dit le narrateur, l'apologiste éloquent du régime fondé en 1830, et d'après son seul exposé, quelle idée, à la distance où nous sommes, est-il naturel que l'on se forme de ce régime même?

Quelle idée doit-on prendre du roi qui y présida?

Quelle idée du ministre, influent de tout temps, et

principal vers la fin, qui en représente la politique et qui la personnifie jusqu'à un certain point, qui en formula du moins la théorie la plus complète, et qui, après l'avoir vaillamment défendue envers et contre tous, vient aujourd'hui plaider en historien la même cause ?

I.

Je suis très frappé, d'après le récit même de M. Guizot, de l'interprétation toute contraire qui fut donnée aux événements de Juillet dans la sphère des politiques gouvernants et dans la masse du peuple et de la nation. On était généralement très-préoccupé d'un premier point : éviter à tout prix la république ; mais, la république évitée, prit-on les meilleurs moyens pour fonder et pour nationaliser la monarchie ? L'idée qui prévalut et qui fut aussitôt celle de la politique de la paix et de se faire pardonner par l'Europe la révolution accomplie, était-elle l'idée la plus digne, et même l'idée la plus politique ? M. Guizot, dont c'était la pensée bien arrêtée et qui a la faculté de s'isoler des passions et des instincts populaires, nous montre très-bien comment ces passions et ce besoin de mouvement, assez vaguement représentés d'abord (à l'état de simple velléité) dans les conseils de la nouvelle monarchie par M. Laffitte et ses amis, y apportèrent l'indécision et un laisser-aller funeste, jusqu'à ce que Casimir Périer parût, qui y mit hardiment le holà ! M. Guizot croit avec raison à l'importance des hommes en histoire ; il n'accorde pas tout à la force des choses et à la pente des situations ; un puissant individu de plus ou de moins suffit pour donner aux mêmes éléments une ordonnance et un aspect tout contraires, pour les retourner, pour imprimer aux événements, surtout s'ils ne font que de naître, un tout autre cours. Je m'étonnerais donc (si je ne le savais si absolu dans sa manière de voir) qu'aujourd'hui qu'il examine à loisir ces affaires du passé, il ne se soit point posé un seul moment cette question : Que serait-il arrivé en 1830, si, dans les rangs de ce ministère Laffitte, ou à côté, il s'était trouvé à temps un homme véritable, un Casimir Perier du mouvement et d'une politique plus hardie, agressive et non plus défensive?

Car on ne peut se le dissimuler, il y avait partout en 1830 les éléments d'une politique tout opposée à celle qui prévalut. La matière existait toute brûlante et en fusion : elle aurait pris forme si le metteur en œuvre s'était rencontré. Je n'en veux pour témoin que le récit de M. Guizot lui-même. Dans cette première visite de Louis-Philippe, lieutenant général du royaume, à l'Hôtel-de-Ville, à travers les barricades, qu'était-ce que cette bonne femme du peuple qui, en le voyant passer, s'écriait : « J'espère que ce n'est pas encore un Bourbon? » — Qu'était-ce que ce jeune homme (je crois bien qu'il a aujourd'hui un nom connu (1)) qui, le 6 août, au pied de l'escalier du Palais-Royal, remettait à M. Guizot un programme au nom de la jeunesse, programme qui commençait par ces mots : « On ne comprend pas l'état des choses. — Il faut être national et fort, avant tout et

---

(1) M. Boinvilliers.

tout de suite...» Qu'était-ce enfin que cet ami de beaucoup d'esprit (dans lequel il m'est impossible de ne pas reconnaître M. de Rémusat, l'homme des idées, sinon de l'action), qui du fond de son département écrivait à M. Guizot, le 29 juin 1831, c'est-à-dire sous Casimir Perier déjà :

« L'état général des esprits me préoccupe ; je les ai vus s'altérer, se gâter rapidement depuis un mois... C'est un mélange d'irritation et de découragement, de crainte et de besoin de mouvement; c'est une maladie d'imagination qui ne peut ni se motiver ni se traduire, mais qui me paraît grave. Les esprits me semblent tout à fait à l'état révolutionnaire, en ce sens qu'ils aspirent à un changement, à une crise, qu'ils l'attendent, qu'ils l'appellent, sans qu'aucun puisse dire pourquoi. Il faut que, pour votre compte, vous cherchiez et que vous répétiez au Gouvernement de chercher les moyens de guérir un tel mal... Je ne puis trop vous prier de réfléchir que nous ne sommes pas dans un moment de raison, où les moyens tout raisonnés du système représentatif suffisent... Je suis persuadé qu'une guerre serait utile, bien entendu si l'on parvenait à la limiter. »

Et il terminait par une épigramme, selon sa manière : « La France est, pour le moment, dans le genre sentimental bien plus que dans le genre *rationnel*. »

Il avait raison, et il aurait dû insister davantage. A y bien réfléchir, était-il possible qu'il en fût autrement et que le malaise des esprits ne fût pas au comble? L'organisme des sociétés ressemble fort à celui du corps humain. Je vous le demande, quand un homme vigoureux et bien portant tombe d'un second dans la rue par accident, sans se faire trop de mal et sans se rien casser, le médecin ne prescrit-il pas immédiatement la saignée ou quelque puissant dérivatif, quelque révulsif puissant? Que s'il traite son homme comme si rien n'était arrivé, s'il veut lui persuader qu'il n'a fait que sauter un ou deux degrés d'un perron et qu'il le remette au régime ordinaire, l'homme, au bout de quelques jours, sent un malaise suivi de désordres intérieurs plus ou moins graves. Ce qui n'a pas trouvé d'issue au dehors lui fait coup de sang au dedans; il a des abcès par tout le corps. C'est ce qui arriva à la France de Juillet. Après une telle secousse, il aurait fallu une vaste effusion, une expansion de force au dehors. Telle est du moins l'indication médicale, hygiénique, et peut-être politique.

Je la formulerai, si l'on veut, par un aphorisme : En tout corps organisé une perturbation violente se traite utilement par une perturbation en sens contraire.

La tête de la société alors ne l'entendit pas ainsi; la bourgeoisie (sauf des exceptions) pensait comme la tête et était devenue cette tête elle-même. L'homme de talent et de vigueur qui aurait pu réaliser politiquement ce généreux système et le faire prévaloir, ne se voyait nulle part. Ceux qui en avaient le sentiment comme M. Thiers durent l'ajourner, le rentrer en eux et n'étaient pas en mesure de l'arborer au début, c'est-à-dire quand il était temps. Lorsqu'ils l'essayèrent quelques années après, il était trop tard, et le système contraire était fondé. Il n'y eut donc, au lendemain de Juillet 1830, que des instincts et des passions dans le peuple et dans la jeunesse, et des déclamateurs à la Chambre parmi les députés de cette couleur. Encore une fois, le

Casimir Perier de l'attaque fit défaut, il n'y eut que des Mauguin.

Les différents pas qu'on fit dans la voie négative et de résistance pure et simple à l'anarchie sont très-bien marqués dans le livre de M. Guizot, et le lecteur impartial tire ses conclusions. On brusque, on bâcle, on replâtre; on garde tant qu'on peut la même Chambre des députés; on élude, pour la nouvelle monarchie, le péril d'une sanction nationale. En l'absence d'un homme énergique supérieur et capable de gouverner, dans l'autre sens, c'était peut-être ce qu'il y avait de mieux à faire. Les d'Orléans n'étaient ni un principe ni une gloire nationale, ils étaient une utilité, un expédient; on les prit pour ce qu'ils étaient. On entra par instinct de conservation dans cette voie, où Casimir Perier le premier apporta de la force, où M. Guizot bientôt déploya une admirable et spécieuse éloquence qui eut cela de singulier de monter toujours et de faire illusion sur la force qui défaillait peu à peu : tellement que, vers la fin, l'éloquence était au comble quand la force intérieure était au plus bas.

J'indique là les points extrêmes, le début et la terminaison; mais, dans l'intervalle, que de fluctuations, de tâtonnements, d'allées et de venues, d'essais et de biais, d'accrocs et de reprises, de brouilles et de raccommodements! Récapitulons :

Ministère des premiers mois, présidé par M. Laffitte : confusion, optimisme, abandon, affaissement graduel, selon M. Guizot, qui fait du chef de ce Cabinet et de ses principaux collègues des portraits fort ressemblants;

M. Laffitte, en particulier, est pris sur le fait, bien au naturel, dans sa facilité agréable et indiscrète.

Ministère du 13 mars 1831, présidé par M. Casimir Perier : vrai point de départ du système négatif et défensif ; résistance pure et simple au dedans, politique de la paix franchement et hardiment pratiquée au dehors. Le ministère de M. Laffitte laissait tout aller, sans but précis : survient Casimir Perier (il était temps), qui, par son énergie, fonde et fixe le système du juste-milieu. Il inspire et communique à la majorité de la Chambre, à la bourgeoisie et à la garde nationale parisienne l'ardeur de l'ordre, dont il était lui-même enflammé ; et il s'y consume. On vit par lui, et à son cri d'alarme qui était aussi un cri de colère, les bourgeois devenus tout d'un coup comme des lions. Je me figure l'action de ce ministre passionné, violent et un peu convulsif dans la modération, par une image : le char du gouvernement roulait sur la pente, à l'aventure, et menaçait de verser : il mit le bras en travers de la roue, se brisa lui-même, mais l'arrêta. M. Guizot a tracé de lui un portrait vigoureux de touche et plein de vérité, bien que les dissentiments du ministre avec le roi soient certainement adoucis ; mais ils se devinent de reste. « A la tribune, dit M. Guizot, il n'était ni souvent éloquent, ni toujours adroit, mais toujours efficace et puissant. Il inspirait confiance à ses partisans, malgré leurs doutes, et il imposait à ses adversaires au milieu de leur irritation. C'était la puissance de l'homme, bien supérieure à celle de l'orateur. » Le contraire est vrai de M. Guizot : la puissance de l'orateur fut très-supérieure chez lui à celle de l'homme d'État.

Je continue, toujours d'après M. Guizot, notre revue des ministères : — ministère du 11 octobre 1832, dit *de grande coalition.* Casimir Perier mort, la gravité de la conjoncture fait ajourner les rivalités et contient les ambitions déjà produites; chacun y met du sien, on se serre les coudes, on se cotise, et tous les chefs politiques (excepté M. Molé) s'entendent autour du roi, pour former un Cabinet qui change plusieurs fois de président, mais qui, tant qu'il dure, laisse au parti du juste-milieu toute son étendue et sa force. C'est le grand moment, l'âge *héroïque* du régime. Le faisceau se brisa en 1836, et sur une question secondaire. M. Guizot le déplore et nous fait toucher du doigt, sans trop le vouloir, le côté faible et fragile du mécanisme parlementaire. Je ne fais que traduire cette impression à ma manière en disant : En France, un caprice, une impression fugitive décide de tout, même dans les Assemblées réputées sérieuses : le Cabinet du 11 octobre, si essentiel à la stabilité du régime politique, est renversé par les partisans de ce régime même, presque au lendemain de l'attentat Fieschi, parce que, dans une question de conversion de rentes, M. de Broglie a dit à la Chambre des députés d'un ton un peu trop hautain : *Est-ce clair?*

Ici l'on entre dans les ministères plus personnels : le grand parti du gouvernement se disloque; la base du juste-milieu est amoindrie. On a le Cabinet du 22 février 1836, présidé par M. Thiers, ministère de *déviation,* selon M. Guizot; en effet, M. Thiers essaie là, à l'égard de l'Espagne, ce qu'il essaiera quatre ans plus tard et aussi vainement pour la question d'Orient, d'intervenir, de donner à la politique extérieure de la France un peu plus d'action, d'influence déclarée par les armes, de lui valoir *un peu de gloire* : un baptême de gloire, ç'a toujours été une petite formalité assez essentielle pour sacrer une monarchie. On ne le lui permet pas, pour toutes sortes de raisons, relativement bonnes peut-être ; il se retire.

Alors M. Guizot entre au pouvoir avec M. Molé, *sous* M. Molé président : ministère du 6 septembre 1836, *léger retour vers la résistance*. Mais M. Molé et M. Guizot ne sympathisent pas et ne sauraient vivre en bon accord. M. Guizot bientôt se retire, et M. Molé, entouré de ministres secondaires, forme son Cabinet du 11 avril 1837, ministère d'amnistie et de *conciliation*, mais que ses adversaires appellent de *concession*, et contre lequel tous les princes de la parole, tous les grands amours-propres qui n'en sont pas, se coalisent pour le renverser, sans réussir le lendemain de leur victoire à en former un pour leur compte. Il fallut, après des mois d'efforts laborieux et d'impuissance, que l'émeute-Barbès, en éclatant dans les rues de Paris, fît l'office du forceps pour obliger le roi et la Chambre à accoucher d'un ministère, et d'un ministère bien neutre, celui du 12 mai 1839. La monarchie de Juillet avait reçu du fait de la Coalition un coup funeste dont ses partisans, acharnés qu'ils étaient désormais à se supplanter et à se combattre, ne mesurèrent pas la portée dans le moment. Il y avait eu scandale public, et l'on ne s'en doutait pas.

M. Guizot en est là de ses *Mémoires*; je reviendrai, en terminant, sur le quatrième volume qui contient le récit et le tableau de la Coalition en particulier. Dès à présent, et comme on n'a pas tout à fait oublié d'ailleurs ce qui s'est passé ensuite, on est en mesure, ce me semble, de répondre à la première question que je me suis posée : Quelle idée peut-on se former, d'après cette seule lecture, du régime politique que l'ouvrage est destiné à justifier ou même à glorifier? Loin de moi la pensée systématique de dénigrer un état de choses qui avait tant de raisons d'être! J'ai pu avoir alors mes impressions personnelles, mes passions même à un certain moment, je les avais étouffées; j'ai su apprécier les douceurs de ce régime de dix-huit ans, ses facilités pour l'esprit et pour l'étude, pour tous les développements pacifiques, son humanité, les plaisirs d'amateur que causaient, même à ceux qui n'avaient pas l'honneur d'être censitaires, des luttes merveilleuses de talent et d'éloquents spectacles de tribune, et aussi les éclairs de satisfaction que donnaient à tous les cœurs restés français de brillants épisodes militaires. Mais il est pourtant impossible de faire d'un tel régime, dans son esprit et dans son ensemble, quelque chose de grand, — de grand par l'action, par l'impulsion soit au dedans, soit au dehors, — quelque chose dont on soit fier d'avoir été le contemporain; et M. Guizot lui-même, passant en revue la politique des divers Cabinets d'Europe, et s'exagérant un peu, je le crois, la passion de la paix qui possédait en 1830 les gouvernements et les peuples, nous dit de l'empereur de Russie, Nicolas, auquel il attribue la même passion, jointe à beaucoup de malveillance pour Louis-Philippe et pour le trône de Juillet : « Il eût pu être tenté de profiter, par la guerre, des troubles de l'Europe; il aima mieux les grands airs de la domination en Europe au sein de la paix. »

Or, ces *grands airs de domination*, on les acceptait, on ne cessa de les subir. Ce n'était pas un *casus belli*, dira-t-on, ce n'était qu'une vexation, et qui encore avait ses répits et ses intermittences; mais n'est-ce pas trop que ces petites avanies pour le gouvernement d'un grand peuple? Il existe de M. Guizot un morceau d'histoire, récemment publié en dehors des *Mémoires,* qui a pour titre : *Le roi Louis-Philippe et l'empereur Nicolas.* Il en résulte que la politique la plus digne et la plus hautaine consistait en ce temps-là, après un déplaisir et un léger affront reçu, à le constater : « Vous m'avez fait une insulte, je tiens à vous témoigner par mon attitude que je la ressens. » Et puis après... et puis après?....*Rien, rien, rien,* comme le disait un spirituel député d'alors. De l'*attitude,* oh! beaucoup d'*attitude;* le mot revient sans cesse. Je ne dis pas qu'on pût faire autrement, le régime et ses conditions étant donnés, avec un roi dont le mot d'ordre habituel à ses agents était : « Surtout ne me faites pas d'affaires ! » Mais il n'y a pas de quoi se vanter : et, pour parler franchement, je m'étonne que M. Guizot ne se soit pas rendu compte de l'effet singulier que produirait ce morceau de diplomatie rétrospective, par comparaison surtout et après la guerre de Crimée.

II.

J'arrive à la seconde question que suggère la lecture des *Mémoires* de M. Guizot : Quelle idée se fait-on du roi qui présida à ce régime des dix-huit années? Et, ici encore, je n'ai point de parti pris, je ne suis qu'un observateur et un littérateur jugeant d'un livre d'histoire moderne, d'histoire contemporaine, et complétant mon idée des personnages par les traits mêmes qu'on me fournit.

M. Guizot a parlé très-librement de Louis-Philippe, et nous l'en remercions. Ce prince estimable n'est point d'ailleurs de ceux qui prêtent au grandiose, et il gagne à la familiarité. Tel que M. Guizot nous le montre, et en oubliant même ce qu'on en savait déjà, il n'a rien du *souverain* proprement dit, rien de ce qui frappe l'imagination et de ce qui impose. Il ressemble trop à un bourgeois pour être respecté longtemps des bourgeois. De même que le roi de France n'était autrefois que le premier gentilhomme du royaume, il n'est, lui, que le premier bourgeois du pays. La Bruyère a remarqué que « le caractère des Français demande du sérieux dans le souverain. » Louis-Philippe n'a pas tout le sérieux voulu. A peine roi et roi par force, tout en jubilant du bonheur de l'être, il écrit à M. Guizot un billet qui honore son cœur sur le départ de son cousin Charles X embarqué sans accident à Cherbourg : « Enfin, voici des dépêches de nos commissaires qui *me soulagent le cœur.* » C'est humain, ce n'est pas royal de ton. Il a pris le trône sans être bien sûr qu'il en ait eu le droit ; il n'a pas *foi* en lui ni en sa race. Il n'est pas de ces grands ambitieux qui se légitiment eux-mêmes par leurs actes et leurs pensées. L'homme de 1791 est toujours là, qui en a beaucoup vu et qui pense qu'il peut en voir beaucoup encore ; philosophe, philanthrope, expansif, très-verbeux, et ne choisissant pas, ne mesurant pas toujours ses expressions : la quantité l'emportait sur la qualité. M. Guizot nous le livre « dans l'abondance un peu précipitée de sa conversation, » tâtonnant un peu, et, ce qui est fâcheux pour un roi, tâtonnant devant tous, n'ayant pas de précision dans le premier coup d'œil : « L'esprit du roi, lui dit un jour M. Guizot, a besoin d'y regarder à deux fois. » Un mot charmant de Louis-Philippe est celui qu'il dit à la reine Vittoria au château d'Eu, dans le jardin potager ; il avait offert à la reine une pêche, elle ne savait comment la peler. Louis-Philippe tira un couteau de sa poche, en disant : « Quand on a été, comme moi, un pauvre diable vivant à quarante sous par jour, on a toujours un couteau dans sa poche. » Mais ce souvenir de sa misère ancienne le poursuivait trop, quand il disait à M. Guizot, après bien des discours sur ses charges domestiques, sur les chances de l'avenir, et en lui prenant tout à coup les mains avec effusion : « Je vous dis, mon cher ministre, que mes enfants n'auront pas de pain. » C'était vers la fin son idée fixe et par trop bourgeoise. Ses enfants le lui rendaient entre eux en l'appelant familièrement *le père*. Il définissait son rôle de roi avec plus d'esprit que de dignité quand il disait : « Le mal, c'est que tout le monde veut être chef d'orchestre !... Je fais ma partie de roi, que mes ministres fassent la leur comme ministres ; si nous savons jouer, nous nous mettrons d'accord. » On assure qu'il dit un autre jour, moins noblement : « Ils ont beau faire, ils ne m'empêcheront pas de mener mon fiacre. » Il disait en parlant de Casimir Perier, qu'il avait trouvé sous sa main bien à propos : « Savez-vous que si je n'avais trouvé M. Perier au 13 mars, j'en étais réduit à avaler Salverte et Dupont tout crus (1)? » Du même M. Perier il disait assez imprudemment : « Perier m'a donné du mal ; mais j'avais fini par le bien enfourcher. » Ce roi avait du savoir-faire et s'en vantait. Il mettait de la rondeur dans la ruse. Il croyait avoir fait de grands sacrifices à la France en la gouvernant, et il s'étonnait qu'on ne lui en sût pas plus de gré. M. Guizot et les doctrinaires ne lui allaient pas tout d'abord, et M. de Broglie ne lui alla jamais ; il ne pouvait se faire à ces principes de droit absolu, lui homme de fait et de pratique. Les manières un peu roides de ces messieurs, leurs conditions toujours en avant et leur parti pris de n'aller jamais les uns sans les autres, l'éloignaient aussi ; il appelait cela un *joug* et s'y soumettait, après tout, d'assez bonne grâce. Il finit pourtant par distinguer M. Guizot des autres et par comprendre que cette roideur, très-modifiée avec les années, n'était pas ce qu'elle paraissait. Il y eut même un jour où il lui dit (assure-t-on), — c'était vers 1845, à un moment cri-

(1) Ce qui se rapporte bien à cet autre mot qu'il avait dit précédemment : « J'ai trois médecines à rendre, Dupont, Laffitte et La Fayette. »

tique où on voulait le lui ôter comme ministre et où le vote de la Chambre avait hésité : « Monsieur Guizot, collez-vous à moi. » Mais, tout en appréciant avec estime le talent de l'homme qui le servait avec tant d'éclat, il ne partageait pas sa confiance ni cette intrépidité monarchique si absolue sur une base que lui-même sentait si étroite et si vacillante : « Vous avez mille fois raison, lui répétait-il souvent dans les dernières années ; c'est au fond des esprits qu'il faut combattre l'esprit révolutionnaire, car c'est là qu'il règne ; mais, pour chasser les démons, il faudrait un prophète. » Ce prince était donc, somme toute, un homme d'esprit, et bonne tête, tant qu'il ne faiblit pas. — « Cette bonne tête, ou plutôt cette bonne *caboche*, » disait de lui un de ses anciens ministres qui se reprenait, comme si le premier mot était un peu trop noble pour le sujet. C'est bien là l'idée que je me fais de ce prince et dans laquelle me confirment les *Mémoires* que je viens de lire. Quelque chose de plus et de vraiment royal, je ne le saurais admettre : M. Cuvillier-Fleury lui-même, cet homme compétent qui a si longtemps monté dans les carrosses, me le soutiendrait en face qu'il ne me persuaderait pas (1).

Il me reste à tirer des *Mémoires* de M. Guizot l'idée qu'on doit se faire du ministre lui-même, de l'homme d'État, de l'orateur et de l'écrivain. On ne peut tout dire à la fois.

(1) M. Cuvillier-Fleury, le croirait-on ? a pris cela au sérieux et a relevé le gant ; il n'a pas craint de faire dans les *Débats* un long article intitulé : *Le roi Louis-Philippe et M. Sainte-Beuve.*

Lundi, 21 octobre 1861.

MÉMOIRES

POUR SERVIR A L'HISTOIRE DE MON TEMPS

PAR M. GUIZOT.

(SUITE ET FIN.)

III

Nous en sommes au ministre avec M. Guizot, et à le déduire tel qu'il ressort à nos yeux de ses *Mémoires* mêmes. Une première distinction est à faire : il y eut en M. Guizot le ministre spécial qui se contenta assez longtemps de présider à l'Instruction publique, et le ministre politique qui prétendit à diriger l'intérieur et l'extérieur du pays, et qui remplit en dernier lieu (sauf accident final) sa fameuse période de sept années.

Le premier de ces deux ministres, celui de l'Instruction publique, ne mérite que des éloges. Quoiqu'avec un talent qui semblait excéder son cadre (ce qui n'est jamais un mal), M. Guizot était là véritablement à sa place, et en pensant au bien qu'il a fait, à celui qu'il aurait pu faire, on se prend à regretter qu'il ne s'y soit point tenu. Savant plein d'autorité et de lumières, le plus pratique des théoriciens, se rabattant volontiers en tout du côté de l'histoire, il était très-propre à ne verser dans aucun sens. Il avait été, dès sa jeunesse, professeur de l'Université, sans avoir été élève et enfant de l'Université; né et venu d'ailleurs, il n'avait pas de prédilection exclusive. Il apportait dans ce gouvernement intellectuel la connaissance des matières, l'ouverture des vues, une indifférence qui lui permettait mieux qu'à d'autres de maintenir l'équilibre entre les diverses études et facultés; et si la balance dans ses mains avait penché quelque peu du côté de l'histoire, ce n'eût été que justice; car l'histoire, ce goût et cette aptitude générale de notre temps, hérite en effet de toutes les autres branches de la culture humaine. A l'égard des personnes, M. Guizot était d'une facilité et d'une bienveillance qu'on n'a pas assez dites. C'était donc le chef le plus désigné et le plus qualifié pour conduire l'Université sans imprudence et sans faiblesse, pour manier les corps savants et traiter pertinemment avec eux, pour répandre dans le pays, à tous les degrés, le goût de l'instruction saine, des études et des recherches ; et c'est ce qu'il fit en partie pendant quelques bonnes et fécondes années. Que ne l'a-t-il voulu encore davantage? que ne s'y est-il borné? que n'a-t-il enfermé son ambition dans ce cercle qui pouvait s'étendre si loin, et où il y avait surtout à creuser en y demeurant?

6.

Puisque le désordre était surtout dans les esprits, pourquoi ne s'être pas proposé de l'y combattre, de le guérir à sa source, pour ainsi dire, au moment où il s'empare des âmes ardentes et vacantes de la jeunesse? La jeunesse a besoin de mouvement avant tout, et elle n'est pas difficile sur les idées : pourquoi ne s'être pas donné pour tâche d'y veiller? pourquoi, en présence des collègues ou des rivaux politiques tout occupés de l'intérêt ou du péril du moment, ne s'être pas dit : Je pense, moi, à l'avenir, au lendemain ; je le conjure, je le prépare ; je viens de temps en temps à la tribune donner mon coup de main à la politique générale, mais mon principal souci est ailleurs, et je serai content de ma part d'action si je puis être le grand maître perpétuel, non-seulement de l'Université, mais des jeunes générations survenantes? — Ce rôle sérieux, franchement conçu et embrassé tout d'abord, de la manutention des études et des esprits, méritait d'occuper tout un homme, un homme tel que lui, et on ne le lui aurait pas disputé.

Oui, un Fontanes libéral et rajeuni, au courant de tous les progrès, un Royer-Collard jeune, en permanence, et condescendant aux besoins nouveaux, voilà comment je me le définis.

Mais je m'aperçois que je rêve; je demande aux hommes publics plus de patience et de sacrifices qu'ils n'en peuvent exiger eux-mêmes de leur nature. La tentation de la politique générale était trop présente et revenait trop souvent, les raisons d'utilité et de bien public étaient trop spécieuses, les engagements de parti étaient trop impérieux pour permettre à M. Guizot ce choix et cet arrangement de destinée. Ministre de l'intérieur dès les premiers jours d'août 1830, il avait eu à choisir entre les deux politiques rivales, et il avait pris parti aussitôt : « Par instinct comme par réflexion, dit-il, le désordre m'est antipathique ; la lutte m'attire plus qu'elle ne m'inquiète, et mon esprit ne se résigne pas à l'inconséquence. » Il avait donc planté intrépidement son drapeau sur la brèche qu'on réparait ; il avait professé rigoureusement sa doctrine, plus rigoureusement même qu'il n'était besoin en saine politique ; car, après tout, il s'agissait du salut social dans le sens de la bourgeoisie, et l'essentiel était d'y atteindre, encore plus que de le proclamer. Si, à force de le proclamer et de le présenter d'une certaine manière, on produisait plus d'irritation que d'encouragement, on passait le but, on le manquait. N'oublions pas qu'il s'agissait de la bourgeoisie à discipliner, à rallier et à grouper pour la défense commune : si, au lieu de la tenir unie, on la choquait par le ton trop absolu, par la hauteur et la rigueur de la forme, par un certain ensemble d'idées trop logiques pour elle et qu'on poussait à outrance, si on la désaffectionnait enfin, qu'avait-on gagné ? Le propre des doctrinaires est d'estimer assez peu le commun du monde et la moyenne des esprits ; leur inhabileté dans la pratique est de le laisser voir : leur inconséquence (je parle des doctrinaires de seconde venue, non pas de M. Royer-Collard) est d'avoir voulu, d'avoir espéré gouverner précisément par cette moyenne des esprits qu'on dédaignait et qui s'apercevaient du dédain. « On a dit que je prenais plaisir à braver l'impopularité, écrit quelque part M. Guizot, on s'est trompé; je n'y pensais pas. » Mais il fallait y penser : dans un gouvernement constitutionnel ce n'est pas là un élément indifférent, et dont il convienne à un ministre qui aspire à être dirigeant de ne tenir aucun compte.

M. Guizot avait donc mis, du premier jour, sa raison et son talent au service du système de résistance. Son éloquence n'était pas, à beaucoup près, dans ces premiers temps, ce qu'on l'a vue depuis. Il le reconnaît et explique pourquoi dans une page modeste dont j'aurai à reparler. Il eut besoin de quelque apprentissage pour devenir grand orateur; il n'en eut pas besoin pour être le théoricien politique qui présenta aussitôt la Révolution accomplie de la façon la plus monarchique et la plus digne. Cette théorie de quasi-légitimité ne pouvait déplaire à Louis-Philippe dont elle ennoblissait l'établissement; seulement il eût été embarrassé, à son début de royauté, d'avouer le programme devant tous ses amis; car, dans le parti et dans l'idée du juste-milieu, il y avait bien de l'amalgame dont il profitait. Casimir Perier, homme pratique aussi, en même temps qu'il voyait l'inconvénient de ce trop de logique, appréciait toute l'utilité dont pouvait être M. Guizot dans la défense du système : « Je sais, disait-il, que les doctrinaires ont de grands défauts et qu'ils n'ont pas l'art de se faire aimer du gros public; il n'y a qu'eux pourtant qui veuillent franchement ce que j'ai voulu. Je ne serai tranquille qu'avec Guizot. Nous avons gagné assez de terrain pour qu'il puisse entrer au pouvoir : ce sera ma condition. »

Si Casimir Perier avait vécu, on se figure bien M. Guizot à côté de lui, tel qu'il fut un peu plus tard, revêtant le système de toute la force et de la fierté de sa parole, et lui donnant tout son décorum.

Entre ces deux hommes, d'ailleurs, qui se fussent si bien complétés, il y avait des différences profondes d'origine, de tempérament et de nature ; elles sautent aux yeux. Dans sa courte année de gouvernement, Casimir Perier, luttant contre les périls publics et contre un mal intérieur qui le minait, « hardi avec doute et presque avec tristesse, » selon l'expression de M. Guizot, « espérait peu en entreprenant beaucoup. » Ce sauveur de la société, comme on l'appelait dans le parti de l'ordre, était obsédé lui-même d'une idée sinistre et funèbre. M. Guizot, au contraire, a reçu du Ciel l'espoir, le contentement, la confiance ; il ne les a pas même perdus aujourd'hui. Je laisse la suite du parallèle à ceux qui les ont également connus tous deux.

Ce n'est point au sujet de Casimir Perier, c'est au sujet de M. de Talleyrand, que M. Guizot, prenant la mesure de cet homme d'État, une mesure très-juste, et le qualifiant « homme de cour et de diplomatie, non de gouvernement, et moins encore de gouvernement libre que de tout autre, » énumère plusieurs des qualités qu'il estime indispensables pour ce haut emploi, le plus haut en effet qui soit dans la société puisqu'il l'embrasse et la comprend tout entière elle-même :

L'autorité du caractère ;

La fécondité de l'esprit ;

La promptitude de résolution ;

La puissance de la parole ;

L'intelligence sympathique des idées générales et des passions publiques.

Il est d'autres qualités encore qu'il omet et dont on peut chercher l'indication précise dans l'admirable *Testament politique* de Richelieu ; je m'en tiens à celles que M. Guizot propose, et je me demande hardiment, en me retournant vers lui, et à la clarté des événements, quelles de ces qualités il avait lui-même, et quelles lui ont manqué. Que voulez-vous ? quand on publie ses *Mémoires* de son vivant, on s'expose à un jugement complet de son vivant ; on le réclame ; car ne demander qu'un simple jugement littéraire en venant présenter au public toute sa personne, toute sa vie, ce serait par trop diminuer le droit du lecteur et rabaisser sa juridiction.

Eh bien ! de ces diverses qualités et conditions, réputées par lui essentielles dans un homme de gouvernement, la seconde, la fécondité de l'esprit, lui a manqué ; il n'a su que résister avec une obstination magnifique, sans varier les moyens, sans trouver les ressources ou les expédients. Il a possédé au suprême degré la quatrième des qualités, la puissance de la parole ; il n'a pas eu l'intelligence sympathique des idées générales et des passions publiques, ou du moins il l'a eue en partie seulement pour ce qui est des idées, mais plutôt au rebours en ce qui est des passions et pour les combattre comme dans un duel à mort.

Il y a, pour parler son langage, trois *éléments* à considérer dans la société : les *idées*, les *intérêts*, les *passions*. M. Guizot (est-il besoin de le dire ?) entend à merveille les *idées*; c'est son domaine. Orateur ou historien, il les possède, il les divise, il les classe, il les groupe avec supériorité et les fait manœuvrer avec puissance. Les *intérêts*, c'est-à-dire les finances, l'industrie, les branches diverses de la fortune publique, leurs rapports, leur jeu mobile, leurs crises, le mécanisme et le thermomètre du crédit, les signes et pronostics qui en résultent à chaque instant, il les sait peu, il ne les sait guère plus que M. Royer-Collard et que les doctrinaires en général ; il paraît peu s'en inquiéter. Or, cependant entre les idées et les intérêts de la société, s'il fallait absolument choisir pour la conduite politique, on courrait risque encore de se moins tromper en sachant et en consultant préférablement les intérêts.

Quant aux *passions* qui circulent au dehors, et qui émeuvent la masse, il faut les connaître et jusqu'à un certain point les ressentir, non pour les partager, mais pour en tirer parti, pour les conjurer ou les diriger. — Il y reste, lui, trop étranger; il les traite de haut en bas ou les ignore.

Il a peu gardé de son calvinisme primitif dans tout ce qui tient au dogme ou à l'histoire; on s'en aperçoit assez évidemment aujourd'hui ; la singulière brochure qu'il vient de lancer en ce moment même, sans aucune nécessité, pour sa propre satisfaction, et qui n'est autre qu'un manifeste de *fusion* protestante avec Rome, le dit assez haut, et ses coreligionnaires ont tout droit de lui en vouloir (1). Il a gardé pourtant de sa secte originelle

(1) Il s'agit de la brochure qui a pour titre : *L'Église et la Société*

(je parle du temps où il était au pouvoir et avant la mode des *fusions*) quelque chose de très-marqué : c'est la faculté ou la disposition que j'appellerai *exclusive*. Il a le goût des cités politiques choisies, des sociétés fermées et retranchées ; il n'aime pas à faire entrer dans le cercle, une fois défini, des citoyens, les gens du dehors, fussent-ils des natifs. Lui régnant et dominant, n'est pas aisément qui veut du nombre des élus ici-bas ou des électeurs. Il classe volontiers le monde en honnêtes gens et en ceux qui ne le sont pas ; sa morale sociale admet essentiellement le bien et le mal, dont les noms reviennent sans cesse à sa bouche d'une manière qui, à la fin, devient provocante : les instincts conservateurs, à ses yeux, sont les seuls bons ; les autres instincts plus

---

chrétiennes en 1861. M. Guizot, préoccupé des dangers dont toutes les communions chrétiennes et le christianisme lui-même sont menacés par le redoublement d'efforts et d'attaques de la philosophie, estime que l'heure est venue de se comporter comme on ferait « dans une place assiégée, » quand l'étranger et l'ennemi est aux portes : il conseille, en conséquence, à toutes les communions chrétiennes de s'unir pour la défense commune, en mettant de côté leurs querelles et leurs différends. Si ce n'est pas là conseiller la *fusion,* je n'y entends plus rien. J'insiste, parce que l'exactitude du mot a été contestée. Mais M. Guizot ignore-t-il que, dans une telle conjoncture, et par le seul fait d'un rapprochement avec Rome, le signe arboré sur la cité et sur l'église menacée ne serait pas la Croix pure et simple, et qu'il y aurait tout à côté l'image de la Vierge sous l'invocation de l'immaculée Conception? Jamais Rome ne comprendra autre chose ; jamais elle ne se départira de la primauté pas plus que d'une part d'idolâtrie. Comment M. Guizot, avec son reste de protestantisme, pourrait-il s'en accommoder? Comment ses coreligionnaires surtout consentiraient-ils à en passer par là? Hérétique ou schismatique, on ne se concerte pas, on ne se coalise pas avec Rome, on se soumet.

actifs et plus remuants sont vite déclarés pervers. L'ancien pli calviniste se retrouve là pour moi. Il avait parmi ses amis politiques des hommes de grand sens et d'expérience, qui voyaient plus loin, et M. Bertin de Vaux, notamment, ce sage épicurien, témoignait alors, dans l'intimité, qu'il ne croyait guère à la stabilité et à la durée de l'édifice qui portait sur une base sociale aussi restreinte, sur un corps électoral aussi trié que le voulait M. Guizot.

J'ai dit, ou plutôt c'est lui-même qui nous en avertit, qu'une de ses dispositions habituelles est la confiance : « Je cédai, dit-il en un endroit (lorsqu'il consentit à être ministre avec M. Molé sans garanties suffisantes), à mes impressions personnelles, à l'insistance du roi, à l'urgence de la situation, et aussi à une disposition de ma nature qui est d'avoir trop de facilité à accepter ce qui coupe court aux difficultés du moment, trop peu d'exigence quant aux moyens et trop de confiance dans le succès. » Il est curieux, en le lisant, de remarquer comme ces formes de phrases se reproduisent involontairement sous sa plume : « *J'ai la confiance de croire*, etc. *Je ne me trompai pas* quand, etc. *Je le fis sans hésiter... Je me sens à l'aise et satisfait pour mon propre compte* en témoignant, etc.; » et enfin ce mot qu'on a fort relevé : « Je ne connais guère l'embarras, et je ne crains pas la responsabilité. » C'est le signe d'une disposition chez lui fondamentale; c'est le geste de son esprit, de son caractère qui se trahit et qui tranche, qui repousse et chasse, pour ainsi dire, les difficultés et leur interdit de reparaître.—Une remarque matérielle et qui n'est pas vaine vient à l'appui, le caractère de son *écriture* : pas une hésitation, pas une fatigue ; jamais un jambage qui bronche. Il l'a aussi ferme et aussi distincte que Lamennais, à qui l'on disait : « Vous écrivez comme vous concevez, nettement. »

Nous n'avons pas encore M. Guizot dans l'exposé et l'apologie de son grand ministère (1840-1848) ; mais nous le tenons sur le fait de la Coalition. On l'attendait à cet endroit critique de sa vie parlementaire, où la ligne de conduite qu'il suivit lui fut si fort reprochée. On se rappelle la situation exacte, et lui-même l'expose avec autant d'impartialité qu'on peut lui en demander. Après la chute du grand ministère du 11 octobre, et après deux autres courts ministères d'essais infructueux, M. Molé était chargé de diriger les affaires et d'inaugurer un système un peu différent (1837-1839). Il y réussit d'abord au delà de toute espérance : il maria le duc d'Orléans ; il fit l'amnistie ; il rendit l'église de Saint-Germain-l'Auxerrois au culte ; cependant on prenait d'assaut Constantine, on enlevait le fort de Saint-Jean-d'Ulloa. Il est vrai que, vers le même temps, on évacuait Ancône et qu'on adhérait au traité des vingt-quatre articles pour les limites territoriales de la Belgique. C'était donc, en admettant des fautes sur quelques points, bien de l'habileté, en somme, et du bonheur. Pourquoi si tôt s'en irriter ? pourquoi sonner si tôt et si haut l'alarme ? M. Guizot fait de M. Molé un portrait des plus délicats, où les qualités du noble personnage sont reconnues et où ses faibles ne sont pas oubliés : une qualité toutefois n'y est pas suffisamment marquée, c'est que M. Molé, avec infiniment moins de talent et de science que messieurs les doctrinaires, était par l'esprit plus homme d'État qu'eux, et avait des parties supérieures pour le gouvernement, l'art de concilier et de gagner, le ménagement des hommes, le sentiment et le tact des situations. Que si cela ne suffisait pas sous le régime parlementaire, et si M. Molé devait tôt ou tard laisser voir sa faiblesse au sein des Chambres, pourquoi devancer l'heure, brusquer l'opinion et former contre lui cette entreprise générale où l'on apporta pour l'abattre le feu et la hache, comme s'il s'agissait d'un grand chêne, et comme si la nouvelle monarchie elle-même, tout à côté, était assez enracinée déjà pour n'en pas ressentir le contre-coup? M. Guizot, à un moment, confesse son tort, ou du moins il est bien près de le confesser :

« La personnalité est habile à se glisser, dit-il, au sein du patriotisme le plus sincère ; et je n'affirmerai pas que le souvenir de ma rupture avec M. Molé en 1837 et le secret désir de prendre une revanche personnelle, tout en soutenant une bonne cause générale, aient été sans influence sur mon adhésion à la Coalition de 1839 et sur l'ardeur que j'y ai portée. Même pour les plus honnêtes gens, la politique n'est pas une œuvre de saints ; elle a des nécessités, des obscurités que, bon gré, mal gré, on accepte en les subissant ; elle suscite des passions, elle amène des occasions de complaisance pour soi-même auxquelles nul, je crois, s'il sonde bien son âme après l'épreuve, n'est sûr d'avoir complétement échappé ; et quiconque n'est pas décidé à porter sans trouble le poids de ces complications et de ces imperfections inhérentes à la vie publique la plus droite fera bien de se renfermer dans la vie privée et dans la spéculation pure. »

Quoi qu'il en soit, on vit là un de ces beaux duels où l'appétit des ambitions et la passion du jeu firent taire la prudence. Ce fut, à s'en tenir à l'intérieur de la lice et à ne pas regarder aux conséquences du dehors, un tournoi des plus satisfaisants, un assaut brillant et des mieux conduits : d'un côté, tous les princes de la parole, tous les chefs de file des nuances de l'opposition et des couleurs même les plus contraires, avec un major-général plus actif, plus infatigable que ne le fut jamais le prince Berthier, et qui allait donnant le mot d'ordre dans tous les rangs (1) : ce mot d'ordre, c'est qu'on n'avait pas le gouvernement parlementaire dans sa force et *dans sa vérité;* car remarquez que, tant qu'on a eu en France ce gouvernement, ceux même qui le regrettent le plus hautement aujourd'hui niaient qu'on le possédât tel qu'il devait être et allaient criant partout : « *Nous ne l'avons pas !* » — D'un côté donc tous ces chefs, et de l'autre M. Molé, seul ou presque seul, tenant tête à tous avec bon sens, noblesse, vivacité et même vigueur; — montant et remontant coup sur coup à la tribune, il trouva des éclairs à lancer, sinon des tonnerres ; — et non loin de lui, M. de Lamartine, un volontaire brillant et magnifique, un chevalier auxiliaire, venu tout exprès d'Asie, qui eût dit volontiers en brisant une lance pour la défense du plus faible et en le couvrant de sa protection : « Je suis, moi, ministériel et anti-

---

(1) On a reconnu M. Duvergier de Hauranne.

« dynastique : gloire aux courtois et aux généreux ! »

M. Guizot, dans son récit animé, ne dissimule rien de tout cela, et il nous aide vivement à nous en ressouvenir ; il réitère même, à un endroit (tome IV, page 292), un *mea culpa* qui ne laisserait rien à désirer, si, par un singulier retour, il ne le rétractait formellement dans les toutes dernières lignes du chapitre ; car, faisant remarquer que c'était en vue d'obtenir un gouvernement pleinement d'accord avec la majorité de la Chambre des députés qu'il s'était mis si fort en avant, dans une ligne d'opposition inaccoutumée, au risque de déplaire à plusieurs de ses amis conservateurs, il ajoute : « Dans mon élan vers ce but, ma faute fut de ne pas tenir assez de compte du sentiment qui dominait dans mon camp politique, et de ne consulter que mon propre sentiment et l'ambition de mon esprit plutôt que le soin de ma situation (que de *ma* et que de *mon* !) : faute assez rare de nos jours, et que, pour dire vrai, je me pardonne en la reconnaissant. » Ainsi il conclut en disant comme le poëte :

Pour en blâmer l'effet, la cause en est trop belle ;

et il se console.

L'effet pourtant, l'effet immédiat, fut d'ébranler profondément cette monarchie qu'on voulait fonder. Béranger, que je ne prends ici que pour ce qu'il était réellement, pour un spectateur très-avisé et très-malin, écrivait de son coin, à l'occasion de ces brillantes joutes parlementaires contre M. Molé : « La Coalition vient de porter un terrible coup au trône, et ce qu'il y a de curieux, ce sont des monarchiens qui l'ont réduite à ce piteux état... Ah! s'il y avait un journal républicain qui eût un peu de bon sens et d'esprit, quelle occasion de triomphe!... J'avais prédit à nos jeunes gens que la bourgeoisie finirait par se quereller avec la royauté : ma prédiction commence à s'accomplir. Il n'en sortira, certes, pas grand bien encore ; mais c'est déjà beaucoup que cette émeute parlementaire, dont les chefs ne me paraissent pas avoir pressenti toutes les conséquences.» Le bonhomme se frotte les mains; et prévoyant que la nouvelle monarchie pourrait bien, comme l'autre, prendre un jour la route de Cherbourg : « La Coalition, répète-t-il, vient de lui porter un coup qui laissera des cicatrices, et je vous avoue que je n'aurais rien conçu à ces attaques dirigées par des hommes qui se prétendent monarchiques, si les ambitions personnelles n'expliquaient bien des choses. Il n'y a que les gens qui pensent comme Garnier-Pagès qui aient pu vouloir et soutenir cette Coalition si compromettante pour la couronne... » Je ne sais si M. Guizot, même aujourd'hui et après l'événement, se rend bien compte de cet effet général d'alors, moralement désastreux.

C'est assez parler de l'homme d'État, lequel d'ailleurs n'est pas au bout de ses récits : l'orateur politique nous appelle. Ç'a été la supériorité de M. Guizot. J'aimerais qu'il nous en parlât davantage et avec détail, sans fausse modestie, et comme l'a fait à sa manière Cicéron. J'ai noté cependant une belle et bonne page (tome II, p. 105), dans laquelle il caractérise ses premiers débuts à la tribune et nous fait part de ses hésitations, de sa prudence, sur ce terrain tout nouveau; car il était d'abord professeur plutôt qu'orateur politique, ce qui est fort différent. Nous qui l'avions écouté et suivi comme professeur, nous assistions non sans intérêt à cette transformation. J'en ai les principaux moments très-présents et, en le voulant bien, je crois que je retrouverais, notées par moi avec curiosité et sur le temps même, ces diverses phases de sa parole publique. Mais c'est de lui qu'on aimerait à les tenir avec précision. Quand devint-il décidément orateur? Ce fut vers 1833 ou 1834, ce me semble; mais quel jour? à quelle occasion? Quand le professeur disparut-il en lui à la tribune pour ne faire place qu'au lutteur et au combattant? Par quels degrés de maturité et de perfectionnement, par quels âges successifs son éloquence passa-t-elle durant quinze années? J'insiste; j'aimerais qu'il nous parlât lui-même de ces choses, des secrets de son art, de ce en quoi il a véritablement excellé. Il nous doit là-dessus un beau chapitre de rhétorique française, un chapitre tout neuf et qu'aucun orateur politique n'a encore effleuré. Jeune homme la première fois qu'il visita Mme de Staël, à Ouchy près de Lausanne, elle lui dit brusquement, en voyant son émotion et frappée de son accent : « Je suis sûre que vous joueriez très-bien la tragédie; restez avec nous et prenez un rôle dans *Andromaque.* » Un jour, au temps de sa pleine gloire de tribune, Mlle Rachel, qui assistait à une séance de la Chambre, dit, après l'avoir entendu : « J'aimerais à jouer la tragédie avec cet homme-là. » Il a, en effet, le port, le geste, le regard, ce que les Anciens appelaient l'*action*. Ses rivaux même, ces amis un peu malicieux (comme on en a), et qui ne louent qu'en restreignant, ne peuvent s'empêcher de dire : « C'est un grand metteur en œuvre que Guizot ! » Vers la fin, il n'avait plus comme orateur que des triomphes, et c'est ce qui l'a perdu. Il est, parmi nous, l'exemple le plus éclatant de ce genre d'illusion que crée le talent de la parole porté à ce degré. Pascal avait bien raison d'appeler l'éloquence une puissance trompeuse : comment croire qu'on n'a pas affaire au plus capable, quand on a affaire à ce point au mieux disant? Je me souviens qu'un jour, au sortir d'une de ces innombrables séances, où M. Guizot, comme on le répétait chaque fois, s'était surpassé, un des fidèles de sa majorité me disait avec transport : « Et quand je pense, mon cher ami, que tout cela c'est de l'histoire! » — Non, mon cher Auguste Le Prévost (car c'était lui), non, l'histoire en personne sous les traits de M. Sauzet ne présidait point à ces luttes sonores ; le salut ou l'honneur de l'État n'en sortirent à aucun jour, armés du glaive ou du bouclier; aucun acte mémorable ne suivait ces discours si transportants : vous n'aviez assisté qu'à un admirable spectacle de talent oratoire!

Jamais, quoi qu'il en soit, jamais, vers la fin, M. Guizot ne monta à la tribune sans avoir raison de ses rivaux et sans vaincre; mais c'était chaque fois à recommencer. Quelqu'un d'habile me le fait remarquer : sur ces champs de bataille de l'éloquence, ce n'est pas comme à la guerre où l'on détruit l'ennemi en le vainquant : ici on l'écarte seulement, on le déconcerte, on l'intimide ; il revient le lendemain à la charge, comme si de rien n'était. C'est une magnifique guerre de guérillas où l'on ne tue personne. On cite une grande bataille en Espagne (au temps des guerres civiles), et qui même illustra l'un des généraux de ce pays, dans laquelle il n'y eut qu'un homme tué : dans les victoires de tribune, il n'y a pas même cet homme tué. D'ailleurs, l'effet fût-il souverain au dedans, il expire aux portes de la Chambre ; il ne se transmet pas dans le public. Il ne s'affaiblit pas seulement en passant la porte, il peut même se dénaturer le lendemain et se retourner, si les organes de la presse ne sont pas fidèles et bienveillants. Et à qui le disons-nous ? à qui parlons-nous de l'insuffisance des discours en politique ? et croyez-vous que M. Guizot ne s'en soit pas aperçu plus d'une fois lui-même, quoiqu'ensuite il l'ait trop oublié ? « Pour celui qui parle et même pour ceux qui écoutent, dit-il quelque part, les impressions de la tribune sont si vives qu'on est tenté de les croire décisives. Les faits ne tardent pas à dissiper cette illusion. En présence des grandes questions de gouvernement, la parole est à la fois puissante et très-insuffisante ; elle prépare et n'achève pas ; il faut s'en servir sans s'y confier. » Et pourtant il est clair aujourd'hui pour tous, que lui et ses amis s'y sont trop confiés.

L'écrivain, chez M. Guizot, tient de près à l'orateur en ce sens qu'il lui a dû de se perfectionner. M. Guizot n'était pas essentiellement écrivain au début ; prenez ce qu'il a publié dans les premières années de la Restauration : il écrivait toujours avec pensée et doctrine, mais très-inégalement, selon les jours. Les romantiques, s'il m'en souvient, lui trouvaient le style un peu *pâteux* ;

c'était leur mot. Il en a bien appelé depuis de ce jugement. Le vernis est venu à sa pâte (si pâte il y a) à force de chaleur. Son style d'abord n'avait pas tout le fil, j'en conviens; c'est sur le marbre de la tribune qu'il l'a aiguisé, et maintenant sa langue écrite diffère peu, pour le tranchant et pour l'incisif, de sa langue parlée. A force de bien dire, il est arrivé à écrire presque aussi bien. Je ne saurais donc adhérer au mot sévère d'un éminent et ingénieux critique, M. Edmond Scherer, qui a dit : « M. Guizot n'a jamais été un écrivain, ou, si l'on aime mieux, il n'a jamais été que le premier des écrivains qui ne savent pas la langue. » Comment! ce ne serait pas un écrivain aujourd'hui, et, qui plus est, ce ne serait pas un peintre que celui à qui nous devons, sans sortir de ces *Mémoires*, tant d'ingénieux portraits, tant de fines esquisses, ces figures de Casimir Perier, de Laffitte, de M. Thiers, du maréchal Soult, ce *Gascon sérieux* doué « d'une indifférence et, pour ainsi dire, d'une aptitude volontaire à une sorte de polygamie politique; » du maréchal Lobau, soldat franc, à la parole brusque et brève « comme s'il eût été pressé de ne plus parler? » Le portrait de Lamartine que le peintre se figure « comme un bel arbre couvert de fleurs, sans fruits qui mûrissent et sans racines qui tiennent, » est de toute beauté et de toute vérité dans son indulgence. Ce talent, ce goût des portraits est même tellement venu à M. Guizot, qu'il en cherche évidemment l'emploi et les occasions, et qu'à propos des morts de chaque année qu'il passe en revue, il trouve moyen de jeter le filet sur des noms qu'il ne rencontrerait pas directement dans son chemin : on ne se plaint pas du hors-d'hœuvre. Il est quelques portraits de femmes heureusement touchés et qui témoignent d'une souplesse inaccoutumée de ton, le portrait de la comtesse de Castellane, par exemple. Celui de madame de Boigne me semble moins bien traité et trop peu étudié : cette personne rare, d'un esprit si ferme et si juste avec tant de tour et de délicatesse, méritait mieux.

Je m'aperçois que j'omets de noter une singularité littéraire mémorable : l'homme éminent que nous critiquons et qui s'offre si délibérément coup sur coup au jugement du public, n'avait pas tout à fait les vingt-cinq ans exigés par le règlement, lorsqu'en 1812 il fut nommé par M. de Fontanes à une chaire de la Faculté des Lettres; il lui fallut une dispense d'âge. Il n'a donc pas tout à fait soixante-quinze ans aujourd'hui. Que dites-vous de cette vigueur, qui semble plus près de s'assouplir que de se casser avec les années? Le fait est qu'on ne songe même pas à l'âge de M. Guizot en le lisant.

Lundi 28 octobre 1861.

LES
CARACTÈRES DE LA BRUYÈRE

NOUVELLE ÉDITION

PAR M. ADRIEN DESTAILLEUR (1).

Le livre de La Bruyère est du petit nombre de ceux qui ne cesseront jamais d'être à l'ordre du jour. C'est un livre fait d'après nature, un des plus pensés qui existent et des plus fortement écrits. « Comme il y a un beau sens enveloppé sous des tours fins, une seconde lecture en fait mieux sentir toute la délicatesse. » Il n'est point propre d'ailleurs à être lu de suite, étant trop plein et trop dense de matière, c'est-à-dire d'esprit, pour cela ; mais, à quelque page qu'on l'ouvre, on est sûr d'y trouver le fond et la forme, la réflexion et l'agrément, quelque remarque juste relevée d'imprévu, de ce que Bussy-Rabutin appelait le *tour* et que nous appelons l'*art*.

(1) Deux volumes in-18, à la Librairie Nouvelle, boulevard des Italiens, 15.

La Bruyère a été, de nos jours, l'objet de travaux qui peuvent être, à très-peu près, considérés comme définitifs. M. Walckenaer, dans sa copieuse édition (1845), a rassemblé tout ce que fournit de curieux la comparaison des nombreuses éditions originales données par La Bruyère lui-même, et aussi tout ce qu'on a pu savoir ou conjecturer des personnages qui avaient posé devant lui. Cette savante édition, devenue la base des autres qui ont suivi et qu'elle rendait faciles, n'était pas exempte toutefois de quelques fautes d'inadvertance et même d'étourderie, s'il est permis d'appliquer un mot si léger au respectable érudit à qui on la devait; M. Joseph d'Ortigue avait relevé ces fautes et ces *lapsus* dans une brochure assez piquante. Cependant un homme instruit et modeste, M. Adrien Destailleur, qui avait un goût particulier pour le genre de La Bruyère et un culte pour l'auteur lui-même, travaillait lentement, de son côté, à une édition qui parut pour la première fois en 1854 dans la Bibliothèque-Jannet : elle se recommandait dès lors par un très-bon texte, ce qui est l'essentiel en pareille matière. Mais aujourd'hui, en donnant une édition nouvelle, M. Destailleur a profité plus amplement des travaux de ses devanciers; il a complété sa Notice biographique sur La Bruyère, et y a introduit ce qu'avaient appris, dans l'intervalle, les recherches du très-habile fureteur, M. Édouard Fournier; il a mis au bas des pages quelques notes biographiques utiles sur les originaux qu'on reconnaît au passage, et quelques pensées des moralistes célèbres qu'on aime à rapprocher de leur grand émule. Je voudrais qu'il eût tout à fait supprimé les autres petites notes de critique littéraire dans lesquelles il se contente d'approuver son auteur et de dire : « *Pensée noble et noblement exprimée... Distinction fine et vraie... Jolie expression,* etc... » Il n'y a pas de raison pour ne pas mettre cela presque à chaque paragraphe. Il est encore certaines *Observations morales* d'un anonyme qu'il aurait pu faire tirer à part, s'il l'avait voulu, et ne pas joindre à l'édition : c'est appeler la confrontation avec le maître du genre et compliquer le rôle d'éditeur. Est-ce qu'on irait glisser (si l'on en faisait) de ses propres fables à la fin d'une édition de La Fontaine? A part ces quelques taches et ces imperfections légères, l'édition de M. Destailleur, telle qu'elle s'offre à nous sous cette dernière forme, me paraît très-voisine de la perfection qu'on est en droit de réclamer dans tout ce qui se rapporte à La Bruyère.

La Bruyère vit tout entier dans son livre ; c'est là qu'il le faut chercher, non ailleurs. Qu'ont appris de nouveau sur lui les actives investigations dont il a été récemment l'objet? Bien peu de chose en effet. On croit savoir maintenant qu'il est né en 1646, étant mort en 1696, âgé de cinquante ans ou environ, dit l'acte de décès (1). Son père était conseiller-secrétaire du roi et de ses finances. On conjecture que, né dans un village près de Dourdan, il fut élevé à la campagne ; car il garda toujours de la nature une impression vive qu'il a exprimée avec bonheur, et il porte à l'homme des champs, pour l'avoir vu

(1) Son acte de baptême, enfin retrouvé, a fixé tous les doutes. La Bruyère a été baptisé le jeudi 17 août 1645 à l'église de Saint-Christophe-en-Cité. Il était né probablement la veille.

de près à la peine, un sentiment de compassion et d'humanité qu'il a rendu d'une manière poignante. Il paraît avoir passé par les écoles et peut-être par la congrégation de l'Oratoire. Il connut certainement la province et y demeura sans doute quelque temps ; il sait trop bien sa petite ville pour n'y avoir pas couché *deux nuits* et plus. Il venait, dit-on, d'acheter une charge de trésorier de France à Caen, lorsqu'il fut appelé à Paris pour y enseigner l'histoire à M. le Duc, petit-fils du grand Condé. On suppose que ce fut vers 1680 ; il avait trente-quatre ou trente-cinq ans. Ce fut sur la recommandation de Bossuet, qui le connaissait on ne sait d'où, et auprès de qui il était déjà en estime, qu'il dut la bonne fortune d'être désigné pour cet honorable emploi. Il avait été auparavant, et sans doute après quelque revers de famille, dans une condition moins heureuse, et l'un de ses contemporains nous l'a montré dans une chambre voisine du ciel et « séparée en deux par une légère tapisserie que le vent soulevait, » — une pauvre chambre d'étudiant.

Ce qui est certain, c'est que l'événement décisif de sa vie fut son entrée, son initiation à la maison de Condé. Qu'aurait-il été sans ce jour inattendu qui lui fut ouvert sur le plus grand monde, sans cette place de *coin* qu'il occupa dans une première loge au grand spectacle de la vie humaine et de la haute comédie de son temps ? Il aurait été comme un chasseur à qui le gibier manque, le gros gibier, et qui est obligé de se contenter d'un pauvre lièvre qu'il rencontre en plaine. La Bruyère, réduit à observer la bourgeoisie, les lettrés, s'en serait tiré encore: mais qu'il y aurait perdu, et que nous y aurions perdu avec lui!

Cette maison de Condé était une singulière maison, et le descendant d'un vieux ligueur (car un des ancêtres de La Bruyère avait, dit-on, marqué dans la Ligue) dut sourire en lui-même plus d'une fois de penser qu'il lui était ainsi donné d'observer de près, et en naturaliste, une branche si bizarre et si extravagante de la maison de Bourbon. Ce n'est pas ici le lieu de la peindre. Le grand Condé vivait encore, mais bien affaibli de tête. Son fils, qui devint bientôt M. le Prince, était un homme d'esprit qui avait, quand il le voulait, bien du fin et du galant avec le génie des fêtes, d'ailleurs le plus capricieux, le plus singulier des hommes au point de paraître atteint de manie. Saint-Simon et M. de Lassay en disent sur son compte plus qu'on n'ose en répéter. M. le Duc, l'élève de La Bruyère, est peint par Saint-Simon avec des airs terribles, et par M. de Lassay sous un aspect tout simplement méprisable. Et notez que Lassay connaissait les Condé de plus près encore que Saint-Simon, ayant épousé une bâtarde de cette branche et y vivant sur le pied de l'intimité. Quand on a lu les portraits de M. le Prince et de M. le Duc dans Saint-Simon et dans Lassay, il est utile, pour compléter la galerie et posséder toute la collection, de lire le portrait de la duchesse du Maine, sœur de M. le Duc, que nous a laissé Mme de Staal-Delaunay, une domestique spirituelle et terrible, le La Bruyère des femmes. Savez-vous que c'est redoutable encore plus que flatteur, d'avoir dans son domestique une femme comme Mlle Delaunay et un familier comme La Bruyère?

Au milieu d'un tel monde, il y avait pour un homme d'esprit et capable plus d'un rôle à tenter et plus d'une visée à suivre. Gourville, l'homme entendu, était devenu le gouverneur et le maître des affaires du grand Condé, et il y avait remis l'ordre. Dans une autre maison princière, Chaulieu, tout poëte qu'il était, prenait en main les affaires des Vendôme, et il n'y oubliait pas les siennes. M. de Malezieu allait être l'oracle absolu, le Pythagore de Sceaux et l'arbitre des volontés de la duchesse du Maine. La Bruyère, lui, vrai philosophe et d'un cœur élevé, ne pensa qu'à être témoin, spectateur et moraliste au profit du public. Que lui fallait-il de plus? il avait devant lui la matière la plus riche pour l'observation, et il venait d'acquérir dans la maison de Condé, en s'y abritant, ce que d'autres y auraient perdu, l'indépendance.

Son mérite y trouvait encore cet avantage d'avoir tout près de soi, et dans son cadre même, des connaisseurs délicats et des appréciateurs. Au milieu de ses vices et de ses monstruosités qui présentaient dans un abrégé commode et comme dans un miroir grossissant les travers et les crudités enhardies de la nature humaine, cette maison de Condé avait le goût de l'esprit, et, avec de la méchanceté, le talent de la fine raillerie. Ce n'était pas seulement un balcon pour tout voir, ce n'était pas seulement un refuge inviolable contre les inimitiés du dehors, qu'offrait à La Bruyère l'hôtel de Condé; il y avait encore là pour lui une très-bonne école. Chantilly, « l'écueil des mauvais ouvrages, » méritait d'être le berceau d'un livre excellent. La Bruyère profita de tout. Il s'y sentit bientôt si goûté, si à l'aise, si en plein dans son élément et dans sa veine d'observation, qu'il est venu jusqu'à nous des témoignages et comme des échos de ses joies. On a tiré grand parti, dans ces derniers temps, de quelques billets de M. de Pontchartrain, desquels il résulterait que La Bruyère était sujet à des accès de gaieté extravagante. Il se mettait parfois à danser subitement et à chanter, bien qu'il n'eût pas une belle voix. Il n'y avait pas de plus fou ni de plus lancé que lui dans les parties de plaisir de Chantilly. N'exagérons rien pourtant et ne tirons pas les moindres mots par les cheveux. Cela ne change pas notablement l'idée qu'on doit se faire de La Bruyère, et ne fait que la compléter. Il n'est pas extraordinaire, quand on a tant de goût et de facilité à tracer de malins portraits et quand on se sent si en train d'y réussir, que l'on s'en amuse un peu tout le premier et qu'on rie aux éclats, au moins par instants.

De la sagacité et de l'humeur dont il était, l'idée de son livre dut lui venir du premier jour et en observant. Ce livre est, en effet, un livre de première main et un tableau d'après nature; c'est ce que j'ai à cœur de maintenir. On a voulu, de nos jours, en diminuer l'originalité. De ce que, trente ans auparavant, il y avait eu une mode de portraits de société, et de ce que la grande Mademoiselle, aidée de Segrais, avait fait imprimer un Recueil de Portraits de ce genre, on s'est hâté de conclure que, sans ce Recueil, La Bruyère n'aurait probablement pas composé ses *Caractères*. Cette idée, jetée en l'air et à l'étourdie par un homme de grand talent, qui sait sans doute autant et mieux que personne son xviie siècle, mais dont le premier jugement est rarement juste et précis, a été soigneusement ramassée et amplifiée par les disciples et les esprits à la suite. On a même récemment réimprimé ce volume, cette Galerie de Portraits de société, très-augmentée, et l'on doit peut-être des remercîments à l'éditeur; car il est bon de ne rien oublier et de tout connaître. Mais, bon Dieu! si l'on excepte trois ou quatre portraits finement traités, quel volume insipide, affadissant, nauséabond et d'une lecture écœurante! et se peut-il que des critiques distingués et judicieux se soient laissés aller à le louer avec tant de complaisance! Pour moi, je suis toujours porté à m'étonner, quand je vois de jeunes esprits indistinctement curieux et avides de butin à tout prix se plonger si avant dans l'étude de la littérature du xviie siècle, pour en rapporter précisément ce que ce siècle a condamné en dernier ressort, ce qu'il avait, en grande partie, rejeté. Non, ce ne saurait être dans un tel recueil de société qui n'est bon qu'à donner la nausée aux gens de goût, que La Bruyère aurait été prendre l'idée d'un genre littéraire qu'il voulait rendre surtout jeune et neuf. Ses vrais devanciers et parents, les émules directs qu'il avait en vue, et dont il avait à la fois à se distinguer, il nous les indique lui-même : c'est Théophraste, c'est La Rochefoucauld et Pascal, pour ne point parler de la divine sagesse de Salomon. Voilà les vrais devanciers de La Bruyère, ceux qu'il avoue, les seuls livres qu'il eut présents à la pensée, à côté du livre toujours ouvert devant lui de la nature humaine.

Quand il entreprit d'écrire, puis de mettre au jour cet ouvrage tant médité, La Bruyère pensait donc peu à des fadaises dès longtemps oubliées et aussi enterrées que les romans des Scudéri ; il pensait à ce qui est vivant, aux antiques et aux récents modèles; il songeait surtout à la difficulté de satisfaire tant de juges délicats et rassasiés, tous ceux qu'il a énumérés dans son Discours de réception à l'Académie, cercle redoutable et sévère, sourcilleux aréopage et qui, sur la fin du grand siècle, devait être tenté de dire à chaque nouveau venu : « Il est trop tard, tous les chefs-d'œuvre sont faits ! » Et puis il y avait la difficulté inhérente au genre, le péril de la satire, de la peinture individuelle, reconnaissable, frappante, à appliquer à des vivants et à faire accepter de tous sans trop de scandale. Il y fallait bien de la hardiesse et de l'adresse.

Théophraste lui servit heureusement de passe-port et comme de paravent. La première édition des *Caractères* (1688), sans nom d'auteur, semble d'abord tout à l'intention et à l'honneur de l'ancien Théophraste, dont on offrait au public la traduction : le Théophraste moderne venait, comme on dit, par-dessus le marché. Il faut le voir dans cette petite édition première : il ne se glisse qu'à la suite, par manière d'essai et sans qu'on ait l'air d'y tenir. Qu'importe ! le trou est fait, l'ennemi est dans la place, il s'est faufilé. Les cadres y sont; il n'y a plus qu'à les remplir. Peu à peu, à chaque édition nouvelle, pendant *huit* éditions consécutives, l'auteur va doubler et tripler la dose. Il va gonfler et grossir son livre jusqu'à le bourrer. L'audace lui est venue avec le succès ; il mettra double et triple charge ; il chargera à balle forcée la carabine. Tout coup porte. En vain les blessés crient, il a pour lui le public ; il a les Condé dont l'orgueil le protége, car son succès fait partie de leur amour-propre ; il a Louis XIV lui-même pour soutien silencieux et pour approbateur. On ne cite aucun mot du grand roi sur La Bruyère et sa libre tentative ; mais, à certain moment, sans nul doute, quand les courtisans émus en parlèrent devant le maître à Versailles, le front majestueux de Jupiter indiqua, par un léger signe, qu'il avait permis et qu'il consentait.

A prendre l'ouvrage dans sa forme définitive, tel qu'il était déjà à partir de la cinquième édition, c'est, je l'ai dit, un des livres les plus substantiels, les plus consommés que l'on ait, et qu'on peut toujours relire sans jamais l'épuiser, un de ceux qui honorent le plus le génie de la nation qui les a produits. Il n'en est pas de plus propre à faire respecter l'esprit français à l'étranger (ce qui n'est pas également vrai de tous nos chefs-d'œuvre domestiques), et en même temps il y a profit pour chacun de l'avoir, soir et matin, sur sa table de nuit. Peu à la fois et souvent : suivez la prescription, et vous vous en trouverez bien pour le régime de l'esprit.

La composition, pour être dissimulée, n'en est point absente. La Bruyère a évité tout ce qui aurait donné à son recueil l'air d'un traité. Il entre et débute en plein sujet par une suite de chapitres dont on ne voit pas très-bien d'abord le lien et l'enchaînement : *Des Ouvrages de l'Esprit, Du Mérite personnel, Des Femmes, Du Cœur, De la Société et de la Conversation*. Mais les quatre chapitres qui suivent vont nous peindre successivement les mœurs des principales classes de la société, des gens de finance et *de fortune,* des gens *de la Ville,* des gens *de la Cour,* des *Grands* proprement dits et princes du sang, héros ou demi-dieux : le tout se couronnera par un chapitre, *Du Souverain ou de la République,* avec le buste ou la statue de Louis XIV tout au bout en perspective. Un livre composé sous Louis XIV ne serait pas complet en effet, et, j'ajouterai, ne serait pas assuré contre le tonnerre, s'il n'y avait au milieu une image du roi. La Bruyère n'a manqué ni à la précaution ni à la règle, et, en grand artiste, il a disposé les choses de telle façon qu'on arrive à cette image par des degrés successifs, et comme par une longue avenue. L'autel est au centre et au cœur de l'œuvre, un peu plus près de la fin que du commencement et à un endroit élevé d'où il est en vue de toutes parts. Après quoi, l'on passe incontinent au chapitre *de l'Homme*. Des sublimités de Louis le Grand à l'homme vu au naturel, le saut est brusque : La Bruyère est bien capable de l'avoir fait exprès, et, pour mon compte, je ne doute pas de l'intention philosophique qu'il y a mise. Vous êtes violemment secoué sans que rien vous ait averti : c'est ce qu'il a voulu. Chez lui le manque absolu de transition est souvent un calcul de l'art.

Après avoir peint dans toutes les conditions, et depuis

les plus sordides jusqu'aux plus hautes, les mœurs de son temps, l'auteur en vient donc à considérer l'humanité en général ; on voit la gradation. Mais bientôt son dessein paraît s'interrompre et s'oublier dans plusieurs chapitres mêlés, et qui ont pour titre : *Des Jugements, De la Mode, De quelques Usages :* on va à droite ou à gauche à l'aventure, on revient en arrière. Il a cependant à cœur de terminer par ce qu'il y a de plus élevé dans la société comme dans l'homme, la Religion. Avant de montrer et de caractériser la vraie, il avait commencé par flétrir courageusement la fausse dans le chapitre *de la Mode.* Le chapitre *de la Chaire,* l'avant-dernier du livre, bien qu'essentiellement littéraire et relevant surtout de la rhétorique, achemine pourtant, par la nature même du sujet, au dernier chapitre tout religieux, intitulé *des Esprits forts ;* et celui-ci, trop poussé et trop développé certainement pour devoir être considéré comme une simple précaution, termine l'œuvre par une espèce de traité à peu près complet de philosophie spiritualiste et religieuse. Cette fin est beaucoup plus suivie et d'un plus rigoureux enchaînement que le reste. On peut dire que ce dernier chapitre tranche d'aspect et de ton avec tous les autres : c'est une réfutation en règle de l'incrédulité. Chrétien sincère, bien que souvent inconséquent dans l'application, La Bruyère semble appartenir d'avance, par cette conclusion remarquable, à une classe d'esprits philosophiques, que nous connaissons bien, rationalistes, néo-cartésiens, éclectiques, qui auront des tendances et des convictions religieuses intellectuelles plus encore que des croyances. Mais, quoi qu'on pense du fond des idées, on ne se trompera point en observant que cette pointe finale vers le Ciel était, après l'éloge du roi, un second paratonnerre.

Telle est l'*architecture* du livre, et son économie sous une apparence de désordre. On est frappé d'abord de la variété, et l'on distingue bientôt l'intention. La Bruyère cherche avant tout cette variété et fuit la méthode. Il aime à tenir un fil, mais un fil seulement, et dans un labyrinthe.

La Bruyère, dis-je, aime la variété, et même il l'affecte un peu. Soit dans la distribution, soit dans le détail, l'art chez lui est grand, très-grand; il n'est pas suprême, car il se voit et il se sent; il ne remplit pas cet éloge que le poëte donne aux jardins enchantés d'Armide :

> *E quel che'l bello e'l caro accresce all' opre,*
> *L'arte che tutto fa, nulla si scopre.*

« Et ce qui ajoute à la beauté et au prix des ouvrages, l'art qui a présidé à tout ne se découvre nulle part. »

Tout est soigné dans La Bruyère : il a de grands morceaux à effet; ce sont les plus connus, les plus réputés classiques, tels que celui-ci : « *Ni les troubles, Zénobie, qui agitent votre empire,* etc.; » ce ne sont pas ceux qu'on préfère quand on l'a beaucoup lu; mais ils sont d'une construction, d'une suspension parfaite et d'un laborieux achevé. Si cependant, dans ce célèbre morceau du pâtre enrichi qui achète pour l'embellir la maison de ses maîtres, La Bruyère a songé à Gourville embellissant la capitainerie de Saint-Maur, il a un peu surchargé la description en vue du dramatique. Il parle comme si l'intendant enrichi avait acheté ni plus ni moins que Versailles.

En fait de toiles de moyenne dimension, on n'a avec lui que l'embarras du choix. On sait les beaux portraits du *Riche* et du *Pauvre,* auxquels il n'y a qu'à admirer : c'est mieux encore que du Théophraste. La Bruyère excelle et se complaît à ces portraits d'un détail accompli, qui vont deux par deux, mis en regard et contrastés ou même concertés : *Démophon* et *Basilide,* le nouvelliste *Tant-pis* et le nouvelliste *Tant-mieux; Gnathon* et *Cliton,* le gourmand vorace qui engloutit tout, et le gourmet qui a fait de la digestion son étude. N'oubliez pas, entre tant d'autres, l'incomparable personnage du ministre *plénipotentiaire.* Quand j'appelle cela des portraits, il y a toutefois à dire qu'ils ne sont jamais fondus d'un jet ni rassemblés dans l'éclair d'une physionomie ; la vie y manque : ils se composent, on le sent trop, d'une quantité de remarques successives ; ils représentent une somme d'additions patientes et ingénieuses. Aussi La Bruyère ne les a-t-il pas intitulés *portraits,* mais *caractères.*

Lorsqu'on s'est une fois familiarisé avec lui et avec sa manière, on l'aime bien mieux, ce me semble, hors de ces morceaux de montre et d'apprêt, dans les esquisses plus particulières d'originaux, surtout dans les remarques soudaines, dans les traits vifs et courts, dans les observations pénétrantes qu'il a logées partout et qui sortent de tous les coins de son œuvre. Il en a de très-fines, et qui sont toujours vraies, sur les femmes. La Bruyère les a bien connues, et il les a estimées. Il les connaissait mieux que Pascal; il les estimait plus que La Rochefoucauld. On ne sait rien de bien précis sur ses liaisons de cœur, mais tout nous prouve qu'il était fait pour les plus nobles attachements. Comme il sent bien le mérite de certaines femmes, leur charme élevé, profond, quand elles joignent l'agrément à l'honnêteté! Il en aima pourtant qui passèrent pour légères, et il s'est piqué de les venger. On cite une madame d'Aligre de Boislandry, dont il a fait un portrait charmant, d'un tour inattendu : « Il disait que l'esprit dans cette belle personne... » C'est un diamant pur que ce petit *fragment,* comme il l'intitule. Et si l'on regarde à la nature des méchants propos qui sont restés attachés au nom de cette dame, on admire la délicatesse du peintre d'avoir ainsi loué une femme qui avait eu les plus odieux démêlés avec son mari et qui avait été chansonnée. Quel plus touchant dédommagement et quelle revanche immortelle contre l'opinion qui la harcelait et l'insultait! M. Destailleur veut douter que tant d'éloges puissent s'adresser à une femme compromise : c'est n'apprécier qu'à demi la générosité de La Bruyère.

A propos de femmes, on parle encore d'une liaison qu'il eut avec Mlle de Saillans du Terrail, mariée plus tard à M. de Saurois, trésorier de l'extraordinaire des guerres, et avec laquelle on le croyait secrètement marié lui-même; mais, à sa mort, il ne se trouva point de contrat de mariage. La Bruyère, le philosophe, qu'on croyait marié et qu'on supposait honteux de l'être, c'est assez piquant.

La Bruyère n'avait pas eu les débuts faciles; il lui avait fallu bien de la peine et du temps, et une occasion unique, pour percer. L'homme de mérite et aussi l'homme de lettres en lui avaient secrètement souffert. Le ressentiment qu'il en a gardé se laisse voir en maint endroit de son livre, et s'y marque même parfois avec une sorte d'amertume. Ayant passé presque en un seul jour de l'obscurité entière au plein éclat et à la vogue, il sait à quoi s'en tenir sur la faiblesse et la lâcheté de jugement des hommes; il ne peut s'empêcher de se railler de ceux qui n'ont pas su le deviner ou qui n'ont pas osé le dire. « Personne presque, remarque-t-il, ne s'avise de lui-même du mérite d'un autre. » On ne se rend au mérite nouveau qu'*à l'extrémité*. Mais l'élévation chez lui l'emporte, en fin de compte, sur la rancune; l'honnête homme triomphe de l'auteur. Le chapitre *du Mérite personnel,* qui est le second de son livre, et qui pourrait avoir pour épigraphe ce mot de Montesquieu : « Le mérite console de tout, » est plein de fierté, de noblesse, de fermeté. On sent que l'auteur possède son sujet, et qu'il en est maître sans en être plein.

Le talent de La Bruyère aurait pu prendre plus d'une forme littéraire, différente même de celle qu'il a préférée. Une anecdote, à la fin du chapitre *des Femmes,* et qu'a relevée avec raison M. Destailleur, l'histoire d'une belle et superbe indifférente, d'une insensible qui cesse de l'être, qui devient passionnée par jalousie, puis folle de cœur, puis tout à fait furieuse et qui s'emporte aux derniers déréglements, nous montre que La Bruyère eût été, s'il eût voulu, un excellent auteur de nouvelles ou de romans. En général, il n'était pas d'avis qu'un talent en exclut nécessairement un autre; il se raille des vues courtes et des esprits bornés ou envieux qui arguent d'une de vos qualités pour vous refuser une qualité voisine ou même opposée. Lui-même était porté à s'accorder intérieurement une capacité plus étendue encore et plus diverse qu'il n'en a donné l'idée dans son livre. Par certaines pensées de lui sur l'ambition, il est évident que La Bruyère, témoin inaperçu et très-présent à la Cour, placé dans les coulisses de ce théâtre d'intrigues et de compétition, s'était dit maintes fois, en voyant les élévations journalières de gens dont il mesurait le mérite : « Pourquoi pas moi? Ne réussirais-je donc pas autant? ne ferais-je pas aussi bien et mieux? » Il s'était rêvé ainsi tour à tour ministre, conseiller d'État, diplomate et ambassadeur, bien des choses enfin. Puis, rentrant en lui-même, il s'était dit, pour se consoler : « Ce que je suis vaut mieux encore ; ce que je fais est de plus de portée et plus durable. »

Dans tout écrivain, même supérieur, il y a le côté faible, le défaut de la cuirasse, ce qu'on appelle le talon d'Achille. Si l'on cherche cet endroit vulnérable en La Bruyère, si l'on se demande à quel préjugé de son temps il a payé tribut, on est assez embarrassé de le dire. En jugeant de si près les hommes et les choses de son pays, il paraît désintéressé comme le serait un étranger, et déjà un homme de l'avenir. Il a peu voyagé, et il pense comme s'il avait voyagé et comparé. Je ne vois guère que deux points où son bon sens si ferme se trouve en défaut : la révocation de l'Édit de Nantes, qu'il a louée comme l'a fait presque tout son siècle (mais peut-être, de sa part, était-ce une pure concession politique), et le détrônement de Jacques II ; en ce dernier cas il a certainement obéi à une indignation généreuse et à un sentiment de pitié. En présence du monarque malheureux, le philosophe s'est fait plus jacobite que de raison. Son humanité a égaré sa justice. Dans sa ferveur de légitimité, il insulte à Guillaume III, sans daigner entrer dans la profondeur et la réalité de ce grand personnage ; mais ce qui était permis à un honnête homme étroit comme Arnauld, ou à un génie essentiellement oratoire comme Bossuet, ne l'était pas à un sage comme La Bruyère. Il n'a donc pas vu qu'en histoire le droit dont on a mésusé cesse, à une certaine heure, d'être le droit. Ne soyons pas trop fiers pourtant, grâce à nos révolutions, de nous sentir là-dessus plus avancés que lui.

Après la publication de son livre, le Discours de réception de La Bruyère à l'Académie a été le grand événement de sa vie littéraire ; c'est le seul même qui soit arrivé jusqu'à nous dans un parfait éclaircissement. On conçoit qu'un moraliste satirique et souvent personnel comme il l'était, se fût fait une nuée d'ennemis que l'incroyable succès de son livre excitait sans cesse. Lorsqu'on sut que l'Académie songeait à lui encore plus qu'il ne songeait à elle, ce furent des cris d'indignation, des rires ironiques ; on parut croire que c'était impossible. Quoi ! un libelliste, un pamphlétaire à l'Académie ! n'en avait-on pas chassé Furetière ? Une première fois pourtant, en 1691, La Bruyère, sans l'avoir

8.

sollicité, avait obtenu sept voix. Une seconde fois, en 1693, sans l'avoir sollicité davantage, par le bon office de Racine et avec l'appui du parti des vrais classiques, il fut élu pour remplacer l'abbé de La Chambre, — presque à l'unanimité; c'est lui qui le dit. Son Discours de réception était fort attendu; on prétendait qu'il ne savait faire que des portraits, qu'il était incapable de *suite,* de *transitions,* de liaison, de tout ce qui est nécessaire dans un morceau d'éloquence. La Bruyère, ainsi mis au défi, se piqua d'honneur, et voulut que son discours comptât et fît époque dans les fastes académiques.

Depuis que Fléchier avait inauguré ce genre de compliment et de remercîment public en 1673, vingt ans s'étaient écoulés; le genre avait eu le temps de s'user déjà : La Bruyère se proposa pour difficulté de le renouveler, et il y réussit à tel point, il fit tant de bruit et d'éclat par la nouveauté de sa manière, qu'on a prétendu que c'est de ce jour et à cause de lui que l'Académie, toujours prudente et en garde contre l'extraordinaire, jugea à propos de soumettre préalablement le discours du récipiendaire à une commission.

Reçu dans la même séance que l'abbé Bignon, qui n'avait d'autre titre que son nom et sa naissance, La Bruyère, se levant après lui et prenant la parole, montra qu'il pouvait à la fois rester peintre de caractères et devenir orateur. Son discours, un peu long, était certes le plus remarquable que l'Académie eût entendu à cette date, de la bouche d'un récipiendaire. Il contenait de frappants et ingénieux portraits des plus éminents académiciens, et notamment des cinq grands écrivains, des cinq génies que la Compagnie possédait alors, La Fontaine, Boileau, Racine, Bossuet, Fénelon : lui entrant faisait le sixième. La Bruyère y parlait d'eux, et à eux en face, comme la postérité le devait faire : le portrait de Bossuet notamment était de toute grandeur. Racine y était plus loué que ne le supportaient alors les partisans zélés du vieux Corneille. Ils sortirent outrés de la séance. Thomas Corneille avait pour lui le journal littéraire d'alors, *le Mercure Galant*; il en usa. Il y eut le lendemain et les jours suivants un déchaînement artificiel contre La Bruyère. On essaya de nier le succès et de retourner l'opinion. On prétendit que l'Académie avait bâillé à sa harangue. Attaqué avec tant de mauvaise foi et de violence, La Bruyère crut devoir répondre en faisant précéder son Discours, à l'impression, d'une Préface excellente, bien qu'un peu longue. Il y prend à partie un certain *Théobalde*, en qui il personnifie la tourbe de ses ennemis. Il montre très-bien que le complément nécessaire de tout succès est la fureur des médiocres et des jaloux. Plaire à Virgile et à Horace, n'est pas assez ; pour être sûr d'avoir bien fait, il faut encore avoir déplu à Mévius (1).

Trois ans après sa réception à l'Académie, La Bruyère mourut d'apoplexie, à Versailles, en deux ou trois

---

(1) On a une indication précieuse sur la manière indépendante, toute littéraire, et par cela même originale, dont La Bruyère se conduisit à l'Académie durant le temps trop court qu'il lui fut donné d'y siéger. Le vote pour les élections était alors à haute voix et motivé, et supposait une sorte de discussion des titres. Voici l'anecdote telle que M. J. d'Ortigue l'a trouvée écrite à la main sur le dernier

heures, le 11 juin 1696. Il perdit dès le premier instant la parole, non la connaissance; il montrait sa tête comme le siège du mal. Toute la médecine de la Cour, appelée en toute hâte, n'y put rien.

Une agréable anecdote est venue se mêler aux détails un peu secs, donnés par les bibliographes sur les nombreuses éditions qu'eurent *les Caractères* avant et depuis sa mort. On raconte que La Bruyère, encore inconnu, venait presque journellement s'asseoir dans la boutique d'un libraire de la rue Saint-Jacques, nommé Michallet, pour y feuilleter les nouveautés. La fille du libraire était une gentille enfant qu'il avait prise en amitié. Un jour il dit au père, en tirant de sa poche un manuscrit :

feuillet d'un volume de *La Bruyère* qui semble avoir appartenu à quelque académicien de la fin du xviie siècle :

« La première place qui vaqua dans l'Académie française, après que M. de La Bruyère y fut reçu, étant à remplir, MM. les abbés de Caumartin et Boileau furent proposés et partagèrent également entre eux les suffrages de l'Assemblée jusqu'à la voix de M. de La Bruyère. Il semblait donc, étant le dernier à opiner, devoir lever le partage et décider entre les concurrents ; chacun tâchait par ses regards de l'attirer dans son parti, lorsque, prenant la parole, il dit :

« Je n'ai pas oublié, Messieurs, qu'un des principaux statuts de
« cet illustre Corps est de n'y admettre que ceux qu'on en estime
« les plus dignes : vous ne trouverez donc pas étrange, Messieurs,
« si je donne mon suffrage à M. Dacier, à qui même je préférerais
« madame sa femme, si vous admettiez parmi vous des personnes de
« son sexe. »

« Ce nouvel avis, quoique inespéré, fut trouvé sage tant pour le fond qu'à cause de la conjoncture présente. L'Académie se sépara sans conclure. M. Boileau céda la place à M. de Caumartin, après lequel il entra aussi dans la Compagnie, et ensuite M. Dacier y fut admis. »

« Voulez-vous imprimer cela? Je ne sais si vous y trouverez votre compte; mais, en cas de succès, le produit sera pour ma petite amie. » Le libraire accepta. Le livre fit fortune et rapporta deux ou trois cent mille francs. La petite Michallet, ainsi dotée, épousa un homme de finance nommé Jully qui devint fermier général et qui sut rester honnête homme : il eut de sa femme, le jour du mariage, plus de cent mille livres argent comptant. Que dites-vous de cette libéralité du philosophe, qui se contentait pour lui de mille écus de pension? Pourquoi M. Destailleur, racontant le fait, en tire-t-il cette conclusion que « La Bruyère ne paraît pas avoir connu tout le prix de son œuvre, ni en avoir pressenti le prodigieux succès? » J'aime à croire que La Bruyère pressentait, au contraire, la vogue possible de son livre et qu'il pensait bien faire à sa *petite amie* un véritable et solide cadeau. Pour moi, je ne sais pas de plus jolie application du principe de la propriété littéraire.

Lundi 4 novembre 1861.

ESSAIS

DE

POLITIQUE ET DE LITTÉRATURE

PAR M. PREVOST-PARADOL (1).

Je me sens en humeur de faire bien des reproches à M. Prevost-Paradol, et je commencerai par celui qui se présente le premier. Je le lis depuis des années déjà, je remarque de lui, surtout dans le *Journal des Débats*, des articles de littérature, de philosophie, d'histoire, de politique toujours, mais enfin des articles très-variés et sur toutes sortes de sujets, et je ne les trouve réunis nulle part. Je n'ai sous les yeux, pour tout recueil, que le présent volume fort rempli, mais incomplet et insuffisant. Ceux qui prisent par ses meilleurs côtés ce jeune et brillant esprit, n'en ont pas assez et ne sont pas contents. Pourquoi ce retard? Un littérateur, à la place de M. Prevost-Paradol, aurait déjà fait deux recueils de plus.

(1) Un volume in-8°, Michel Lévy, rue Vivienne, 2 bis.

Est-ce qu'il dédaignerait ce qui chez lui porte ce cachet purement littéraire? Il a obtenu dans sa première jeunesse le prix d'éloquence à l'Académie française pour l'Éloge de Bernardin de Saint-Pierre; je ne vois pas qu'il ait même fait imprimer cet Éloge; il n'en a donné qu'un court extrait sur *Paul et Virginie.* C'est être bien négligent ou bien sévère; mais il est peut-être bien ambitieux.

Je n'ai le plaisir de connaître l'homme que par ses écrits; c'est quelque chose; mais ceux qui le connaissent encore mieux, et qui l'ont vu de près, me parlent de lui comme d'un esprit qui était de bonne heure des plus faits. Entré à l'École normale au sortir d'études brillantes et où le tour bien français de son talent se marquait déjà, moins latin d'abord et bien moins grec que d'autres, il en vint sans trop d'effort, au bout d'un an, à être le premier de sa *volée,* comme on disait autrefois, et l'un des princes, unanimement reconnus, de sa génération de jeunesse. Mais en même temps il portait ses vues au delà et ne prodiguait pas ses forces à tout propos. Il n'avait que vingt ans quand il fut couronné par l'Académie française pour cet Éloge qu'il n'a, sans doute pas jugé depuis assez mûr. Il ne ressemblait pas à d'autres de ses condisciples : il était précoce sans être pressé. Un livre d'histoire, qu'il publia quelque temps après (*Revue de l'Histoire universelle*), et qui semblait ne répondre qu'à une demande de librairie, lui servit à se remémorer les faits principaux du passé, dont il faut être muni dans le présent, et à rassembler sous une vue sommaire les résultats d'idées qui sont des conquêtes;

c'étaient des armes qu'il préparait. Ce volume compacte, avec ses curieux *appendices* si bien choisis et disposés, est un magasin de notions, de textes et de réflexions historiques, un arsenal pour le polémiste futur. Les thèses qu'il composa pour obtenir le grade de docteur ès-lettres sont d'un caractère sévère. Il étudia dans le Journal inédit d'un ambassadeur français à Londres (Hurault de Maisse) la politique d'Élisabeth à l'égard de la France et de Henri IV ; ce fut le sujet de sa thèse française. Les analyses du Journal de l'ambassadeur deviennent fréquemment, sous la plume du jeune écrivain, de piquants tableaux de mœurs, mais sans excéder jamais et sans sortir de la juste mesure de l'histoire. Sa thèse latine eut pour objet *Swift, sa Vie et ses Œuvres*. Il avertit dans la préface qu'il l'écrivit d'abord en français et la traduisit ensuite en latin « pour répondre aux exigences du doctorat; » mais c'est sous sa première forme qu'il la donne au public. Une légère épigramme à l'adresse de la Sorbonne se cache dans cet avis. Cette étude sur Swift, où l'ambition politique ardente et déçue, le talent ironique et âcre, la misanthropie douloureuse poussée à la démence, sont rendus avec vigueur et sobriété, se recommande surtout « par les jugements et les pensées, par les idées et par la forme qu'elles prennent. » C'est dire qu'il laisse à d'autres l'étalage des recherches et le surcroît de l'érudition. Le jeune auteur a déjà son cachet et le met à tout.

Par cette dernière étude, il achevait de pénétrer dans la familiarité de la langue et de la littérature anglaises; il se sentait *chez lui* en Angleterre, et pour quelqu'un qui aspirait à traiter de la politique française, c'était un grand avantage sans doute que cette facilité de comparaison perpétuelle ; mais c'est aussi un péril si l'on y porte une préférence passionnée.

Un remarquable mémoire, *du Rôle de la Famille dans l'Éducation* (1857), couronné par l'Académie des sciences morales et politiques, termine cette suite de noviciats et d'épreuves sans fatigue, que récompensait chaque fois le succès. L'ouvrage est agréable à lire, ingénieux et mesuré, tenant la moyenne entre les théories extrêmes, assaisonné d'ironie, et avec une veine bien ménagée d'affection. M. Prevost-Paradol avait dès lors acquis ce qu'il ambitionnait comme premier degré et comme point de départ : il s'était fait un nom et avait pris son rang en estime auprès d'un petit nombre de juges difficiles qui l'appréciaient pour ce qu'il était et ce qu'il pouvait.

Cependant, M. Prevost-Paradol, honneur de l'Université, n'avait point à se plaindre de ceux qui la régissent. M. Fortoul, cet ami des talents, l'avait distingué et lui confia la chaire de littérature française à la Faculté d'Aix, cette même chaire qu'il avait occupée lui-même avant de passer à la politique. L'attrait de ses leçons y avait laissé des souvenirs bien vivants. C'est devant cet auditoire encore charmé de la parole abondante et colorée de M. Fortoul que M. Prevost-Paradol fit ses débuts ; il choisit pour premier sujet l'étude des écrivains moralistes : on y pouvait voir une sorte d'à-propos et de convenance heureuse par rapport à la cité qui a produit Vauvenargues. On a seulement sa leçon d'ouverture, qui a été imprimée. Ceux qui l'ont entendu alors ont gardé la meilleure impression de son esprit, de son goût, de l'élégance et de la vivacité de sa parole : l'éloquence proprement dite serait venue avec un peu plus de chaleur.

Mais déjà sa pensée était autre part : il se sentait un peu exilé, même dans cette ville lettrée et bienveillante aux talents ; car rien ne supplée au mouvement et à la vie. Paris l'appelait, et le *Journal des Débats,* qui avait besoin d'une plume finement aiguisée, recourait à lui. Il entrait dans la politique et y réussit du premier jour.

Les *premier-Paris,* d'emblée, furent son triomphe. J'en parlerai, quoique ce soit bien voisin encore, comme d'une chose ancienne, avec désintéressement. Il tirait sur nous, sur nos amis, mais il tirait bien. C'est une justice qu'on aime à se rendre en France, même entre adversaires. Il n'était pas permis de tout dire ; il ne se croyait pas en mesure pour critiquer directement : il avait des tours, des finesses, pour faire entendre sa pensée ; l'ironie est sa figure favorite. Ainsi, après avoir enregistré quelque interdiction légale, dont l'application s'était faite le jour même, il passait brusquement, sans transition, à des nouvelles de l'autre monde et des pays transatlantiques : « Le Pérou vient de déclarer la guerre à l'Équateur... » ou bien : « On n'apprendra pas sans intérêt que la route qui vient d'être ouverte entre San-Francisco et la Nouvelle-Orléans abrégera d'une semaine le temps exigé naguère, etc. » Puis venait l'histoire des oiseaux du Palais de cristal à Londres, les perroquets et les perruches qu'on avait représentés dans le catalogue comme d'excellents parleurs, et qui, « intimidés apparemment par la présence du public, ont gardé le silence; » de jolies malices enfin, un peu renouvelées de Swift, mais accommodées à la française. Bravo! disions-nous en lisant le matin, et même en ressentant à notre peau ces agréables piqûres; voilà un homme d'esprit de plus : il s'y entend; il est de la race des Courier, des Benjamin Constant, ou des Chamfort, des Rivarol, ou tout au moins des Saint-Marc. La graine n'en est jamais perdue en France. C'est plaisir de les gêner; ils s'en tirent toujours, ils ne s'en trouvent que mieux; et, comme il l'a reconnu lui-même, « la difficulté ajoute quelque chose à l'art (1). »

Cependant chaque genre a ses écueils, et quelquefois, au point de vue du goût, M. Prevost-Paradol abusait du procédé et se répétait un peu. Il y mettait trop de finesse, — quand, par exemple, dans un de ses *premier-Paris*, il disait, sans qu'on devinât tout d'abord le pourquoi : « La *Gazette de Liége* est poursuivie par le minis-
« tère public pour un article sur la dernière crue de la
« Meuse. Le journal belge a commis une contravention
« en disant : « Les pluies tombées depuis dimanche ont
« fait subir à nos rivières une crue de plus de *sept*
« *pieds*, » employant ainsi illégalement une dénomi-
« nation ancienne pour déterminer la hauteur des eaux
« de la Meuse. Le journal belge se plaint vivement

---

(1) Le vieux Michaud de l'Académie, ce journaliste spirituel, celui que l'empereur Napoléon appelait *un mauvais sujet*, avait une maxime : « On ne dit bien que ce qui est difficile à dire. »

« de cette poursuite rigoureuse, qui ne l'expose guère
« pourtant qu'à 5 fr. d'amende... » Et il poussait à
bout sa raillerie et ses conclusions. C'est encore là un
procédé à la Swift, mais un peu trop marqué, pour nous
Français qui n'appuyons pas tant.

Son ironie, en d'autres moments, prenait d'autres
formes, et celles-ci toutes littéraires. Un jour, dans le
Rapport d'un haut dignitaire, savant du premier mérite
plus peut-être qu'homme de goût (1), il avait été parlé
avec un souverain dédain de la classe des journalistes,
et comme n'étant, pour la plupart, que « de frivoles
élèves d'Aristophane et de Pétrone. » M. Prevost-Paradol releva le mot, et non-seulement il le fit le premier
jour d'une manière directe, mais un article de lui suivit
peu après, moitié sur Pétrone, moitié sur Aristophane,
sous prétexte de traductions plus ou moins récentes de
ces deux auteurs. L'article, en soi, était très-bon; l'ironie qu'il recèle en aiguisait la justesse.

D'autres fois, pourtant, cette ironie se perd un peu
en se prolongeant et n'est plus sensible qu'à bien peu
de personnes. J'en citerai un exemple qui me concerne.
J'avais écrit sur Tocqueville dans *le Moniteur*, et en le
faisant j'avais eu en vue deux choses : témoigner
d'abord, dans le journal même du Gouvernement, de
mon respect et de mon estime pour un adversaire de
haut mérite; et, en second lieu, à la veille d'une grande
solennité littéraire, au moment où l'on allait peut-être
essayer de nous donner un faux Tocqueville, j'avais

---

(1) M. Troplong.

tenu à en présenter un vrai et à prendre, autant que je le pouvais, la mesure de l'homme, avant qu'il passât à l'état de demi-dieu ou de pur génie par le fait de l'apothéose académique. J'avais regretté, en finissant, que Tocqueville eût été atteint et frappé si au cœur par les événements qui avaient déconcerté ses principes, et j'avais exprimé cette idée qu'un degré de calme de plus, si convenable chez un successeur d'Aristote et de Montesquieu, l'aurait peut-être conservé à ses amis. M. Prevost-Paradol, à son tour, écrivant un article sur Tocqueville, répondit à cette pensée, et, dans une prosopopée touchante où il le faisait parler, il témoigna, comme c'était son droit, que ses amis le louaient au contraire d'avoir eu la sensibilité si vive, et ne le désiraient pas autre qu'il ne s'était montré à eux, c'est-à-dire triste jusqu'à en mourir. Ce n'était pas à nous d'insister. Mais, quelques jours après, M. Prevost-Paradol revenant là-dessus allait un peu loin, lorsque, voulant louer M. Hauréau pour ses travaux d'érudit et pour autre chose encore, il ajoutait : « ... Son cœur ne cessant pas de battre pour toutes les nobles causes au milieu de ses arides travaux, on pourrait craindre qu'il ne fît *une aussi mauvaise fin* que M. de Tocqueville, s'il ne paraissait vraiment destiné par la nature à vivre très-longtemps... » J'avoue que je conçois peu l'ironie prolongée en telle matière. Le trait ici s'adressait à moi, et j'ai sans doute été le seul à le ressentir. Mais vraiment, poussé à ce point pour un vœu assurément bien innocent qui m'est échappé, je serais tenté de répondre : En vérité, Tocqueville a d'étranges amis politiques ; ils ont l'air de l'aimer mieux mort que vivant, parce que c'est un beau thème pour eux et un saint de plus.

Je vois qu'on ne peut éviter la politique avec M. Prevost-Paradol, même en ne voulant parler que littérature. J'essaie de trier parmi les articles si distingués que j'ai sous la main : en voici un sur *Xénophon;* c'est exquis de ton et vraiment attique ; — un autre sur le poëte *Lucrèce,* tout animé d'un beau sentiment, et qui finit par une apostrophe éloquente : « Salut, Lettres chéries, douces et puissantes consolatrices, etc. » Voilà comme je l'aimerais plus souvent. Puis viennent des articles, parfaits dans leur brièveté, sur *Démosthène,* sur *Thucydide.* Prenez garde pourtant, méfiez-vous ! il y a toujours malice quelque part ; il y a même quelquefois malice partout. Mais je ne veux ici parler que des articles qui ont le poison à l'extrémité, non de ceux qui en sont tout pétris et saturés (article *Hérodien*). Dans ses jours même les plus innocents, jamais, presque jamais, la littérature de M. Prevost-Paradol n'est complétement désintéressée. Chose étrange ! il y excelle, à la belle littérature, et il y semble presque indifférent. On dirait que son intérêt et sa passion, son point d'honneur et son engagement sont ailleurs. C'est ainsi qu'il se montre d'une indulgence extrême pour tous ceux qu'il juge ou plutôt à l'occasion desquels il parle ; il est coulant à l'excès, même complaisant sur ce chapitre littéraire : nous-même n'en avons-nous pas profité? L'ouvrage qui appellerait sa critique n'obtient que ses éloges, et c'est assez qu'il devienne pour lui le prétexte d'un développement personnel, ingénieux et piquant, continu et mesuré.

C'est le contraire de Rigault, lequel cependant avait en partie les mêmes origines intellectuelles et avait passé par la même éducation. Rigault (j'y reviendrai un jour avec l'attention qu'il mérite) n'est pas seulement, par goût et par vocation, un littérateur, c'est un universitaire, une fleur d'université ; mais il en est et il en tient jusqu'au bout des ongles ; il en a le tempérament et les prétentions. Son esprit très-réel, très-vif, était pédantesque, *livresque*, et sentait quelque peu le collége. L'esprit de M. Prevost-Paradol ne le sent pas du tout. L'un reste professeur et rhéteur, jusque dans ses plus grandes mondanités et dans ses diversions vers la politique ; il soigne et arrange, tout en parlant, les plis de sa robe : l'autre, en vérité, n'en a jamais eu. Rigault est le plus agréable des littérateurs sortis d'une classe, mais il en sort : il lui faut bien dix minutes pour construire son thème, avant d'avoir ensuite toute sa malice et tout son petillement, avant de débiter toutes les jolies choses qu'il tient en réserve et qui ne tariront plus. Si le terme de *pédant* choquait, je l'explique aussitôt et je le réduis dans ce cas à sa stricte valeur : je veux dire que Rigault est non-seulement armé d'esprit, mais pointu d'esprit ; il s'ajuste, il se concerte, il prend ses avantages, et il vous fait ensuite la leçon impitoyablement, agréablement. Rien de cela chez M. Prevost-Paradol ; il a une autre manière de vous piquer ; ses impertinences mêmes (car il en a) ont un certain air. Rigault s'évertue, s'agite, se trémousse,

se prépare de loin pour lancer un trait qui vous atteint:
M. Prevost-Paradol lance le sien sans effort, le cou penché et comme nonchalamment.

Mon parallèle est fait. Rigault l'aurait fait plus dans les règles que moi. Pour conclusion, M. Prevost-Paradol, avec un talent littéraire si hors de ligne, semble donc avoir le tempérament exclusivement politique. Si j'ouvre le volume où il a réuni quelques-uns de ses articles, qu'y vois-je d'abord en effet? J'ai à traverser une introduction et toutes sortes de préambules et de dissertations de publiciste libéral-constitutionnel, avant d'arriver à ce que j'y cherche de préférence, à cette belle étude de *Lamennais,* à ce morceau sur M. Ernest Renan (au sujet de qui il a pourtant varié). Il expose dans un style net, fin, élégant, un peu froid à la longue, ses théories et les objets de son culte. Je demande à confondre un peu dans ma pensée ces différents morceaux et les brochures sorties de sa plume, pour répondre à l'esprit qui les a dictés et qui les inspire.

Son culte, son idéal, c'est le gouvernement parlementaire; son ennemi, c'est le pouvoir absolu. Tout ce qui, à quelque degré, est pour le gouvernement parlementaire et pour ce qui y ressemble, il l'accepte comme allié et confédéré, fût-ce un fervent légitimiste, fût-ce un républicain ardent. Il a sur les coalitions une théorie commode, la théorie anglaise, la plus large possible; il oublie la différence des deux pays, ou plutôt il la sait très-bien et il n'en tient compte, il passe outre. C'est comme pour la presse. Après avoir exposé à merveille et dans un parfait tableau les libertés de la presse anglaise et les avoir expliquées par le caractère du public à qui elle s'adresse, il reconnaît les différences de notre esprit, à nous, et de nos tendances françaises; et cependant ses conclusions n'admettent guère, sur cet article capital, de différence de régime d'un pays à l'autre. Quant aux coalitions, il paraît croire aussi qu'en France on peut sans inconvénient en user jusqu'à l'excès, tendre la corde de ce côté, ramasser tout ce qu'on trouve et marcher tous ensemble provisoirement, en se donnant pour mot d'ordre quelques idées communes. Pour moi, je ne concevrai jamais que, par aversion d'un état de choses présent, quand cet état n'est pas intolérable, on s'allie et on se coalise avec des hommes avec qui on aurait à se couper la gorge (je parle au moral) le lendemain de la victoire. — Mais vous êtes bien coalisés vous-mêmes, nous dit-il; car je vois des personnes de toute sorte et de toute origine dans vos rangs. Grammaticalement parlant, je me permettrai de faire observer qu'il n'est pas exact de dire qu'on est *coalisé* pour être réuni et rassemblé avec le gros du pays autour d'un pouvoir fort, national et tutélaire. Qui dit *coalition*, entend et suppose quelque chose *contre* et au dehors. On est coalisé quand on attaque ou qu'on résiste, non quand on subsiste et qu'on se borne, en appuyant ce qui est, à vaquer chacun à son travail et à ses affaires.

Dans tout ceci, le dirai-je? et M. Prevost-Paradol ne le prendra pas pour une injure, je crains bien, au lieu d'un politique véritable, de me trouver en face d'un croyant. Sa religion politique est trop forte pour moi; la mienne n'a pas résisté à l'expérience.

9.

Son symbole parlementaire, en effet, son *Credo* politique, et qu'il expose en toute occasion, serait que la France fût régie à peu près comme l'Angleterre ; et dans le détail cependant, sur le chapitre de la presse, par exemple, qui est un article bien essentiel de ce *Credo,* il a lui-même établi et reconnu la différence profonde d'esprit des deux peuples. Sa profession de foi n'est donc pas d'accord, sur ce point ni sur d'autres, avec les faits auxquels elle devrait se conformer. Avoir un *Credo* absolu en politique, affiché et proclamé d'avance, est chose spécieuse et qui fait honneur devant bien du monde ; j'y verrais, moi, au contraire, moins de sûreté et de force que de faiblesse. C'est comme si l'on avait un *Credo* en médecine. Ayez des principes, mais qui, appliqués et dans l'usage, souffrent des modifications.

En politique, les hommes, s'ils étaient sages, devraient se dire qu'ils diffèrent moins encore en ce qui est des principes, qu'en ce qui est de l'appréciation des faits. Qu'est-ce qui vaut mieux en principe, pour un peuple, de se gouverner soi-même par des représentants directement élus et selon les lois de la raison et d'une opinion publique éclairée et mûrie par la discussion, de telle sorte que le bon sens triomphe invariablement après que tous auront été persuadés, ou d'être gouverné par un seul, même le plus habile?... La question générale ainsi posée, en ces termes abstraits, serait d'une solution peut-être trop commode ; mais la vraie solution pratique consiste à savoir si telle nation, dans telles circonstances données, avec son humeur, son génie, son passé récent, son culte de souvenirs, ses besoins d'ordre et de réparation, ses autres besoins innés et non moins réels d'initiative, de prépondérance et de grandeur, peut et veut se gouverner de la première manière, si elle en est avide, désireuse et capable, si ce gouvernement de soi par soi-même n'aboutirait pas à la ruine de tout gouvernement, à l'anarchie et à la subversion. La question, en un mot, se réduit à une question de fait. A vingt ans, et même à trente, on est comme un juré peu informé, ou peu corrigé, et qui se prononce d'après la passion ou la théorie; à cinquante, on est comme un juré trop bien informé et très-revenu, qui sait faire céder ses théories d'autrefois à l'évidence et à la toute-puissance des faits.

Je continue toujours de répondre, non pas à l'aveugle, mais un peu confusément, à celui que je me figure devant moi comme contradicteur. Si l'on pouvait un moment avoir raison de la passion et du système qui s'identifient dans les intelligences élevées avec une idée exagérée de dignité et d'honneur, je ne demanderais qu'une chose aux esprits restés politiques ou destinés à le devenir : ne retombons pas dans la même faute qu'ont faite, sous la Restauration et sous le régime des dix-huit ans, les générations obstinées et excessives; ne soyons pas, de parti pris, et au nom d'un principe, irréconciliables. Eh non, tout n'est point parfait sans doute; acceptons, sauf à corriger, à améliorer. Oh! que cette disposition sincère, cette vertu d'homme *de bonne volonté*, se sentirait bien, et que, si elle ne se faisait pas obéir en tout, elle se ferait écouter! Vous parlez toujours avec dédain de gouvernement *consultatif*; mais être consulté, est-ce donc une si grande injure?

La France, qui est le premier et le plus sacré des principes, ne devrait jamais se perdre de vue. Pourquoi la subordonner à un système? Mais, que voulez-vous? les uns ont Rome et le Vatican pour première idole, et ils sont prêts à tout y sacrifier; les autres ont Westminster et le Parlement anglais, qui devient une idole aussi, dès qu'on prétend, coûte que coûte, et tel quel, nous l'appliquer. La pauvre France, en attendant, celle qui n'est ni romaine, ni anglaise, où est-elle? Ce n'est plus aujourd'hui devant César qu'il faudrait évoquer, comme l'a fait cet ancien poëte, l'image de la Patrie affligée, c'est devant les Pompéiens endurcis et incorrigibles. Il leur arrive de l'oublier trop souvent.

Et quand je parle de César, qu'est-ce donc que je dis? Je suis las, à la fin, de trop concéder à l'adversaire et de raisonner comme si nous étions sur les brisées d'autrui. S'imagine-t-on bien le caractère original et tout moderne de ce nouvel Empire, qui, sincèrement, ne repousse pas la liberté, qui possède la gloire, et en qui la tradition, dans sa chaîne auguste, se renoue déjà? Quel rôle pour de jeunes esprits intelligents, et (j'ose le dire à mon tour) pour des esprits généreux, qui, laissant là les questions secondaires de mécanisme et se dégageant des formules, embrasseraient dans sa vérité leur époque entière, pour étudier, en l'acceptant, tout ce qu'elle contient! Quel beau problème politique, économique et d'utilité populaire, que de rechercher et de préparer l'avenir tel qu'il est possible, tel qu'il est tout grand ouvert pour la France, avec un chef qui a dans la main la puissance de Louis XIV, et dans le cœur les principes démocratiques de la Révolution française; car il les a, et sa race est tenue de les avoir.

Nous voilà loin de compte, M. Prevost-Paradol et moi. Je reviens, et je ne crains pas de m'avancer encore vis-à-vis d'un esprit que je goûte extrêmement, et auprès de qui ce goût même peut me servir d'excuse. Je ne crains pas d'aller plus à fond que ne se le permet ordinairement la critique dite littéraire.

M. Prevost-Paradol, tout jeune qu'il est, ne l'est peut-être pas assez; il a un culte légèrement rétrospectif. Nous autres, je me le rappelle, il nous arrivait quelquefois de regretter de n'avoir point assisté aux grandes luttes des premiers temps de la Révolution, aux combats à mort des Girondins et de la Montagne; c'était notre chimère demi-politique, demi-poétique. Nous rêvions aussi un peu en arrière; nous jetions un peu de notre enthousiasme et de notre mélancolie dans le passé.

Lui, venu plus tard, il a rapproché de beaucoup l'objet de son rêve : c'est l'époque de la Restauration et celle de Louis-Philippe qu'il embrasse avec prédilection dans ses regrets, et qu'il confond presque dans une admiration commune; il les aime pour le régime de publicité, de tribune, de libre discussion qui y régnait, et où chaque opinion comme chaque talent trouvait son compte.

Ceux qui ont parcouru ces époques et qui croient les juger sans amour et sans haine ne laissent pas d'être étonnés de cet enthousiasme un peu vague, de cette admiration un peu confuse et indistincte de la part d'un esprit aussi juste : car enfin toutes ces années, déjà anciennes, ne se ressemblaient pas; ces régimes, à les prendre dans le détail et à les *vivre* jour par jour, étaient fort différents entre eux, et il y a eu bien des moments.

Sous la Restauration, par exemple, qu'aurait fait M. Prevost-Paradol? Je le suppose jeune et débutant alors ; je ne suis pas embarrassé pour lui. Il eût partagé de nobles ardeurs; il eût exprimé de généreuses espérances. Destitué à coup sûr comme professeur, s'il avait été déjà professeur, il se fût fait de bonne heure un nom par sa plume dans les journaux, et avec des écrits où le goût se serait uni à la flamme. Mais après... rien.

Puis, le régime de Juillet échéant, il serait arrivé sans doute comme d'autres, plus que d'autres et parmi l'élite. Entendons-nous bien pourtant, et ne nous faisons aucune illusion. A quoi serait-il arrivé? Qu'on ne se figure pas que le talent seul et l'esprit suffisaient; il fallait autre chose encore ; il fallait une certaine fortune, une certaine position, des alliances dans le monde. J'admets qu'il ait eu tout cela presque d'emblée sans trop de peine, sans trop de stage et par droit de conquête. Mais cette époque si féconde, ce régime tant regretté, quand y aurait-il pris le rang qu'il mérite sans doute et qu'il aurait pu ambitionner? à quel moment? car il s'agit du moment.

Alors ce n'était pas comme aujourd'hui; il fallait être avec quelqu'un, il fallait choisir ; on ne pouvait être également l'ami de tous. Est-ce avec les doctrinaires et avec MM. de Broglie et Guizot? est-ce avec M. Thiers ? est-ce avec M. Saint-Marc Girardin, que M. Prevost-Paradol aurait marché?

Si c'est avec M. Thiers, comme j'inclinerais à le penser, il n'aurait jamais eu son jour, — j'entends son jour plein, son tour entier de soleil, la carrière ouverte au libre essai de sa politique; et après quelques mois d'espérance à deux reprises, après avoir *passé* par le pouvoir, comme on dit, il se serait senti déçu, déjoué, évincé, et se serait rejeté dans l'étude, dans quelque œuvre individuelle : heureux qui peut se réfugier dans un monument! Et cela ne l'eût pas empêché (satisfaction très-vive, mais bien vaine et passagère!) d'exhaler de temps en temps ses idées et ses vues dans de belles harangues de tribune ; car je le suppose aussi distingué comme orateur qu'il l'était comme professeur.

Que s'il avait marché avec M. Saint-Marc Girardin, comme lui-même nous permet aussi de le conjecturer, puisqu'il a dit quelque part qu'il n'enviait rien de plus qu'une semblable destinée, il n'aurait pas même eu ce quart d'heure de puissance, cette participation d'un jour dans le gouvernement de son pays; car M. Saint-Marc Girardin, qui serait arrivé à son tour et à son heure comme ministre de l'instruction publique, ne le pouvait être que sur la fin, avec et par M. Molé, et M. Molé, une fois écarté, ne revint pas au pouvoir.

Il y aurait eu sans doute (et tous ces hommes supérieurs ou distingués nous en sont la preuve), il y aurait eu pour M. Prevost-Paradol de grandes consolations au milieu de l'échec particulier de ses idées politiques; il aurait parlé, s'il avait été député; il aurait écrit; il aurait... fait précisément, dans des conditions un peu différentes, ce qu'il fait aujourd'hui.

Est-ce donc la peine de tant en vouloir à ce qui est? Je ne prétends pas dire qu'un esprit de cette qualité ne pourrait pas suffire à autre chose et nous donner plus et mieux encore qu'il ne nous donne aujourd'hui. Un talent déclaré, incontestable, qui se produit, n'est jamais pour moi un motif de présumer qu'on n'en a pas un autre à côté, ou plusieurs autres : ce serait plutôt le signe et l'indice du contraire. Mais enfin, s'il veut bien considérer que la société n'est pas faite uniquement pour donner exercice et matière à tous nos talents, à toutes nos aptitudes, même à celles de luxe, il sera plus indulgent. Quand je vois ce qu'il a encore, il ne me paraît pas qu'il ait trop sujet de se plaindre. Je laisse de côté sa vocation politique active que j'admets en effet qu'il manque, je lui trouve deux talents de *second plan,* deux pis-aller qui seraient de nature à satisfaire de moins difficiles : talent d'écrivain politique qui trouvera toujours moyen de dire ce qu'il pense, et qui a même intérêt à être gêné un peu; car il y gagne le tour, et avec le tour l'agrément, ce qui cesse quand il écrit dans les journaux où il ne se gêne pas ; — talent de critique ou de discoureur littéraire des plus sérieux et des plus aimables, qui peut se jouer sur tous sujets anciens ou modernes, et s'exercer même sur des matières de religion, d'un ton de philosophe respectueux à la fois et sceptique. Il a dans ce dernier genre de très-jolis morceaux que je me reprocherais de ne pas indiquer, sur l'Enfer, sur l'autre vie ; un charmant et bel article sur Spinosa.

Je ne parle pas de ce talent de professeur qu'il ne tenait qu'à lui de pousser et de développer ; car, pour peu qu'il l'eût voulu, il serait aujourd'hui l'un des maîtres et l'une des voix écoutées en Sorbonne.

Il me dira (je le sais bien) qu'il s'agit pour lui de principes, non de convenances ; qu'il s'agit de l'amour sacré, désintéressé, de la liberté, de la dignité humaine. Je suis là-dessus respectueux, mais positif : je ne nie pas la sincérité et la chaleur des convictions, mais j'ai besoin de me les expliquer, et je dis que le fond de ces convictions mêmes se met toujours d'accord en nous à la longue avec nos talents, nos vocations et nos désirs. Un régime où toutes nos facultés ont leur action et leur jeu, à plus forte raison leur triomphe, nous paraît aisément le plus légitime, le seul légitime. Je me le suis dit assez souvent à moi-même, j'ai le droit de le dire aux autres : prenons garde que notre jugement ne soit suborné par le plus subtil et le plus délié des intérêts, celui de notre esprit.

Quoi qu'il en soit, M. Prevost-Paradol est au premier rang des jeunes écrivains distingués qui se sont produits dans ces cinq ou six dernières années ; une fonction spéciale lui est dévolue : il est ce qu'on peut justement appeler le Secrétaire général des anciens partis, adopté et chéri d'eux en cette qualité. Il est venu à temps, et son succès s'explique par autre chose encore que par son talent même : il était très-désiré.

La cause libérale, comme elle s'intitule, avait eu à subir depuis 1848 bien des affronts, des échecs et des désagréments ; mais je ne crois pas que, dans la personne de quelques-uns de ses chefs, tels que je les connais, elle dût éprouver d'humiliation plus sensible que celle de voir un ancien secrétaire du château, l'ancien avocat des dotations princières, le chroniqueur des voyages officiels d'où il écrivait au débotté : « Le prince a fort réussi ; » un homme de collége à la cour et un homme de cour au collége, M. Cuvillier-Fleury (car c'est bien lui) devenu comme son défenseur en titre dans la presse, parlant et tranchant au nom de tout le parti, se donnant les airs d'un vétéran de la liberté, distribuant et mesurant l'éloge à chacun d'un ton important, avec un sourire qu'il croit fin parce qu'il y mêle la leçon, et tenant décidément la balance. J'avais connu mes anciens amis plus dégoûtés. Enfin justice s'est faite, le bon goût a été vengé ; un véritable homme d'esprit, de talent et de tact est venu rendre inutile cet empressé vétéran. — Je ne sais ce qu'on fera et je n'ai pas voix au chapitre ; mais, à ne compter que les services, il mériterait bien d'être de l'Académie avant lui.

Lundi 11 novembre 1861.

CORRESPONDANCE DE BÉRANGER,

RECUEILLIE

PAR M. PAUL BOITEAU (1).

Il y a une injustice à réparer ; c'est au sujet de la *Correspondance* de Béranger. Cette publication a souffert de la réaction que la mémoire du poëte a eu à subir au lendemain de sa mort. Voilà déjà dix ans que la popularité de Béranger a commencé visiblement à décroître ; c'était encore de son vivant ; mais une popularité si haut montée ne pouvait décliner doucement et baisser petit à petit : il s'est bientôt déclaré, lui disparu, un entraînement en sens contraire ; et, comme, après une grande marée, on a eu sous les yeux un vaste reflux.

Mon dessein n'est pas de revenir ici sur l'œuvre du poëte et du chansonnier. On m'a fait l'honneur de me dire que c'était moi-même qui, dans le temps, avais le premier attaché le grelot. Je ne me dédis en rien de ce que j'ai écrit autrefois dans ce même journal (2) ; seule-

(1) Quatre volumes in-8°, chez Perrotin, rue Fontaine-Molière, 41.
(2) Voir l'article inséré au tome II des *Causeries du Lundi*, et qui avait paru d'abord dans *le Constitutionnel*.

ment ceux qui ont cru que, de ma part, c'était une manière de commencer, se sont mépris sur mon intention ; c'était une manière de finir. Je n'en pensais pas plus que je n'en ai dit alors sur les défauts mêlés aux mérites, et, ces réserves faites, ces correctifs apportés, et, si l'on veut, ces malices rendues, je restais dans ma mesure d'admiration et de respect pour le caractère de l'homme et pour le talent du poëte.

La réaction pourtant, qui a suivi la mort de Béranger, a tout dépassé ; elle avait son principe dans bien des causes. La première, c'est celle même dont Scribe vieillissant a eu à souffrir : il avait trop duré ; on en avait trop dit ; cela ennuie et impatiente à la longue. Pour Scribe, cette réaction, qui d'ailleurs ne venait pas de bien haut, n'a pas dépassé le jour funèbre et s'est arrêtée au bord de sa fosse ; il n'y avait plus lieu de lui en vouloir plus longtemps. Pour Béranger, les passions en jeu étaient autrement vivaces ; toutes les anciennes rancunes ont profité de cette impatience du public (je ne dis pas du peuple, qui lui est resté fidèle) et se sont réveillées, rancunes légitimistes, rancunes religieuses, rancunes littéraires, et celles-ci très-vives, de la part des raffinés, qui méprisent sur toute chose le bourgeois et les succès qu'il consacre. Je n'oublierai pas un point capital : Béranger est mort en communion parfaite avec le régime impérial qu'il n'avait pas appelé, mais qu'il avait certainement préparé ; il n'y porta point d'enthousiasme, mais il eut le bon sens de comprendre où était le salut de la France, et que, de plus, il lui serait ridicule, à lui qui avait tant fait pour entretenir par ses refrains le culte de Napoléon, de n'en pas accepter les conséquences. Il avait mis les autres en train, c'était bien le moins qu'il les suivît. Il fit donc comme le peuple et fit bien. Mais une telle fin ne lui conciliait pas les dissidents, et aliénait même de lui bon nombre de ses anciens amis qui le voyaient leur échapper avec mauvaise humeur ou colère. Enfin, il faut bien le dire, le zèle des véritables amis restés les plus dévoués à sa mémoire n'a pas été prudent ni discret : à peine avait-il fermé les yeux qu'on a publié coup sur coup des souvenirs, des conversations de lui, des commérages de coin du feu, toute une série de petits livres à sa dévotion, toute une littérature *Bérangérienne,* visant à la légende. Un cordonnier-poëte ouvrait la marche et précédait le cortége de ces évangélistes d'un nouveau genre, jetant l'injure à qui lui déplaisait (1) en même temps qu'il entonnait les louanges du maître ; cela osait s'intituler : *Mémoires de Béranger.* Puis sont venus ses propres livres, les vrais mémoires ou *Ma Biographie,* les *Dernières Chansons,* un choix des anciennes sous ce titre singulier : *le Béranger des Familles.* C'était trop. La *Correspondance,* venant sur le tout, en quatre gros volumes, a payé les frais de cette indiscrétion des amis, de cet agacement de nerfs donné par eux au public et à ceux qui parlent en son nom.

On avait vu, à propos du *Béranger des Familles,* des-

---

(1) Je suis particulièrement insulté de la manière la plus grossière dans ce livre de M. Savinien Lapointe ; il y donne une prétendue lettre de Béranger à mon adresse, qui est de sa fabrication et qui n'a jamais existé.

cendre des hauteurs où il se tient d'ordinaire et se lancer dans l'arène, un esprit fin, délicat, élevé, un peu dédaigneux, une intelligence aristocratique, et qui a gardé des abords du sanctuaire et du commerce des Prophètes l'habitude du respect et une sorte de démarche religieuse jusque dans la suprême philosophie. M. Ernest Renan, dans le *Journal des Débats* (17 décembre 1859), en s'en prenant à Béranger, dont il déclara n'avoir lu les chansons que fort tard et comme *document historique*, faisait le procès à l'esprit français lui-même, et s'attaquait à un coin radical de cet esprit, la goguette, la gaudriole, la malice narquoise et gauloise, se glissant en tout sujet et se gaussant des choses les plus graves. Une fois placé sur ce terrain, il n'y avait pas de raison pour ne pas s'en prendre également à Henri IV et à La Fontaine. La guerre s'engagea.

M. Pelletan, dans *la Presse*, M. Jouvin au *Figaro* dans des articles de véritable critique, reprirent et poussèrent l'attaque : George Sand, dans *le Siècle*, sans répondre à personne en particulier, évoqua un Béranger noble, élevé, sérieux, fier, idéalisé et encore ressemblant, plus grand que nature, une figure d'au-delà, telle qu'elle sort de la tombe à l'heure du réveil, en dépouillant toutes les petitesses humaines et les chétives misères. Cependant, M. Jules Levallois, dans *l'Opinion nationale*, répondait avec précision, vigueur et respect à M. Renan. J'omets sans doute bien des incidents de cette polémique et la part qu'y prit plus d'un combattant. Il y aura lieu pour la critique, dans quelques années, d'en faire un agréable chapitre d'histoire littéraire.

Je reviens à la *Correspondance*, d'où je ne sors plus, et qui est mon véritable sujet. Je la maintiens des plus intéressantes dans son ensemble. Mais quelque chose encore, au premier aspect, y a nui et y nuit toujours : M. Paul Boiteau, à qui l'on doit de la reconnaissance pour la peine infinie qu'il a prise à la rassembler, à la mettre en ordre et à l'éclaircir, s'est trop prodigué ; il a oublié que la parfaite bienséance, pour un éditeur, est de se considérer comme une femme de chambre qui ne se montre plus, dès que sa maîtresse est habillée. Conçoit-on un éditeur, au contraire, qui intervient à tout propos à travers son auteur, parle en son propre nom durant des pages, exprime son opinion sur les événements et sur les personnes, prétend dicter à chacun le ton et donner la note sur ce qu'on peut juger aussi bien que lui; qui déclare que la France, après s'être *incarnée* dans Napoléon, *s'incarna* une seconde fois dans Béranger, et que, depuis 1815 jusqu'en 1857, « la poésie de Béranger est l'*essieu* sur lequel tourne notre histoire : *il a mû quarante ans nos destinées !* » Toute l'obligation que nous avons à M. Boiteau ne permet pas de laisser passer de telles exagérations : elles ont choqué à bon droit et même irrité plus d'un lecteur. Pourquoi aussi ces rapprochements périlleux et imprudents, cet *ex æquo*, dès le début, avec Molière et avec Corneille ? car il est allé choisir exprès ces deux grands noms (tome I, page 40). Imaginez, au contraire, que, tout à côté, les lettres de Béranger remettent les choses à leur juste point : cet homme de sens, tout coquet qu'il est par moments, ne se surfait pas d'une ligne en politique ni en littérature. Les éloges de Chateaubriand, qui sont ce qui l'a le plus flatté au monde, le touchent, mais ne l'enivrent pas; il se connaît : « J'ai pris ma mesure il y a long temps, dit-il; j'ai au moins le mérite d'avoir utilisé mon petit talent, et c'est bien quelque chose. » Le voilà dans son orgueil littéraire, mais rien de plus. Sur son rôle en politique, de même : il s'en fait une idée très-nette, très-bien définie. On peut lui dire à bout portant bien des choses flatteuses, exagérées, — qu'il a tout conseillé, qu'il a tout inspiré et tout fait, etc. ; il peut se les laisser dire et ne les repousser qu'en badinant; mais, si on le serre de près, si les événements sont là qui parlent, qui se précipitent impérieux et déchaînés, il a le juste sentiment de son inutilité, et il se confesse de son peu de force d'action et de son peu d'envie d'en faire preuve, dès que l'application réelle commence. C'est ainsi que, pris à partie le 31 juillet 1830, c'est-à-dire au lendemain des trois journées, par un jeune homme qui lui demande résolûment ce qui est à faire, il répond par ce sincère aveu :

« Je ne suis pas orléaniste, et vos amis paraissent disposés à me donner ce nom. Je n'ai pas le courage d'imposer mes calculs à personne. S'il me fallait diriger un seul homme, surtout s'il était jeune, je ne l'oserais faire dans un pareil moment. Je ne puis rien, je n'ai rien fait : le danger a cessé. Je vais partir pour la campagne. Je ne veux pas être en désaccord avec ceux que j'aime et que j'estime, et je n'ai pas l'ambition de les mener. Ce n'est pas de l'égoïsme qui me fait parler et agir ainsi, c'est le sentiment de mon inutilité. »

Voilà le vrai Béranger, celui qu'il était bon de faire

ressortir. Il a rempli son rôle à merveille, son premier rôle, et il se dérobe et se dérobera toujours devant le second qui lui est offert et qu'il estime trop lourd pour lui; car il sait aussi bien qu'Horace ce qu'il peut porter et ce qu'il doit laisser à d'autres (*quid ferre recusent, quid valeant humeri*). Un chansonnier, selon sa définition, est « un tirailleur qui s'aventure. » La bataille gagnée, on n'a plus que faire des tirailleurs. Ou s'il en faut absolument et si l'on recommence, il appelle de plus jeunes que lui à le remplacer. « Nous autres, anciens, nous nous sommes usés à traîner le boulet dans les galères de la Restauration. » Il redira la même chose en vingt images plus vives les unes que les autres; c'est de la menue monnaie de poëte, mais le bon sens est là-dessous.

Le commencement de la *Correspondance,* qui remonte aux premières années de la jeunesse et qui l'embrasse tout entière (1794-1814), aurait eu tout son intérêt, si l'on avait supprimé quelques lettres et abrégé les commentaires. Il ne fallait pas surtout la faire précéder par une généalogie ridicule. Les quelques lettres du jeune homme à ce père dissipé et fat sont respectueuses et dignes. Deux choses me frappent dans ces premiers témoignages qui viennent de lui ou des autres : c'est combien il est homme de lettres de bonne heure, et, malgré l'irrégularité de son éducation, donnant de lui à ceux qui le voient de près l'idée et la confiance qu'il réussira. Un certain oncle Bouvet, personnage un peu solennel, le lui prédisait dès 1804, en lui rappelant l'exemple des hommes de talent qui s'étaient formés d'eux-mêmes :

« La mesure de votre gloire sera celle des difficultés que vous aurez vaincues ; j'aime à me le persuader et vous attends impatiemment au but ». Un second point qui me frappe dans ce commencement de la *Correspondance* et qui a été contesté cependant, c'est la gaîté, une gaîté entremêlée de réflexion, de travail, de méditation même ; mais je maintiens la gaîté. Chansonnier plus tard par calcul, par choix littéraire, il avait commencé bien sincèrement par l'être d'instinct et de vocation. Il faisait partie d'une confrérie de jeunesse et de province fondée à Péronne, le *Couvent des Sans-Souci*; Laisné, Mascré, Rouillard, l'ivrogne Beaulieu, M. Poticier, d'autres encore, sont les confrères ; ce sont tous noms assez vulgaires et communs ; nous sommes en pleine roture : est-ce que par hasard nous en rougirions ? Le bon Quenescourt est le mieux loti et le plus riche de la bande, et il vient souvent au secours des moins heureux : « Vous êtes prieur, tandis que je ne suis qu'un pauvre frère quêteur », lui dit Béranger. Mais le quêteur n'est pas le moins actif ni le moins exact à payer de loin son écot, à envoyer de Paris sa chanson. Réellement il a le goût très-prononcé de l'amitié buvante et chantante, de la *sodalité*. A table, le verre en main, avec ses amis, il oublie sa pauvreté et sa migraine, qu'il va retrouver dès qu'il sera seul : « l'imagination peut tout sur sa frêle machine. » Cependant, même là où il est le plus gai, il n'est jamais un boute-en-train à tout prix comme Désaugiers : « il a le don de mettre sa gaîté au ton de ceux qui l'entourent et de n'éclater qu'avec ceux qui éclatent, sauf à hâter le moment de l'explosion. » D'ailleurs, il est bien de la race par tout un côté. Chaque fête, chaque anniversaire, toutes les circonstances joyeuses où il se trouve, la moindre occasion qui prête à railler et à rire, même au milieu des malheurs et des embarras, amène sur sa lèvre des couplets bons ou mauvais, grivois ou satiriques : « vive le scandale pour la chanson ! » Celle des *Gueux* est de ce temps-là, et bien d'autres d'une veine très-naturelle, et plus ou moins libres, plus ou moins honnêtes, quelques-unes déjà de sensibles. Il n'en gardait pas copie d'abord, et il semble qu'il y tenait assez peu ; c'est pendant une maladie du peintre Guérin, l'un de ses amis, et en passant les nuits à son chevet, en 1812, qu'il eut l'idée pour la première fois de recopier ses anciennes chansons ; il s'en rappela ainsi une quarantaine : il y en eut de perdues et d'oubliées. Cette part de sa vie était donc fort gaie, d'une gaîté naturelle et saine, sans orgie et sans débauche. Nous avons l'histoire d'un déjeûner qu'il donna pour le jour de sa fête, à la Saint-Pierre ; justement, le matin même, il lui était arrivé un envoi d'argent de l'ami Quenescourt, très à propos : « Il en est résulté quelque extraordinaire, un peu fou peut-être, mais non pas déplacé. Je n'avais pas de quoi payer le piètre déjeûner préparé, mais vous jugez bien que mon opulence subite a opéré ; vous ne m'en voudrez pas d'avoir prodigué 15 ou 20 francs à cette petite fête, pleine pour moi de charmes... » 15 ou 20 francs pour un déjeuner à plusieurs ! il y a de quoi faire hausser les épaules de pitié aux messieurs. Jean-Jacques Rousseau eût aimé à être de ce déjeûner-là. Il faut peut-être avoir soi-même pâti et ne pas en rougir pour sentir ces choses.

D'autres journées sont moins heureuses; il y a des jours gras (1811) où, faute d'argent, le carême commence pour lui plus tôt qu'il ne devrait : « Je n'ai pris aucun divertissement; j'aurais bien voulu être auprès de vous, écrit-il à Quenescourt. J'aurais bien pu trouver place à la table de quelque indifférent; mais, dans de pareils moments, si je ne m'amuse point avec mes amis, je préfère rester seul et libre; la liberté me console de la solitude... » Nous voilà entrés dans la veine méditative; l'homme est déjà ce qu'il sera. C'est ici que se marque une autre nuance de gaîté, ou plutôt une teinte de mélancolie, toujours éclairée d'un rayon d'espérance. Sa philosophie diffère peu de celle de Montaigne, de ce Michel dont l'Éloge en ce temps-là était mis au concours par l'Académie, et que, lui, sans tant de façons, il lisait et relisait sans cesse : « Il ne m'eût fallu peut-être que sa fortune pour le valoir de tout point, génie à part cependant. Mais que cet homme-là m'a volé d'idées! » La poésie sérieusement l'occupe : « Elle est pour moi maintenant une occupation douce, qui ne me nourrit point d'idées chimériques, mais qui n'en charme pas moins tous mes instants. » Cette poésie, comme il l'entendait, était pourtant alors à ses yeux très-distincte encore de ses chansons; il rêvait un succès par quelque poëme d'un genre élevé et régulier, tel que le lui avait conseillé Lucien Bonaparte, son protecteur, tel que la littérature impériale classique le prescrivait à tout jeune auteur qui briguait la palme. La chanson était la distraction légère et le hors-d'œuvre sur lequel il ne comptait pas, et il fondait tout son espoir de renommée sur un poëme (je ne sais quel poëme épique pastoral) qu'il corrigeait et retravaillait sans cesse : « Si l'amour-propre ne m'égare pas, je crois commencer un peu à comprendre ce que c'est que la poésie ; mais qu'il y a encore à apprendre ! » Son ami l'académicien Arnault, à qui il fait l'histoire de ces remaniements sans rien lui en communiquer toutefois, s'étonne de tant de constance et de son peu d'empressement à se faire connaître ; il l'invite à publier ses ouvrages : « Je n'en ferai rien que je ne les aie portés au point de perfection où je sens que je puis arriver ; ensuite il en sera tout ce qui plaira au sort ; mais je ne crois pas recueillir jamais le fruit des peines que je me donne. J'ai tort, au reste, d'appeler peines ce qui est plutôt un charme pour moi qu'une occupation. » En tout ceci, nous saisissons bien chez Béranger l'*homme de lettres* coexistant dès l'origine avec le chansonnier, et, pour ainsi dire, le côtoyant.

Il est curieux d'assister à ce partage, à cette hésitation telle qu'on la voit se dessiner dans ces lettres sincères où rien n'est arrangé en prévision du public. Il flotte habituellement entre les chansons et les poëmes, ou plutôt il ne flotte pas, et ceux-ci ont le dessus ; il est près d'abandonner les unes et d'y renoncer tout à fait (1812) pour ne plus s'occuper que des autres : c'eût été très-mal *écarter*. Une circonstance particulière le remit dans sa voie et influa sur son choix prochain. Dînant chez le peintre Guérin (1812) avec Arnault, Roger et Auger, tous deux rédacteurs alors du *Journal de l'Empire,* on lui fit chanter de ses chansons, et il obtint un petit triomphe : « Je n'en ai chanté que de gaillardes ; toutes ont obtenu des applaudissements extraordinaires; Auger, surtout, me les a demandées avec instance ; et, si grands que soient les éloges que tous m'ont donnés, il m'a semblé qu'ils y mettaient de la bonne foi. Je n'avais jamais eu un auditoire aussi redoutable ; aussi ai-je chanté assez mal... » Il a eu peur, c'est bon signe; de ce côté, l'amour-propre lui est venu désormais, et si bien qu'après ce premier succès, de peur de le compromettre, il refuse le dimanche suivant de rester à dîner chez M. Étienne, à Ville-d'Avray : « J'y ai déjà dîné plusieurs fois avec Désaugiers, nous dit-il, mais je ne m'en suis pas soucié. Désaugiers chante on ne peut mieux, joue très-bien ses chansons, et toutes paraissent bonnes dans sa bouche ; je n'ai point cet avantage, et, dans une maison étrangère où je ne serais pas bien soutenu, j'aurais tout à craindre d'une pareille rencontre. Chez Arnault, je la redouterais moins, quoiqu'il me semble pourtant qu'il exalte beaucoup des chansons de Désaugiers que, suivant mon goût, je ne voudrais pas avoir faites. Au reste, dans ce moment, je suis tout à mon poëme, et je ne suis point tenté de paraître comme chansonnier. »

Voilà le partage égal ; il croit avoir deux genres à sa disposition, deux cordes à son arc. Mais le poëme pourtant avant tout ! « Encore dix mois, mon ami, écrit-il à Quenescourt en janvier 1812, et je m'embarquerai au milieu des écueils du goût, de la satire, de l'envie et du succès. »

Cependant il chassait, comme on dit, deux lièvres à la fois ; il voit que ses chansons ont réussi devant des aristarques en renom, et dorénavant il s'y applique ; il sent lui-même qu'il s'y applique trop : « Je fais toujours des chansons, mais moins pour mon plaisir que *par une sorte de calcul*. Je vous soumettrai mon raisonnement à cet égard : qu'il vous suffise aujourd'hui de savoir que mes nouvelles sont honnêtes, et que je crains que le calcul et l'honnêteté leur nuisent et même m'en dégoûtent. »

Lui-même il nous signale l'écueil de ses chansons trop travaillées ; et à cette époque, en effet, il était à bout de voie pour les chansons de sa première manière ; car le sentiment patriotique et anti-bourbonien était encore loin : il possédait, il est vrai, l'instrument complet, mais du moment qu'il s'interdisait la gaillardise, le *motif* était rare et faisait défaut.

Les années 1813-1814, avec leurs calamités, fondirent sur la France. On l'a remarqué avec raison, la *Correspondance* de Béranger à cette date, au moins ce qu'on en a, est assez vulgaire. L'âme publique du poëte n'est pas éveillée encore ; il lui fallut quelque temps pour s'orienter. Il est alors, comme tout le monde, pour la paix ; il ne fait point partie de la garde nationale et ne se bat pas devant Paris : « Quant à moi, de mon château (rue de Bellefonds), j'ai vu prendre Ménilmontant et Montmartre, et j'ai vu les obus menacer ma bicoque sans trembler. Après cela, je ne permets plus de plaisanter de ma bravoure. » Il a, depuis, un peu arrangé cela dans sa *Biographie*. Il paraît tout occupé, pendant l'année 1814, des publications du Caveau. Simple employé dans les bureaux de l'Université, il craint déjà l'envahissement du parti prêtre dans l'instruction publique : c'est le seul indice qu'on aperçoive de son opposition future.

Il évite, deux ans après, un écueil mortel pour un poëte, c'est de devenir un critique, un journaliste. M. Étienne a l'idée de le faire entrer au *Journal des Débats* pour les feuilletons de théâtre, à la place de Duviquet, successeur de Geoffroy. Je ne m'explique pas bien les circonstances de cette offre assez singulière ; mais la réponse qu'y fait Béranger (novembre 1816) montre que la proposition était sérieuse. MM. Bertin, rentrés dans la propriété des *Débats,* s'étaient sans doute adressés à M. Étienne pour leur trouver un feuilletoniste capable, et qui eût quelques-unes des qualités de Geoffroy sans les vices. Béranger refuse ; il refuse d'être feuilletoniste comme il refusera plus tard d'être académicien, comme il refusera d'être homme public et de rester député, comme il avait refusé au début d'être chef ou sous-chef dans l'Université. Ni assujettissement ni responsabilité, c'est sa devise. La forme de son refus est piquante, toute en raisons et en épigrammes sous air de scrupules :

« J'ai une conscience trop timorée, dit-il, pour faire le métier de journaliste. Mon caractère ne serait point là placé convenablement, et, dès lors, plus de bonheur pour moi. La *partie* à laquelle vous vouliez m'attacher est, sans contredit, celle qui m'eût présenté le plus de charmes ; mais, même dans cette *partie* (style d'employé), un journaliste qui craint le scandale devient bientôt froid, et c'est être ridicule. Il ne faut point être catin ni bégueule. »

Puis, ce sont d'autres cas de conscience : il suivrait la route directement opposée à celle de ses devanciers ; il serait dans un esprit contraire à celui de la feuille même (une feuille ultra-royaliste alors) à laquelle il travaillerait :

« Pour moi, Voltaire serait un modèle, au moins souvent, et Chénier une autorité. Ne regardant point le théâtre comme étranger à la politique, pensant même qu'une route immense serait ouverte à l'auteur qui oserait tenter de donner, par le spectacle, une direction à l'esprit public, il me serait impossible d'accorder mon utopie théâtrale avec les maximes précédemment débitées dans la chaire où l'on me ferait monter. Chaque jour même je jetterais du rez-de-chaussée des pierres à ceux qui occupent les étages supérieurs de la maison ; et, comme ils tiennent à leurs vitres, sans faire cas de la lumière, il est à croire qu'ils videraient sur moi leurs cassolettes, pour se débarrasser d'un voisin incommode. »

L'image est des plus gaies ; elle est bien de l'esprit espiègle et taquin que nous connaissons. Sa théorie de l'*utilité de l'art,* et d'un but public et politique à lui donner, laisse bien à dire ; elle distingue essentiellement Béranger des artistes proprement dits et marquera plus tard sa séparation d'avec la nouvelle école littéraire. Il donne encore d'autres raisons plus justes de son refus, — son peu d'habitude du théâtre, son peu de fonds en connaissances classiques :

« Enfin, j'ai bien fouillé dans tous les plis de mon cerveau, et il ne me semble point y trouver cette forme légère, ces tournures piquantes, cette facilité de style qui rendent un article agréable aux lecteurs, et permettent à celui qui les possède de parler cent fois de la même chose en paraissant toujours nouveau. J'aurais tout cela moins que Geoffroy, — bien d'autres qualités moins encore, et je n'aurais de plus que lui qu'un amour de justice qui ferait des ennemis au rédacteur et pas un abonné au journal. »

Parmi tous ces motifs de refus, il y en avait encore un autre, et le principal, que le malin ne mettait pas en ligne de compte, mais que le démon lui soufflait tout bas : c'est qu'il allait saisir la Renommée par un autre bout de l'aile. Les passions royalistes de 1816 avaient opéré en lui en sens inverse : tant de violences mêlées à tant de ridicules avaient suscité sa gaîté vengeresse. Il était à l'affût : le royalisme de la *Chambre introuvable* fit lever le gibier devant lui ; il n'avait plus qu'à tirer sans se mettre en quête d'autre chose. Quand je dis que ce motif, essentiel pour lui, de refuser le feuilleton, ne se trouve pas dans sa réponse à M. Étienne, je me trompe ; car la lettre finit par ce post-scriptum qui n'a l'air de rien et qui est tout : « Voici *le Marquis de Carabas*. Faire des chansons, voilà mon métier... » Et quelque temps après, quand ces folies et ces fureurs amènent la répression, mais aux dépens des journaux qu'on censure, il y voit un nouvel à-propos, une occasion qui lui est offerte de plus belle : « La presse est esclave, il nous faut des chansons. » — C'en est donc fait, arrière les longs poëmes ! il les jette au feu ou les met au fond du tiroir. Désormais il ne se dédoublera plus, et il est tout entier, tout cœur, toute âme et tout art, — tout calcul même si l'on veut, — dans le petit genre dont il fit ce qu'on a vu.

Les origines nous sont assez connues maintenant ; il

ne convient ni de les agrandir, ni encore moins de les rabaisser. Je passe sur la période militante de la vie de Béranger : la *Correspondance* n'offre qu'un intérêt médiocre durant ces quinze années; elle ne prend son développement et son cours régulier qu'à dater de 1830 et à partir du second volume.

Son rare bon sens fut de comprendre nettement que, dès cette heure, son rôle de guerre était fini, que « Charles X et la Chanson étaient détrônés du même coup; » sa probité fut de désarmer tout de bon, et sa force, de tenir ferme dans cette neutralité honorable. Il passa en un instant de la position de tirailleur à celle de spectateur, d'avocat politique consultant (il se lassa vite de ce dernier rôle), de causeur avisé, curieux de tous sujets, et qui avait son franc parler sur chacun au coin du feu. L'homme de lettres, s'il avait été un moment primé par l'homme de passion et de combat, se réveilla alors en lui avec toutes ses inquiétudes, et il essaya de donner un dernier témoignage de soi, de ses idées et de son talent dans une production suprême; il y réussit en 1833 par quelques pièces fort belles du Recueil qu'il publia, et qui, moins populaire que les précédents, eut un succès poétique et littéraire.

Mais il est un autre rôle qui lui échut et dont il s'acquitta exemplairement jusqu'à la fin, celui de *solliciteur universel*, d'homme serviable, honoré sous tous les régimes, et qui venait, tant qu'il pouvait, en aide à tous ceux qui le réclamaient, sauf toutefois à mêler un grain de plaisanterie dans son obligeance : c'était son revenant-on, à lui, et ses petits profits. Il aimait à s'occuper des autres et de leurs affaires ; cela le menait à bien des commérages, à des familiarités moqueuses, mais aussi à des bienfaits très-réels. Il houspillait son monde et le servait. Ses lettres à Rouget de Lisle sont une preuve des plus agréables et, on peut le dire, des plus amusantes, de ce côté tout à la fois bienfaisant et piquant de sa nature.

Rouget de Lisle, ce *Tyrtée de la France* comme on l'avait surnommé, et qui avait eu dans sa vie un éclair d'inspiration sublime, n'avait reçu qu'une fois cette visite du génie, ce don de l'à-propos; à partir du jour où il eut fait, presque sans le savoir, *la Marseillaise,* et où elle s'était élancée de son sein, effrénée et légère, courant le monde d'une aile enflammée, il était resté, lui, étonné, ébloui, et tout à fait décontenancé ; on aurait dit qu'il n'était plus que la dépouille laissée à terre de son immortelle chanson. L'hymne guerrier, en naissant, avait tué son père, l'avait mis du moins hors de combat. Non-seulement il ne devait plus jamais retrouver *sa belle,* comme on dit, mais il rencontrait à tout coup le contraire; pour prix d'un heureux et magnifique moment, il semblait voué au guignon, au contre-temps perpétuel ; il portait malheur à tout ce qu'il touchait. S'il marchait, il mettait le pied à côté ; s'il parlait, il disait ce qu'il ne fallait pas dire. Un jour, en 1815, au milieu de l'effervescence des passions politiques, entrant chez des amis, comme on lui demandait ce qu'il avait vu en venant, il lui arriva de répondre : « Ça va mal, ils chantent *la. Marseillaise!* » Quand Béranger le connut, Rouget de Lisle était pauvre, aux expédients et même aux abois;

il était, de plus, ce qu'on appelle démoralisé. Le désordre et l'embrouillement étaient dans ses idées comme dans ses affaires ; il avait besoin de tout. Le chansonnier, alors dans toute sa vogue de popularité, lui rend hommage et, avant de l'appeler son ami, l'appelle son *maître ;* il le secourt de sa bourse, il lui cherche des souscripteurs pour je ne sais quel recueil qui ne se publiera jamais (1) ; il le remonte surtout moralement. Le pauvre homme était à Sainte-Pélagie (1826), comme qui dirait aujourd'hui à Clichy. « J'ai une recommandation à vous faire : ne rougissez pas d'être détenu pour dettes. C'est à la nation tout entière à rougir des malheurs qui n'ont cessé d'accabler l'auteur de *la Marseillaise.* Je l'ai crié bien des fois dans les salons de l'égoïsme. Peut-être qu'à la fin un peu de pudeur le fera comprendre aux plus sourds. » Il lui donne toutes sortes de bons conseils pour la pratique de la vie, d'abord de ne plus faire de lettres de change, ce qui donne prise sur lui ; et puis de calmer son imagination, car le pauvre poëte fourvoyé était plein de chimères. Imaginez qu'il avait fait un opéra d'*Othello,* et il espérait que Meyerbeer le mettrait en musique après l'*Othello* de Rossini ! « N'y comptez pas, lui écrivait Béranger ; il n'osera jamais entrer en lutte avec Rossini, je vous le prédis. » Et tout aussitôt : « Ce dont je vous félicite bien, c'est d'avoir une bonne redingote d'hiver, voilà du bonheur. » Cette redingote d'hiver nous amène à une certaine lettre du *pantalon,*

---

(1) On me fait observer qu'il s'agit probablement du recueil publié en 1825, les *Chants français ;* mais il me semble qu'il est auss question dans la suite des lettres d'un recueil manuscrit.

qui est impayable. Rouget de Lisle n'avait pas, à la lettre, de quoi se vêtir. David d'Angers avait fait de lui un beau médaillon en marbre, et on le mit en loterie à 20 francs le billet; la loterie, bien entendu, était toute au bénéfice du pauvre rhapsode :

« Si nous plaçons promptement ces billets, lui dit Béranger, vous aurez enfin de quoi renouveler cette maudite garde-robe qui s'en va toujours trop vite pour nous autres pauvres diables; car je me rappelle le temps où je n'avais qu'un pantalon, que je veillais avec un soin tout paternel, et qui ne m'en jouait pas moins les tours les plus perfides. Il est vrai que j'avais un talent qui vous manque, j'en suis bien sûr : je savais faire des reprises, rattacher des boutons. Ce que c'est que d'être d'une famille de tailleurs! Vous n'avez pas reçu une si bonne éducation, il vous faut du neuf. Eh bien! j'espère que vous en aurez avant peu. »

Je ne sais si je me trompe, je trouve beaucoup de délicatesse à ce qui semble peut-être à d'autres en manquer. Pour relever le moral de cet excellent homme, il s'humilie et se rabaisse à son tour, en y mettant de la gentillesse. Il étale ses vieilles misères, ses anciennes guenilles, et il les secoue devant lui en badinant. Mais j'ai tort d'insister : tout le monde l'a senti. L'homme qui a fait *la Marseillaise,* envers qui la nation est ingrate, et dont la vieillesse n'est secourue et (qui mieux est) consolée que par celui qui possède toute la faveur de la popularité, n'est-ce pas bien ?

Rouget de Lisle avait eu, à un moment, une idée funeste, où il se mêlait du bizarre. Accueilli à Choisy-le-Roi, dans une maison hospitalière, chez le général Blein, il craint tout à coup d'avoir dépassé le terme convenable et de devenir importun à ses hôtes ; en conséquence, il songe à se détruire. Mais un coup de pistolet n'est pas à sa portée, il n'a pas de quoi acheter l'arme ; la rivière, avec la Morgue au bout, lui paraît ignoble ; bref, le suicide proprement dit répugne à ses principes. Pour tout concilier, il revient à un ancien projet qui était d'aller tout droit devant lui, à travers champs, jusqu'à extinction de force vitale. Béranger l'arrête à temps, lui prêche la patience ; il en avait le droit, car il pouvait lui dire ce qu'il redira à d'autres : « A quarante-deux ans, je n'avais pas de feu dans mon taudis, même au plus fort de l'hiver. J'étais résigné, et il m'est arrivé quelques rayons de soleil. »

En effet, des jours meilleurs arrivent : après Juillet, il obtient, pour Rouget de Lisle, et la croix d'honneur et une pension ou même plusieurs petites pensions sur divers ministères. Voilà notre homme heureux, mais, dans son besoin de malencontre, il se met encore en peine ; il se tourmente de se voir décoré quand Béranger ne l'est pas. On a ouvert une souscription pour M. Laffitte ; il demande s'il ne doit pas apporter ses 50 francs, comme s'il avait déjà les embarras de la richesse. Béranger le tranquillise : « Vos 50 francs vous gêneront peut-être à donner, et Laffitte n'en sera pas moins ruiné. » Et puis, le voyant maintenant hors d'affaire, il se moque un peu de lui, qu'il appelle l'homme *enguignonné* ; il le lutine et s'en donne sans aucun scrupule à ses dépens : « Vous voilà-t-il riche ! Quand je vous disais que le tout était de vivre ! vous le voyez bien maintenant. 3,500 fr.

de rente! Qu'allez-vous faire de tout cela ? Je crains que l'embarras des richesses ne vous fasse perdre la tête... Ah! çà, n'allez pas vous laisser atteindre par le choléra, à présent que vous êtes millionnaire! Vous êtes assez maladroit pour vous laisser mourir au moment où vous avez enfin de quoi vivre. Ne bougez pas de votre trou, le mieux est de rester en place. » — Et pour dernier conseil plus aimable (novembre 1834) : « Travaillez-vous? écrivez-vous? chantez-vous?... Rentrez dans vos souvenirs : vivez à reculons. C'est refaire du printemps, et voilà l'hiver qui vient. »

Tout cela, convenez-en, est bon et charmant, avec une pointe de malice. — Que de choses encore il me reste à dire! Que de branches de correspondance à indiquer et à dépouiller! Pourquoi m'en priverais-je? Nous serions, en vérité, la plus légère et la plus ingrate des nations, si Béranger était un sujet qu'il ne fallût désormais aborder qu'en hésitant, et pour lequel on eût à demander grâce.

Lundi 18 novembre 1861.

CORRESPONDANCE DE BÉRANGER,

RECUEILLIE

PAR M. PAUL BOITEAU.

(SUITE ET FIN.)

Je n'aime pas les portraits de convention; le public les aime assez : il est toujours délicat de déranger un de ces portraits tels qu'il les a vus et tels qu'il les veut ; il semble qu'en y remettant les verrues et les taches, on ait dessein de le salir et de l'outrager. J'en ai fait l'épreuve à propos de Chateaubriand ; je la refais à propos de Béranger. Tranquillisez-vous, ne vous fâchez pas ! on ne prétend rien ôter que de faux, on ne veut y remettre que la vérité de la physionomie et l'entière ressemblance.

Remarquez que nous sommes entre deux feux, — entre deux types contraires. D'un côté nous avons un Béranger bonhomme, sensible, indulgent et béat, toujours le verre en main et pleurnichant, bénissant le pauvre et la fille légère, trinquant avec le curé joufflu et le vieux sergent, présidant aux danses de la guinguette, de l'air d'un Franklin attendri : voilà un Béranger vulgaire et qui a été cher à beaucoup, qui l'est peut-être encore. J'ai vu une image coloriée qui le représentait dans cet esprit-là, sous l'emblème du mauvais goût le plus naïf : c'était une grosse face rubiconde de Béranger sortant du calice d'une fleur, et cette fleur était une *pensée*. Tel est le Béranger cher aux *Prudhommes* et aux *Plumerets* de tous les temps, celui même qui est en horreur aux artistes, aux fantaisistes, à la fleur de la bohême ou des salons, aux amateurs du fin, aux lecteurs de Musset, aux aristocrates de race ou d'esprit, à Pontmartin comme à l'auteur de *Madame Bovary,* aux frères de Goncourt comme à M. Renan. Ne refaisons pas ce Béranger-là.

Et puis il y a le Béranger tout contraire et qu'on s'est fait en haine du premier : le *faux bonhomme* qui calcule tout, qui ricane de tout, qui tire toujours à temps son épingle du jeu; un Béranger beaucoup trop malin, égoïste dans tout ce qu'il fait, dans tout ce qu'il donne; à qui l'on refuse à la fois bonté de cœur, distinction et franchise dans le talent. Les premiers l'avaient fait si sottement bon que les seconds l'ont retourné et n'ont plus voulu voir en lui qu'un hypocrite.

Il faut en revenir au Béranger véritable, et pour cela se garder des commentateurs, et ne s'adresser qu'à l'homme. Mais voilà que de vrais amis se mettent encore entre l'homme et nous; gens d'esprit mais de système, ils s'appliquent depuis sa mort à refaire la légende, à composer un Béranger tout d'une pièce, tout en perfection, en vertu; en qui l'on croie aveuglément; un saint bon pour des dévots et tout taillé pour un calendrier futur. — « Otez-nous, m'écrit à ce sujet quelqu'un qui l'a bien connu et qu'indigne cette prétention d'orthodoxie singulière en pareil cas, ôtez-nous ce Béranger cafard à sa manière, triste et bête, ennuyeux comme Grandisson; rendez-nous ce malin, ce taquin, qui emportait la pièce et offensait tous ses amis, et se les attachait toutefois et leur restait fidèle; cet homme capricieux, compliqué et faible aussi, plein des passions de la vie, timide par instants, ambitieux par éclairs, souvent redoutable, charmant presque toujours. Aux gens qui le croient trop fin, dites qu'il était sérieusement bon, élevé, fier, indépendant : aux gens qui le prennent sur l'écorce et le croient vulgaire, dites combien il était fin, délicat. Chateaubriand, la première fois qu'il le vit, disait qu'il lui avait trouvé « l'air fin et rustique; » c'était cela. Lamartine a parlé quelque part de la *grosse patte plébéienne* de Béranger. Mais Lamartine n'a pas bien regardé; il n'aura vu que le gant qui était gros : Béranger avait là-dessous la main petite, délicate, plus fine que celle de Lamartine. Au reste, qui s'est trompé sur La Fontaine a bien pu se tromper sur Béranger. »

J'ai rendu, j'ai reproduit fidèlement l'impression de quelques sincères amis du poëte, et il était juste qu'elle se fît jour pour la première fois dans sa vivacité; car en tout ce qu'on avait imprimé jusqu'ici sur Béranger, on n'en avait pas tenu compte. Il y a nombre de gens qui savent le goûter et l'admirer de la bonne manière et qui souffraient de la fausse ; ils étouffaient d'impatience, ils avaient besoin d'être vengés.

Il manque à la *Correspondance*, telle qu'on l'a donnée, des branches importantes ; ce n'est pas la faute de l'éditeur. Tous les amis intimes de Béranger (M. Lebrun, par exemple, et d'autres encore) n'ont pas voulu communiquer leurs lettres, et on le conçoit : il écrivait comme il parlait, sa plume était *mauvaise langue;* il s'abandonnait sur tout le monde : jeter au public de tels paquets de confidences avant que le temps ait tout refroidi, c'est, en quelque sorte, se rendre soi-même responsable de ce qu'ils contiennent. Mais on en a bien assez pour se former dès à présent une juste et complète idée : la suite des lettres à M. Joseph Bernard, à Mme Cauchois-Lemaire, à M. Fortoul, à M. Trélat, etc., montre Béranger par bien des aspects.

Il avait réellement la philosophie familière et souriante ; il croyait qu'on pouvait rendre la sagesse accessible et facile, la vulgariser à l'usage du grand nombre : « Oh! mon cher Bernard, il est bien temps que cette grave matrone descende dans la rue, au risque de se crotter un peu. Le jour où elle placera sa chaire sur une borne, je croirai au salut du peuple. » Ce jour est bien éloigné, s'il doit jamais venir : la borne est bien souvent un écueil. Quoi qu'il en soit, en croyant un tel jour possible, Béranger se distinguait de tous les philosophes qui ne le sont que dans le cabinet et qui n'en sortent pas ; il allait infiniment plus loin qu'Horace et même que Montaigne, qui veulent bien de cette philosophie pratique pour eux et pour leurs intimes, mais qui ne visent guère au delà. Le christianisme était chose vivante à ses yeux, et il lui semblait que 89 n'avait été qu'un fort coup de cloche pour séculariser décidément la charité. C'est ainsi qu'il l'entend, et il le confesse : « Je suis beaucoup plus chrétien qu'on ne le suppose, écrivait-il un jour à l'abbé de Pradt (un prélat très-coulant, il est vrai); on ne me traiterait pas d'anti-chrétien, si on ne faisait du christianisme un moyen politique. » — « Pour douter de ce que beaucoup de gens croient, disait-il encore, il n'en résulte pas que je ne croie à rien. » A vingt ans, il faisait maigre le vendredi saint, quoique le maigre l'incommodât; non pas qu'il s'en tînt à la conclusion un peu vague du *Vicaire savoyard,* qui laisse la porte entr'ouverte à l'idée de révélation, mais il rendait hommage à la mort la plus touchante du meilleur d'entre les fils des hommes.

Béranger est *déiste;* il l'est très-sincèrement, et au degré où cette croyance influe sur la pratique. Je n'approuve en tout ceci ni ne réprouve, je définis. Une des pensées les plus fausses de M. de Bonald, qui en a eu quelquefois de plus vraies, c'est « qu'un déiste est un homme qui, dans sa courte vie, n'a pas eu le temps de devenir athée. » Il y a, au contraire, chez le déiste sincère et convaincu, une impossibilité, une incapacité profonde d'entrer dans la manière de voir de l'athée, ou, pour mieux dire, du pur *naturiste.* Voltaire, par exemple, n'a jamais pu entrer dans l'idée de d'Holbach ou de Diderot, d'une éternité des choses; cela ne trouve aucune case dans son cerveau pour s'y loger; il veut ab-

11.

solument quelqu'un qui, à l'origine, ait créé l'univers, et qui, de près ou de loin, continue d'y présider. Jean-Jacques Rousseau pensait de même, et avec moins d'inconséquence que Voltaire, lequel dans le détail se moquait sans cesse, et avait l'air de triompher de tous les désaccords comme si la Providence n'était pas. Béranger croit en Dieu comme Rousseau, et avec plus de conséquence encore, car il est optimiste, ce qui va bien avec la foi en un Être supérieur et bon. A une personne qui avait pensé à lui le jour de sa naissance, il écrivait de Passy (28 août 1833) ce remerciement plein de sensibilité et d'une pieuse reconnaissance envers le Ciel :

« A l'instant où j'ai reçu votre aimable lettre, je réfléchissais à mon arrivée dans ce monde : il était trois heures, moment de ma naissance, il y a cinquante-trois ans ; vous le voyez, votre lettre ne pouvait arriver mieux. Vous êtes peut-être le seul qui, avec moi, ait pensé à ce jour ; aussi vous dois-je bien des témoignages de gratitude pour une attention aussi bienveillante ; elle a accru le sentiment qui me fait remercier Dieu de m'avoir mis sur cette terre que tant d'autres ont eu le droit de maudire. Moi aussi, j'ai connu le malheur ; mais, regardant en arrière, je vois que je n'ai pas toujours été inutile à mes semblables, qu'il en est encore deux ou trois avec qui je partage le petit morceau de pain que je ne dois qu'à mon travail. Convenez-en, Monsieur, cela ne suffit-il pas pour faire aimer l'existence ? Ajoutez que les amis ne m'ont jamais manqué, et que ma raison, plus forte que ma santé, m'a aidé à diriger mon frêle esquif à travers flots et tempêtes, sans faire naufrage à mon honneur ni à mon indépendance. Aujourd'hui je me repose du voyage. Il y a bien encore pour moi des tracasseries à subir, quand ce ne serait qu'avec ma bourse toujours si mal garnie, toujours insuffisante, quelque privation que je m'impose ; car c'est par économie que je me suis retiré à Passy, dans une mansarde, sans bonne, et vivant à peu de frais..... »

Il rappelle d'autres tracasseries encore, de petits ennuis qui ne manquent jamais, — le gros ennui du moment, les *forts détachés*, ces fameuses bastilles tant discutées qui se construisaient alors et qui lui gâtaient ses promenades favorites du bois de Boulogne :

« Vous voyez, Monsieur, disait-il en terminant, qu'il y a toujours de petites contrariétés dans ce bas monde; mais aussi il y a quelque philosophie, et je crois en avoir une part suffisante. Et puis, l'espérance n'est-elle pas là? Elle me peint l'avenir de la France et de l'humanité en beau. Je suis celui qui console encore; car tous mes vieux amis sont bien découragés : seul, j'entrevois un ciel pur, et je le montre du doigt à ceux qui gémissent. »

Il est là tout entier, par ce côté qui dépasse Horace, et qui nous le montre dans l'exercice de sa philosophie modérée et moyenne légèrement *christianisée*. Il est encore tout entier dans cette lettre à un jeune homme triste, souffrant, entravé dans ses goûts, et à qui il dit pour le consoler :

« Ne vous laissez pas aller aux longues et secrètes douleurs : Dieu le défend à notre nature... J'ai connu tout cela, Monsieur, voilà pourquoi je me permets de vous en parler. Et moi aussi j'ai été malade, j'ai été profondément triste, et, de plus, j'étais bien pauvre et je n'avais pas reçu d'éducation. Mais je faisais des vers, mais j'avais des amours; surtout (voulez-vous que je vous le dise?) j'avais confiance en Dieu. Cette confiance ne m'a jamais abandonné, et j'espère qu'elle sera mon oreiller de mort. Ah! Monsieur, si cette confiance est en vous, cramponnez-vous après elle. Vous voyez, elle a sauvé un pauvre chansonnier, fort mauvais sujet au dire de nos dévots de place... Moi, j'avais le déisme dans le cœur, et j'ai vécu. Vivez aussi, mon cher enfant. Pour cela, il ne faut que vouloir à votre âge; continuez de chanter; votre voix n'est pas celle de tout le monde... »

Et comme il s'agit de vers, et que c'est à un rimeur qu'il a affaire, il ajoute, en appuyant sur la corde sensible :

« Le bien que je vous ai dit de vos vers, ceux-ci viennent le confirmer. J'y voudrais un peu plus de travail. S'attacher à son œuvre, l'achever, la parfaire, c'est aussi un moyen de s'attacher à la vie. Presque tous les bons ouvriers vivent longtemps : c'est qu'ils accomplissent une loi de la Providence. »

Ne soyez pas de cette religion-là, je le conçois; trouvez que c'est trop ou trop peu, je le comprends également; mais ne dites pas, en lisant de telles pages, que ce n'est ni sincère ni senti, et que vous n'y voyez que patelinage.

Et cette page encore (car aux incrédules il faut des preuves), ce début de lettre à Mme Cauchois-Lemaire, pour un autre anniversaire de naissance, le jour où il a ses 54 ans, *un bel âge assurément :*

« J'ai à dîner, ce triste jour, quelques vieux amis, les seuls qui vous pardonnent de vieillir, parce qu'eux-mêmes ne sont plus jeunes. Hélas! le nombre n'en est pas grand. En marchant dans cette vie, dont le sentier semble si étroit, on s'éparpille, l'un à droite, l'autre à gauche, et il y a encore assez d'espace pour que beaucoup se perdent tout à fait, sans compter ceux qui succombent en route. Pour qui vit dans notre monde, il est bon d'être homme du monde, de ne s'attacher nulle part et à aucun ; sinon, l'on court risque de rester seul, quelle que soit la réputation acquise, petite lumière attachée au chapeau, mais qui ne suffit pas pour rallier les amis. Voilà le risque que je cours, bien qu'aujourd'hui les voisins ne s'en aperçoivent pas encore. Déjà, moi qui vois clair, je vois diminuer le nombre des élus du cœur, et je prévois les jours de solitude absolue; mais qu'y faire ? Je ne me ferai pas homme du monde pour cela ; il y aurait duperie de ma part avec un cœur resté jeune. Je m'enfoncerai chaque jour un peu plus dans la retraite ; peut-être au fond y a-t-il quelque divinité consolatrice qui m'attend pour m'aider à finir et me donner le baiser d'adieu. »

C'est bien cette même nuance habituelle de mélancolie avec espérance toujours, une allée voilée et sombre, avec un pan de ciel bleu au fond. De tels passages de lettres ne sont autres que d'excellentes chansons en prose, étendues et développées, et avec je ne sais quoi de plus naturel.

On a vu la jolie image sur la réputation, cette petite lanterne qu'on porte *attachée au chapeau*. Il y pense beaucoup, à sa réputation, à sa popularité, il s'en inquiète ; elle lui tenait au cœur, on le sait : mais toutes les réflexions que vous êtes prêt à faire en souriant, il les a faites avant vous ; il s'est dit à lui-même ses vérités, et plus gentiment que nous ne les lui dirions. Nous sommes avec lui à Fontainebleau (1835) ; il a quitté Passy où il était trop à portée des admirateurs et des ennuyeux : il n'avait qu'une peur en arrivant dans sa nouvelle retraite, c'était qu'on lui donnât une sérénade et qu'on lui fît quelque ovation. Ses amis de Paris l'en avaient menacé.

« Je mourais de peur en arrivant, écrit-il, et je me suis tenu caché. Mais je vois bien que messieurs les Parisiens se moquaient de moi ; personne n'a bougé, et tout ce que j'apprends du caractère des habitants me prouve que je n'ai pas à craindre de pareilles avances. Incessamment j'oserai donc montrer le bout de mon nez, tout gros qu'il est, sans redouter de faire la moindre sensation. Les hommes ne sont-ils pas bien singuliers! ils se trémoussent tant et plus pour avoir de la réputation : leur arrive-t-elle, ils la regardent souvent comme un fardeau ; qu'ils lui survivent, ils la regretteront. »

Et revenant avec Mme Cauchois-Lemaire sur cette préoccupation de la renommée et du bruit :

« Vanité que tout cela ! s'écrie-t-il. Vanité même que la peur que j'avais éprouvée aux menaces de Mme Mezzara ! Ah ! ma chère, d'après le silence dont mon arrivée ici a été saluée, silence qui serait un désappointement pour tant d'autres, vous pouvez juger comment on nourrit dans de petits cercles l'orgueil des hommes qui marquent plus ou moins. C'est parce qu'on se laisse aller à toutes les flatteries de bonne foi de ceux qui vous entourent, qu'on est toujours disposé à se croire plus qu'on n'est, à se supposer une valeur qu'on n'a pas. Il n'y a que la peur des ovations qui me révèle que, malgré tout mon bon sens, je suis, comme beaucoup dont je me moque, atteint de cette vanité ridicule qui vous fait penser que le monde entier a les yeux sur vous. »

Il obéissait, en quittant Paris, puis Passy, à des mobiles divers : l'économie d'abord, le dégoût que lui inspiraient les sottises des partis, à commencer par celui qui le revendiquait comme sien, la fatigue et l'ennui des visites ; tantôt il en avait besoin, et tantôt il les craignait. Il prétendait « qu'il y avait de l'ours au fond de tout cela. » Le fait est qu'il *se retourna* souvent *dans son lit* pendant ses vingt-cinq dernières années ; il changea beaucoup de place sans se fixer nulle part. Il y avait des temps où il disait : « La retraite est le but de mes désirs ; je veux terminer mes jours loin du bruit et d'une société qui finirait peut-être par me rendre misanthrope. Je tiens à conserver ma foi dans l'humanité. » Puis, à d'autres jours, la sociabilité dont il avait une si forte dose l'emportait sur son rassasiement des hommes ; il sentait le besoin du monde, des vieux amis ou même des jeunes visages nouveaux, et il se rapprochait, il revenait au gîte, à ce maudit Paris qu'on aime tant.

La dernière année de son séjour à Tours (1839) fut marquée par un incident moral singulier. Il y voyait beaucoup des dames anglaises, dont l'une, jeune, se mit à l'aimer ; et un jour il s'aperçut avec effroi que lui-même était pris, mais pris comme jamais il ne l'avait été, et comme on ne l'est qu'une fois dans la vie. Une fille d'Albion avait fait ce miracle. Il touchait à la soixantaine. « Il en est de l'amour comme de la petite vérole, qui tue d'ordinaire quand elle prend tard. » C'est Bussy-Rabutin qui le dit, et Béranger l'éprouva. Il faillit en mourir. Il pensa même, un moment, au suicide. Un seul ami, à qui il s'ouvrit de son état moral, accourut, lui chercha, en toute hâte, une retraite qu'il trouva aux environs de Paris (à Fontenay-sous-Bois) ; et là, pendant des mois, Béranger seul, caché sous le nom de M. *Berger,* s'arraisonna, prit son courage à deux mains, s'arracha le trait du cœur et pansa sa plaie en silence. Quand ses amis le revirent, rien n'y parut. Mais un sentiment tardif et profond, si imprévu et qui tranche si fort avec tout ce qu'on savait du chantre de Lisette, lui fait trop d'honneur pour que, si quelque témoignage particulier en existe dans ses papiers ou dans ses lettres, on ne le produise pas un jour. Pourquoi donc reculer devant l'expression entière de la nature humaine dans sa vérité? pourquoi l'affaiblir à dessein et presque en rougir? Aurons-nous toujours l'idole, et jamais l'homme?

On sait que, jeune, il avait eu un fils naturel qu'il éleva, et auquel il était disposé à donner son nom, mais qui se montra peu digne de lui en tout, et qui alla mourir à l'île Bourbon. Ses lettres de reproche et de conseil à ce fils sont sensées, tendres et tout à fait paternelles. Par ces sentiments si divers Béranger paya son tribut complet à la nature.

Aussi, à l'un de ses jeunes amis qui se mariait (M. Édouard Charton) il avait le droit, en le félicitant, d'adresser ces sérieuses et cordiales paroles où respire la vraie morale sociale :

« Vous voilà donc marié. C'est une situation que j'ai évitée par suite de la position où j'ai toujours vécu, n'ayant ni présent ni avenir de fortune quelconque. Vous êtes plus heureux ; et, quoi que vous ayez la bonté de me dire, vous n'avez plus besoin des avis de mon expérience : votre cœur est là, et vous savez il y a longtemps quels sont les devoirs de l'honnête homme. Vous avez désormais de grands engagements à remplir, mais vous en serez bien récompensé par la stabilité qu'ils vont donner à votre vie et à vos pensées. Quand on a le bonheur des autres pour but, on cesse de flotter au hasard. C'est un lest qui maintient notre ballon dans la région la plus calme. On prétend qu'elle est la moins poétique; moquez-vous de ceux qui mettent la poésie à toute sauce et qui laissent la morale et le bonheur pendus au croc. Vous voilà dans le vrai; soyez heureux en faisant des heureux; vous méritez un pareil sort : tous vos amis s'en féliciteront, et les vieux garçons comme moi, en voyant votre bonheur, regretteront de n'avoir pas su prendre la même route. »

Avec des faiblesses et de légers travers, on le voit donc foncièrement ami des hommes et philanthrope dans le juste sens du mot, bien plus que politique. Les trônes qui s'écroulent, les ministres qui tombent et se succèdent, l'intéressent moins que le courant profond de la société qui continue de couler sous toutes ces arches de pont. « Rattachons-nous, écrivait-il à M. Joseph Bernard, aux intérêts de l'humanité : c'est la politique des bonnes gens comme nous, et la seule vraie. » — « Quant à ma philosophie, disait-il encore à M. Pelouze (le père du chimiste), vous la connaissez : je ne suis resté indifférent à rien de ce qui a intéressé mon pays et l'humanité. La science m'a toujours manqué : l'instinct du bon et du beau m'en a quelquefois tenu lieu, et, si je ne craignais d'être accusé de vanité, je dirais qu'il m'a fait, dans mes bons jours, aller en avant de la science. Est-ce là ce qu'on appelle de la philosophie ? » On avait voulu l'indisposer, sous prétexte de changement d'opinion, contre un de ses amis, alors ministre (M. Barthe), qu'il sollicitait souvent pour d'autres et qu'il trouvait toujours prêt à le servir; il répondait à M. Joseph Bernard : « Mon cher ami, je ne peux pas être dur avec les hommes qui aiment leurs semblables, quels que soient les torts dont ces bons cœurs se rendent coupables. Je ne suis pas entêté de mes opinions politiques à ce point.»

Parmi ses correspondants illustres, deux surtout, par le contraste, appellent le regard : Lamennais, Chateaubriand. La correspondance avec Chateaubriand était déjà en partie connue ; elle est apprêtée, travaillée, et *sent l'huile*. Ils posent tous deux devant le public en s'écrivant. Ses lettres à Lamennais sont bien plus naturelles, et il s'y épanche avec plus de liberté. C'est un mélange de sages conseils et d'admiration sincère, un reste de vieux respect, égayé de beaucoup de sans-gêne et joint à la conscience qu'il a de sa supériorité pratique. Il se souvient toujours que ce digne homme a porté la *soutane*, ce que celui-ci oublie perpétuellement. Un jour, Lamennais veut louer Béranger dans un de ses livres, et il le fait sans restriction aucune ; le passage est communiqué d'avance au poëte qui lui répond par ce petit avis, mêlé au remerciement :

« A des louanges aussi flatteuses ne conviendrait-il pas d'ajouter : *Il est fâcheux qu'en chantant pour le peuple, Béranger se soit d'abord trop laissé entraîner à la peinture de mœurs, que plus tard sans doute il eût voulu pouvoir corriger?* — Vous sentez, mon cher ami, que c'est une phrase à faire, dont je vous indique ici la substance, et que ce n'est pas d'un cœur bien contrit que je formule cet acte de pénitence. Mais je pense à vous, à votre position, mon noble apôtre, et je crois qu'après avoir écouté votre amitié pour moi, il faut, dans l'intérêt de la cause où vous avez pris un rôle si élevé, que vous fassiez la restriction que je vous demande... »

Il est piquant que ce soit le chansonnier qui se mette à la place du sublime inconséquent pour l'avertir : il a du tact pour deux. — C'est bien le même, au reste, qui répondit une fois à l'archevêque M. Sibour, dont le premier mot, en l'abordant, avait été : « J'ai lu toutes vos chansons. » — « Oh !... pas toutes, Monseigneur ! »

Un jour, Lamennais, si souvent funèbre et lamentable, lui écrit : « *Il y en a qui naissent avec une plaie au cœur.* » —

« En êtes-vous bien sûr ? lui répond en badinant le chansonnier. Je crois plutôt que, nous autres, qui venons au monde pour écrire, grands ou petits, philosophes ou chansonniers, nous naissons avec une écritoire dans la cervelle. Comme l'encre y abonde sans cesse, dès que nous laissons reposer notre plume, le noir liquide se répand et coule jusqu'au siége de nos affections. Alors nous voyons tout en noir, hommes et choses... Mais employons-nous l'encre de notre écritoire à noircir du papier, aussitôt notre esprit se rassérène ; notre imagination se purge, et, nos œuvres fussent-elles œuvres de misanthrope, notre humeur, charmée par le travail, ferme cette plaie dont vous vous plaignez. Oui, cher maître, il en est ainsi de nous autres écrivains. Employez donc votre encre pour qu'elle ne se répande pas sur tout votre être. Écrivez, écrivez... »

C'est, sous une autre forme, le conseil que se donnait également Nicole, et la recette qu'il avait trouvée pour se délivrer l'esprit, quand il était obsédé de pensées qui lui ôtaient le sommeil : il se hâtait de les jeter sur le papier ; — et Gœthe le grand poëte disait aussi, dans une bien vivante image : « Mettez au monde cet enfant qui vous tourmente, et il ne vous fera plus mal aux entrailles. »

Un autre jour, lisant avec admiration les trois volumes

de *Philosophie* de Lamennais, et l'en louant à son tour et même à outrance, Béranger fait cependant une réserve sur un point bien important; c'est à propos de l'espèce d'analyse que le philosophe a essayé de donner de l'idée de Dieu :

« Je me suis toujours élevé vers Dieu, lui dit Béranger, autant que mes ailes fangeuses me l'ont permis, mais toujours les yeux fermés, me contentant de dire : « *Oh! oh!* » comme la bonne femme de Fénelon. Croiriez-vous que je frémis presque lorsque je vois qu'on analyse la substance créatrice? Je tremble quand je vois disséquer Dieu, si respectueux que soit l'opérateur. C'est que, moi, je crois comme les petits enfants, ce qui semble ne m'aller guère. J'en ai connu un qui avait un Jésus de cire ; sa bonne, en touchant à la statuette, la brisa. L'enfant se mit à pleurer en disant : « Je n'ai plus de bon Dieu, je vais mourir ! » Bien que je sache que mon Dieu ne finira pas en poussière sous les yeux d'un puissant génie, toujours est-il que je suis tenté de crier au génie : « Croyez, et fermez les yeux! »

Il me semble que ceci, dans l'ordre de la religion naturelle, ne le cède à rien et s'élève jusqu'à la grandeur. C'est une belle variante de ce mot des plus doctes et des plus humbles : *O Altitudo!*

Il avait sur tout ce qui est argent une grande susceptibilité et une fierté naturelle qui ne transigea jamais. Quand une amie généreuse, mais imprudente, le sachant gêné, songea à une souscription nationale pour lui, en 1835, et commença même à faire courir des listes sans lui en parler, il fallut voir sa colère sincère. Ce n'est pas lui qui s'obstinerait à mendier ce qu'on lui dénie. Une fois, sous la Restauration, il eut besoin d'une souscription pour payer l'amende de 11,000 fr. à laquelle il avait été condamné (1829) :

« Au fait, disait-il, l'affaire a été beaucoup mieux que je ne croyais : mais Dieu nous préserve à tout jamais d'avoir besoin de nos chers concitoyens pour semblable chose! Ah! qu'il est ennuyeux de tendre ainsi la main!... Je crois que j'aurais mieux aimé six mois de plus en prison, même sous M. Mangin. »

Il est un côté de cette *Correspondance* que j'aurais désiré pouvoir exposer davantage : c'est celui de Béranger critique et littérateur. Quand je dis *critique,* entendons-nous bien : il y a différentes manières de l'être, et Béranger, d'une certaine manière, l'était peu ou ne l'était pas du tout. S'il s'agissait de juger d'œuvres nouvelles, inédites ou tout fraîchement imprimées, il n'avait pas, à mon sens, le jugement très-sûr, le coup d'œil bien précis : il tâtonnait un peu, il ne devançait pas le public; il prédisait souvent à côté. Les conseils qu'il donnait étaient un mélange de choses justes et insignifiantes, non décisives. Il s'en tirait par de jolis mots; ainsi, à Cauchois-Lemaire, qui le consultait sur un écrit politique : « Je reviens à mon éternel reproche : il y a longueur selon moi. Mais je n'ose me fier à mon jugement, car je trouve des longueurs à tout, — même à la vie, je crois. » Ainsi encore, à Latouche, auquel il reprochait sa paresse à publier : « Mon cher ami, il ne vous a manqué que de mourir de faim : cela a manqué à plus de gens qu'on ne pense. » Mais toutes ces jolies façons cachaient quelque incertitude ; et aussi l'amitié; la politesse le retenaient. En un mot, le critique *essayeur* chez lui était loin d'être des plus sûrs. Au contraire, le critique *liseur,* si je puis dire, celui qui, dans son fauteuil, reprenait pour la centième fois de vieux écrits et se mettait à penser tout haut en refermant le livre, c'est celui-là qu'il y avait plaisir à entendre et à faire causer : idées justes, idées fines ou hardies, boutades légères et inspirées, lui sortaient en foule à la fois. Une branche charmante de la *Correspondance* est celle qui s'adresse à Mlle Béga, la fille, je crois, d'une de ses anciennes hôtesses de Passy. Il s'était de bonne heure intéressé à cette petite *Lilie* (Pauline), et quand elle eut fait sa première communion et qu'elle commença à se préparer pour ses examens d'institutrice, il entama avec elle par lettres un petit Cours de rhétorique naturelle, qui est un modèle en ce genre. Il faut le voir en présence de cette intelligente enfant qui devient peu à peu une personne; comme il s'y prend bonnement et gentiment pour lui donner une idée du style, de la manière d'écrire et de lire! « Mettre des faits dans la mémoire, c'est se donner de l'expérience, c'est rivaliser avec le temps. » Il lui explique *Phèdre, Britannicus,* et en quoi l'une ou l'autre de ces pièces est supérieure. Il raisonne sur Racine, Corneille, Molière, La Fontaine, et Mme de Sévigné, en maître élémentaire consommé et comme il y en a peu. Le mot souvent cité de Louis XIV à Mme de Sévigné, après une représentation d'*Esther :* « Il est vrai que Racine *a bien de l'esprit,* » amène sous sa plume le commentaire que voici, à la portée de la jeune lectrice :

« Le mot *esprit* pouvait s'appliquer ainsi alors. A présent, quand on parle d'un grand poëte, on dit *génie*. C'est l'effet d'une langue qui marche et qui s'use en marchant. Les mots simples ne lui suffisent plus : elle enfle sa voix. Tu préfères Béranger à Lamartine, parce que tu connais l'un et non l'autre ; mais juge de la différence : en parlant de Lamartine, on vante son *génie*, et de moi on ne doit vanter que l'*esprit*. Pourquoi ? Parce que les œuvres de l'un ont une élévation qui manque à l'autre. »

Il y aurait trop à citer. Sur cet article de Béranger critique, j'ai déjà indiqué que je ne suis pas pour sa théorie *utilitaire* de l'art. « L'art sans application lui paraît un enfantillage. » C'est couper les ailes à la fantaisie et au grand art qui ne relève que de lui-même. Cependant, on se serait rapproché dans le détail, et on se serait entendu pour ce qui est de l'exécution littéraire ; car il est le premier à reconnaître que les idées les plus utiles, sans l'art qui les met en œuvre, sont comme non avenues :

« La perfection du style doit être recherchée de tous ceux qui se croient appelés à répandre des idées utiles. Le style, qui n'est que la forme appropriée au sujet par la réflexion et l'art, est le passe-port dont toute pensée a besoin pour courir, s'étendre et prendre gîte dans tous les cerveaux. *Le négliger, c'est ne pas aimer assez les idées qu'on veut faire adopter aux autres.* »

On ne saurait mieux dire. — Tout ce qui a touché au romantisme, du temps des belles ardeurs, doit lui savoir gré de la manière dont il remet au pas une de ses plus vieilles connaissances, un classique maussade et saugrenu, à qui l'envie était venue un peu tard d'entrer en lice, satire ou comédie en main, et de pulvériser les modernes. Béranger conseille à ce M. Guernu (c'est son nom) de se tenir coi : mais, en attendant, comme il le trousse !

« L'homme qui te parle ainsi, lui dit-il, n'a certes pas à se plaindre du public ; ce n'est pas un renard sans queue qui cherche à te dégoûter de celle que tu veux t'attacher au derrière pour faire courir les petits polissons après toi... Pardonne ces conseils à un vieil ami qui te parle avec expérience, et garde tes vers dans ton portefeuille. Ne cesse pas de te faire un amusement de la poésie pourtant. C'est un joujou qui sied aux vieux enfants, mais que le public brise dans leurs mains quand ils l'étourdissent avec, en courant les rues et les carrefours. »

Attrape ! Es-tu content, monsieur Guernu ?

J'ai évité jusqu'ici, dans Béranger, le côté politique, comme étant le plus exploité et depuis longtemps rebattu. Il serait pourtant fort curieux, là-dessus, à écouter de près, et pour ceux qui le croyaient des leurs, c'était un ami terrible. Il se dédommageait de son inaction par des coups de langue ; il donnait de la griffe à droite, à gauche, en tous sens ; on ne pourrait citer sans blesser. Ce dont il convient de le louer résolûment, c'est d'avoir mis toujours l'intérêt de la France au-dessus de son opinion individuelle :

« J'ai, disait-il à Lamennais, une conscience méticuleuse qui m'empêche d'être homme de parti, comme il faut l'être ; je ne suis qu'homme d'opinion. Encore même, sur ce point, y a-t-il à redire, car le patriotisme, sentiment qui ne vieillit pas en moi, me barre le chemin toutes les fois que je puis craindre que l'application de mes principes ne compromette les intérêts du pays. Ce n'est pas moi qui aurais le courage de m'écrier : *Périssent les colonies plutôt qu'un principe !* »

Cela le mena à sacrifier son idée de république chaque fois qu'il y vit le salut du pays intéressé. Éviter tout pas rétrograde, tout faux mouvement de retour en arrière et vers l'ancien régime, était sa grande préoccupation et son idée première dans chaque crise. « Je vis, me dit quelqu'un dont les paroles sont pour moi un témoignage, je vis Béranger quelques mois après l'Empire. Il était content; il me dit : « Ne voyez-vous pas que nous sommes à jamais délivrés du drapeau blanc? Vous n'avez pas compris le péril de cette *Fusion !* Ne voyez-vous pas ici le triomphe de la Révolution et la portée des événements? » — « Mais la liberté ajournée? » — Il se mit à rire : « Bah ! elle reviendra. »

Voilà l'homme. On l'a défini, ou plutôt il s'est défini lui-même (car je ne fais que rassembler les traits qu'il me fournit), plus patriote que libéral, plus démocrate que républicain, plus bonapartiste qu'impérialiste, plus évangélique que chrétien. — Ne le surfaisons pas, ne le travestissons pas, et ne jetons point non plus la pierre, pour dernier adieu, à l'un des gentils esprits de la France. Ce que j'ose affirmer, c'est que cette *Correspondance,* à qui daignera la lire d'un bout à l'autre et voudra bien ne pas trop s'appesantir sur le commencement ni sur la fin, paraîtra respirer dans son ensemble la bonté et la gaîté, et aussi bien souvent la grâce.

P. S. L'eau, comme on dit, va à la rivière. Depuis que j'ai publié mon premier article sur Béranger, il m'est venu des communications toutes bénévoles. Je dois en particulier à M. Possoz, ancien maire de Passy, la connaissance d'une suite de lettres à lui adressées par Béranger, moins encore à titre d'administré que d'ami. Il est trop tard pour que j'en profite; mais je fais des vœux pour que des témoignages si précieux de confiance et de bienfaisance aillent s'ajouter à tout ce qu'on sait déjà, et achèvent de faire connaître l'homme qui, vivant d'économie et de privations, tenait presque toujours 100 francs pour les fins de mois à la disposition de son maire.

— « Cher et excellent Maire, lui écrivait-il un jour qu'il était un peu en retard (4 janvier 1846), je ne puis trouver un moment pour vous aller rendre mes devoirs de respectueux administré. Je prends donc le parti de vous envoyer mes vœux et ma petite cotisation, que vous auriez dû recevoir fin de décembre. Je tâcherai d'être plus exact fin janvier et fin février. » — J'ai dit ce que c'était que cette petite cotisation.

Lundi 25 novembre 1861.

MADAME SWETCHINE,

SA VIE ET SES ŒUVRES,

PUBLIÉES PAR M. DE FALLOUX (1).

SES LETTRES,

PUBLIÉES PAR LE MÊME (2).

Les critiques, de nos jours, sont plus ou moins comme les moutons de Panurge : il leur est bien difficile de ne pas sauter les uns après les autres, toutes les fois que se présente un nouveau sujet. C'est l'éditeur qui est Panurge : il lance son livre, et tous les moutons de sauter. Ils ont tous sauté pour Royer-Collard depuis le livre de M. de Barante ; ils ont tous sauté pour Mme Swetchine

(1) Deux volumes, 1860, chez Vaton, rue du Bac, 50, et Didier, quai des Augustins, 35.
(2) Deux volumes, chez les mêmes libraires, 1861.

depuis les volumes de M. de Falloux. Je viens le dernier, mais je n'y échappe pas plus que les autres. Je me suis bien fait tirer l'oreille cependant.

Je dirai tout à l'heure pourquoi ; car il faut être sincère avant tout. Mais auparavant j'ai à donner, à ceux de nos lecteurs qui ne la connaîtraient pas, une première idée de la personne distinguée dont il s'agit et dont le nom a quelque effort à faire, ce semble, pour courir aisément sur des lèvres françaises, — pour se loger dans les mémoires françaises. Quoiqu'une Revue édifiante et de salon, *le Correspondant,* et le petit canapé qui la compose, en fasse son affaire depuis quelque temps et poursuive sans désemparer l'entreprise de cette réputation, ils sont encore nombreux en France ceux qui ne savent pas même la première syllabe de ce nom que bien de jolies bouches, dans la bourgeoisie savante, se sont déjà essayées de leur mieux à prononcer.

Mme Swetchine était une dame russe, née à Moscou en 1782, qui mourut à Paris en 1857. D'une famille distinguée, sans être très-noble, et appartenant au vieux fonds moscovite, elle montra de bonne heure un goût marqué pour l'étude, pour les lectures les plus sérieuses et les plus approfondies, et ressentit de l'attrait pour la France, pour sa société et sa littérature. Elle connut beaucoup M. de Maistre, qui habitait alors Pétersbourg, et put être considérée jusqu'à un certain point comme une de ses filles spirituelles. En effet, elle mit une grande importance à quitter, après examen, la communion grecque, que nous appelons schismatique et qu'ils appellent là-bas orthodoxe, pour se faire catholique romaine. Cette conversion rendant moins agréable et moins facile sa résidence à Pétersbourg, elle vint en France dès la fin de l'année 1816; elle avait trente-quatre ans. Accueillie du premier jour dans le plus grand monde de la Restauration, elle y fut extrêmement comptée. Elle n'avait pas de beauté : petite, les yeux légèrement discordants, la pointe du nez kalmouke, mais avec cela une physionomie qui exprimait la force de la vie et la pénétration de l'intelligence. Son mari, de vingt-cinq ans plus âgé, le général Swetchine, vivait à côté d'elle, complétement étranger à sa sphère d'activité. Elle n'avait jamais eu d'enfant. Son esprit vif, aiguisé, subtil, sa fermeté et son élévation de caractère, un certain art suivi de serrer les liens et de rattacher sans cesse les relations de société à des convictions et à des espérances d'un ordre supérieur, créèrent son ascendant sur tout ce qui l'entourait et l'approchait : son influence peu à peu s'organisa. Cela dura quarante ans. Elle eut un salon d'un caractère particulier, sérieux, ingénieux, extrêmement artificiel d'aspect, et qui, entre les divers salons de l'aristocratie européenne, se distinguait par une teinte théologique prononcée ; et si l'on m'avait dit, il y a trente ans, lorsque j'entendis parler d'elle pour la première fois, que ce salon deviendrait un jour un sujet d'entretien public, que tous les journaux de Paris en raffoleraient, que tous les critiques parisiens y rendraient hommage en tâchant de se monter au ton des initiés, je ne l'aurais jamais cru. Il fallut que bien des révolutions s'accomplissent pour que ce miracle

12.

devînt possible; mais, par cela même qu'il dura, le salon de Mme Swetchine se renouvela souvent, et, dans les dix ou douze dernières années notamment, il fit d'intéressantes recrues, il acquit un certain nombre de jeunes amis et de fidèles qui avaient du mouvement, du liant, beaucoup d'entregent, le goût de la publicité, le talent de l'oraison funèbre, et qui lui ont fait sa réputation posthume.

Je ne sais si Mme Swetchine a positivement désiré qu'il fût tant parlé d'elle après elle ; mais, si elle l'a désiré un moment tout bas sans le dire, elle n'a pu mieux faire que de se choisir, comme elle l'a fait, M. de Falloux pour son exécuteur testamentaire et pour le dépositaire de ses papiers. On dira tout ce qu'on voudra de M. de Falloux comme homme de parti politique et religieux, mais il est de sa personne le plus gracieux des catholiques et le plus avenant des légitimistes : il semble né pour les fusions, pour les commissions mixtes, pour faire vivre ensemble à l'aise, dans le lien flexible de sa parole, un protestant et un jésuite, un universitaire et un ultramontain, un ligueur et un gallican. A le voir circuler ainsi, sans s'y accrocher, à travers les doctrines les plus diverses, on dirait qu'il les admet toutes plus ou moins et qu'il les comprend : sa complaisance infinie ressemble par moments à une intelligence universelle. C'est un agréable parleur et qui a montré du talent de tribune : ce n'est pas un écrivain proprement dit. Il n'en affecte pas non plus les prétentions ; jamais on ne fut moins auteur en se faisant éditeur ; il semble vraiment n'avoir pensé, en publiant un choix des papiers de

Mᵐᵉ Swetchine, qu'au succès de celle à laquelle il s'est consacré ; il y pousse de ses plus aimables obsessions et de toutes ses grâces : le moyen de résister à celui qui est si galant homme, qui fait si bon marché de lui-même et de ses pages, qui est prêt à vous dire à chaque instant : « Frappe sur moi, mais écoute et respecte ma sainte ! »

Non, Mᵐᵉ Swetchine, tout austère et tout ennemie de la gloriole qu'elle était, n'a pas eu une si mauvaise idée en sacrifiant un peu tard aux grâces en la personne de M. de Falloux, et je suis prêt à répéter avec M. de Pontmartin : « Elle commença par le comte de Maistre, et elle a fini par M. de Falloux ; on ne pouvait mieux commencer ni mieux finir. »

Si l'on prenait M. de Falloux plus au sérieux comme auteur et si on le serrait de près, il y aurait bien des remarques à lui faire et des critiques à lui adresser. Le grand défaut de son style, c'est l'élégance vague, celle du beau monde et des salons. J'en donnerai quelques exemples. Quand il s'agit d'une femme, même d'un modèle de sainteté, il se présente deux ou trois questions inévitables : Était-elle jolie ? — A-t-elle aimé ? — Quel a été le motif déterminant de sa conversion ? — M. de Falloux, dans le récit qu'il nous a donné de la jeunesse de Mᵐᵉ Swetchine, élude la principale de ces questions ; ne trouvant chez lui aucun indice précis, aucune explication satisfaisante, j'ai pourtant voulu savoir, j'ai interrogé, et il m'a été répondu : « Mᵐᵉ Swetchine a eu un orage de jeunesse : elle avait inspiré une grande passion au comte de Strogonof, un des hommes les plus aimables de la Russie, et elle l'avait ressentie elle-même. » On ne s'en douterait pas en lisant M. de Falloux. Voici le passage dans lequel il parle du mariage de Mlle Soymonof (c'était le nom de famille de Mme Swetchine), âgée pour lors de dix-sept ans, et du choix que son père fit pour elle du général Swetchine, protecteur encore plus qu'époux :

« C'était un homme d'une taille élevée et d'un aspect imposant, d'un caractère ferme, droit, d'un esprit calme et plein d'aménité. Il était âgé de quarante-deux ans. La jeune Sophie accueillit ce choix comme tout ce qui venait de son père, avec une affectueuse déférence. Elle avait perdu sa mère depuis plusieurs années. Ce qui la séduisit surtout dans cette union fut la certitude que sa petite sœur ne la quitterait pas, qu'elle resterait maîtresse de lui prodiguer ses soins et de lui servir de mère.

« On cita, parmi les seigneurs russes dont ce mariage avait frustré les vœux, un jeune homme auquel la naissance, la fortune et de rares qualités d'esprit ouvraient une grande destinée, le baron, depuis comte Strogonof. Il n'avait caché ni son inclination, ni ses regrets. L'épouse elle-même ne put les ignorer, mais elle leur imposa silence, et lorsque le jeune Strogonof se fut résigné à un autre mariage, Mme Swetchine devint l'amie la plus sûre et la plus fidèle de sa femme. »

S'il est vrai qu'il y eut une lutte dans le cœur de la jeune fille, et un sacrifice pénible à consommer pour obéir à la décision de son père, si cet amer mécompte, ce renoncement au bonheur dans le mariage, en flétrissant du premier jour l'avenir, la jeta par volonté et de parti pris dans les voies austères du devoir et de la résignation en Dieu, il est impossible d'en rien découvrir dans ce passage du livre de M. de Falloux. Comme tout cela est dit vaguement! comme c'est enveloppé et esquivé! « L'*épouse* elle-même ne put les ignorer (les regrets du comte Strogonof). » Quelle *épouse?* — On ne comprend ce qui peut se cacher là-dessous que quand on le sait déjà.

Autre exemple de vague. Mme Swetchine, dès sa jeunesse, ne lisait que la plume à la main et faisait d'abondants extraits de ses lectures; on en possède, sans compter ce qui s'est perdu, 35 cahiers reliés. M. de Falloux cite quelque chose de ces extraits, entre autres un portrait fort curieux et caractéristique de Fontenelle, mais qui est textuellement copié des *Nouveaux Mélanges* de Mme Necker (tome I, pages 164-170). Il ne le sait pas et ne l'indique pas: mais quelqu'un, probablement, à qui il a montré son manuscrit et qui en a eu soupçon, l'a averti de prendre garde, et, par précaution, à deux pages de là, et après une suite d'autres passages cités, il ajoute : « Les derniers échos du xviiie siècle, dans sa forme encore spirituelle et littéraire, résonnent dans *les Souvenirs* de Mme Necker. Mme Swetchine leur emprunte beaucoup. » Mais pourquoi cette manière évasive de dire? pourquoi ne pas indiquer positivement ce qui est emprunté?

Nous sommes de bien grossiers personnages, et ce beau monde qui vit de *blanc-manger* littéraire a bien raison de nous mépriser; mais enfin, quand nous avons quelque chose à dire, nous le disons autrement, nous appelons les choses par leurs noms. Il s'agit d'indiquer que Mme Swetchine, retirée alors dans ses terres, manqua Mme de Staël au passage de cette dernière en Russie (1811), et que lorsqu'elle revint à Pétersbourg, elle ne l'y trouva plus; voici comment M. de Falloux s'exprime : « Lorsque Mme Swetchine *fut ramenée* au *centre habituel de son existence,* elle n'y trouva plus qu'un brillant souvenir. » Il y en a, dit Pascal, qui masquent la nature : ils ne disent point *Paris,* mais *la capitale du royaume ;* ils ne disent point *Pétersbourg,* mais *le centre habituel de l'existence.* Cela me rappelle que, dans son *Histoire de saint Pie V,* le même M. de Falloux veut louer ce pontife d'avoir envoyé des brefs d'encouragement aux hommes lettrés qui, en France, prenaient parti pour la cause catholique; le poëte Ronsard est de ce nombre : il s'est engagé dans une querelle avec les protestants, et de part et d'autre on en est vite venu aux injures les plus grossières, notamment à celles qui ne manquent jamais au XVIe siècle, et qui consistaient en de dégoûtantes allusions au mal apporté d'Amérique. Mais fi donc ! M. de Falloux ignore ces vilains détails, et Ronsard, chez lui, est récompensé d'un bref du Pape pour avoir pris un rang honorable *dans la mêlée des intelligences.* Elle est jolie, *la mêlée des intelligences !* C'est là l'excès du style poli. Nous devions le signaler, parce que, sous une forme ou sous une autre, la question *Rambouillet* recommence toujours; parce que, de plus, ces politesses excessives et ces complaisances de langage servent à revêtir de coulantes facilités de jugement. Cela mène, entre autres choses, à faire des saints qui n'en sont pas.

Mais nous nous écartons de Mme Swetchine. J'ai mauvaise grâce assurément de chicaner un éditeur aimable qui rachète de légères inexpériences du métier par des mots spirituels chemin faisant, surtout par la richesse du tissu étranger qu'il développe à nos yeux, par les lettres fort belles qu'il insère à tout moment dans son texte et qui en font le prix. Ces lettres de la jeunesse de Mme Swetchine nous révèlent une âme ardente, impétueuse, que la difficulté, l'âpreté même de l'effort moral tente et convie, et qui ne s'est jetée vers Dieu avec tant de passion que de peur de se laisser prendre trop vivement aux choses de la terre. Une des amies de jeunesse de Mme Swetchine était Mlle Roxandre Stourdza, d'origine grecque, l'une des demoiselles d'honneur de l'impératrice. Mme Swetchine lui écrivait en 1813, en lui déclarant ses sentiments d'admiration et de tendre sympathie :

« Croyez-moi, on ne connaît jamais parfaitement que les gens que l'on a commencé par deviner. Il faut une sorte d'analogie, il faut être différemment semblables pour s'entendre tout à fait, pénétrer dans tous les replis, et acquérir cette parfaite connaissance d'un autre qui découvre entièrement son âme à nos yeux... Il me semble toujours que les âmes se cherchent dans le chaos de ce monde, comme les éléments de même nature qui tendent à se réunir ; elles se touchent, elles sentent qu'elles se sont rencontrées : la confiance s'établit entre elles sans qu'elles puissent souvent assigner une cause valable; la raison, la réflexion viennent ensuite apposer le sceau de leur approbation à ce traité, et croient avoir tout fait, comme ces ministres subalternes qui s'attribuent les transactions faites entre les maîtres, rien que parce qu'il leur a été permis de placer leur nom au bas. Non, je ne crains pas de mécomptes avec vous, et ma reconnaissance seule peut égaler la parfaite sécurité que vous m'inspirez. »

L'amitié épurée, exaltée, entre ces deux jeunes personnes vivant dans le grand monde artificiel de Pétersbourg et y réfléchissant chacune à sa manière les mystiques influences qui traversaient alors le ciel d'Alexandre, me fait l'effet de ces parfums légèrement enivrants et qui entêtent, exhalés par deux plantes rares nourries en serre chaude et trop poussées. Le monde français, même le plus actif et le plus animé, ne connaît pas cet échauffement, cette surexcitation d'idées et de questions qu'apportent avec eux, quand ils s'en mêlent, ces Français du dehors, voisins de l'Orient et qui n'ont pas trouvé leur centre. Les deux jeunes personnes, au reste, qui étaient censées compatriotes, ne sortaient pas tout à fait du même Orient. Mlle Roxandre, aux traits réguliers, à l'œil tendre, à la voix touchante et mélodieuse (il n'y avait un peu à redire chez elle qu'à la taille), était une Grecque attrayante et persuasive qui avait gardé du charme et des douceurs ioniennes du Bosphore ; elle méritait de s'entendre dire dans sa candeur : « Il n'est pas un de vos regards qui ne soit une pensée. » Mme Swetchine, plus hardie, plus sauvage et d'une séve qui lui arrivait peut-être de par delà le Caucase, était autrement trempée, autrement avide et d'une ambition morale plus exigeante. Les derniers venus, en pareil cas, les plus nouveaux en civilisation, ne se montrent pas les moins ardents à renchérir, et à subtiliser. Elle était donc, du premier jour, passée maître dans cette escrime de la pensée et du sentiment. Par je ne sais quel raffinement d'humilité, elle se mettait toutefois fort au-dessous de son incomparable amie. La céleste Roxandre, en ce temps-là, était l'objet de son admiration vraiment romanesque ; elle la voyait comme assise sur un trône idéal, et, dans la suite de lettres qu'elle lui adresse, on croirait par moments qu'elle parle à quelque impératrice de Constantinople ou de Trébizonde. Ce qu'échangeaient les deux amies de sentiments élevés, exquis et mystérieux, est inimaginable. Mme Swetchine voulait un Paradis à souhait, au complet, et qui rassemblât les plus délicates félicités de la terre. De bonne heure elle s'était dit : « Le Ciel, c'est aimer en paix ; » et elle brodait là-dessus ses variations de métaphysique religieuse :

« ..... Avez-vous, comme moi, disait-elle, l'idée la plus faite pour adoucir celle de la mort? Croyez-vous à la réunion éternelle des âmes qui se seront entendues ici-bas? Il me semble que c'est le dogme du cœur. Une parfaite latitude nous est laissée à cet égard par la Religion ; et l'assentiment, ou plutôt le pressentiment universel (de toutes les preuves de sentiment la plus forte) semble le garantir comme fondé. Je sais ce qu'une âme pieuse peut espérer des délices de sa réunion avec le Grand Être ; mais cependant le Ciel nous paraîtrait-il bien le Ciel, si nous ne pouvions joindre à cette idée sublime de notre destination future quelques idées sensibles ? Où serait la personnalité, sans laquelle on dit que l'immortalité ne serait qu'un vain don, si la mémoire ne s'y joignait, si le *moi* cessait d'être ? Et si ce *moi* se retrouve, quelle région, quelle félicité pourrait lui faire perdre ce qui lui était identifié ? Jamais on ne me fera croire que je n'éprouverai rien de plus en rencontrant l'âme de mon père que celle du Chinois avec lequel je ferai peut-être le grand voyage. Je crois bien qu'il faut se garder de juger les choses du Ciel par celles de la terre ; mais celles-ci n'en sont-elles pas une ombre, un écho ? Et qu'est-ce qu'une ombre, qu'un écho, si ce n'est une image ou un son affaiblis, indistincts, mais cependant toujours vrais ? »

Et c'étaient des effusions de tendresse qui, dans leur vivacité, contrastaient avec un désabusement personnel profond ; elle souhaitait passionnément à son amie ce qui lui avait manqué à elle-même :

« Cher Roxandre, il faut bénir la Providence quand on a comme vous beaucoup à perdre ; il faut la bénir encore quand on a comme vous mille chances réparatrices. J'ai l'instinct du bonheur dont vous jouirez, et je vous le désire de toute la force de votre cœur et du mien. Votre sort est à peine ébauché, vous serez épouse et mère, et c'est dans le centre de ces heureuses affections que vous coulerez des jours dont le reflet encore suffira pour embellir ceux de vos amis. »

A tout moment elle trahit son impétuosité de cœur, son fonds de nature première, avec une expansion que plus tard elle réprimera :

« ..... Je suis plus difficile à guérir que le roi d'Angleterre (George III, qui avait des temps de folie); quel est donc votre talent si vous y réussissez ? Ah ! comme vous avez raison ! il y a beaucoup de faiblesse dans mon fait, et, qui pis est, de la faiblesse organisée, de la faiblesse en système, de la faiblesse qui a pris la forme d'une multitude de qualités apparentes ; si je perds ce défaut, me restera-t-il une vertu ? Voyez vous-même, chère, bien chère amie. Si j'avais jamais osé demander quelque chose, née avec une impétuosité toujours prête à m'entraîner au delà, n'aurais-je pas été exigeante dans toutes mes relations? Si je ne m'étais hâtée de jeter un voile noir sur ma vie, pourrais-je supporter l'idée de la mort? Si j'osais, en quoi que ce soit, me livrer à l'espérance, ne fatiguerait-elle pas trop mon âme? *Je ressemble fort à la théorie de Buffon sur la formation du globe : j'ai été détachée, comme lui, d'un soleil ardent; depuis des années je suis occupée à me refroidir; je ne suis pas au froid du pôle, mais, sans les consolations que je vous dois, j'y serais déjà arrivée. De toute manière, j'aurais sauté à pieds joints sur la zone tempérée, car je n'ai jamais pu, en rien, saisir le milieu...* »

C'est alambiqué en diable, c'est subtil, mais c'est curieux. Elle nous apparaît bien telle qu'elle est, une âme *tourmenteuse d'elle-même,* craignant avant tout ce qui serait faiblesse, inconséquence, et, dans cette crainte, se portant plutôt à l'excès contraire et à des gageures rigides qu'elle tiendra jusqu'au bout : tout ou rien, un éclat de volcan ou une glacière ! Elle a de bonne heure fait le plus sensible des sacrifices pour une femme, surtout pour une femme qui a su et senti ce que c'est que l'amour : elle s'est dit : « Une femme qui n'a point été jolie n'a pas été jeune. » Et elle a sacrifié sa jeunesse, elle s'est jetée à corps perdu du côté de Dieu : « A l'âge de dix-neuf ans, je me jetai entre les bras de Dieu avec une passion telle, que je ne puis rien comparer de ce que j'ai éprouvé à sa vivacité. Pendant plusieurs années, la Religion eut pour moi ce caractère; et le croiriez-vous, mon amie? c'est cinq minutes d'exaltation religieuse qui suffirent pour obtenir tous les sacrifices et pour donner au reste de ma vie la direction qu'elle a prise. Ce fut une grâce... » Elle disait encore, en par-

lant de cet entier abandon de son être au sein de Dieu :
« Ces sentiments, chère amie, sont de très-ancienne
date : le premier germe en a été conçu dans un temps
où l'air était encore embaumé, les objets à l'entour resplendissants de beauté et de fraîcheur, et où mon cœur,
quoique troublé par des peines, sentait encore parfois
son existence avec enivrement. »

Pour le philosophe et l'observateur, qui ne donne
dans le surnaturel qu'à son corps défendant, il n'y a
pas tant à s'étonner de cette subtilisation, de cette *sublimation* (pour parler comme en chimie) de tous les sentiments. J'en sais qui diraient : C'est de l'amour encore, alambiqué, vaporisé, extravasé dans d'autres
tissus et tourné à l'intellect. Stendhal dirait dans une
de ses explications à l'italienne : Ce que c'est pourtant
que d'avoir de l'âme et des entrailles, et de n'avoir ni
amant, ni enfant ! — Elle a tout analysé, tout scruté
(au moins elle le croit) ; ignorante des lois naturelles
positives et des méthodes d'observation autant qu'avide
et curieuse de tous les mirages de la réflexion morale
et des mille explications ingénieuses à la saint Bernard
et à la saint Augustin, elle est devenue une femme docteur en matière de sentiment et de spiritualité, de
même qu'elle sera bientôt un docteur aussi en matière
de conciles œcuméniques.

« ..... Quand vous me dites : *Avez-vous éprouvé cela?
comprenez-vous ceci?* soyez sûre qu'avec la plus parfaite
vérité je puis vous dire oui. En fait de sentiments, de pensées
portant sur les affections et les passions humaines, j'ai parcouru un cercle immense et creusé jusqu'aux antipodes ; je

suis vraiment docteur en cette loi-là... C'est dans l'enceinte de mon propre cœur que j'ai appris à connaître celui des autres, et la seule connaissance de moi-même m'a donné la clef de ces énigmes innombrables qu'on appelle les hommes. »

Elle se flatte et s'exagère sans doute un peu cette connaissance universelle, cette clef, ce *passe-partout* qu'elle croit tenir et qui l'a conduite, en définitive, à la possession d'un monde très-distingué, mais restreint.

Théologiquement, elle n'a jamais douté qu'elle ne possédât la vérité absolue dans le dogme et le symbole chrétien; elle n'a varié que du moins au plus, en se faisant chaque jour plus strictement fidèle, plus catholique et plus orthodoxe. Sa conversion n'a été qu'un redressement d'orthodoxie, après un examen historique des plus complets, auquel elle s'était livrée pendant des mois de retraite : elle est revenue de Photius à saint Pierre. Ses pieux amis ont le droit de l'en révérer davantage, et de se réjouir de pouvoir fixer cette heureuse date au 8 novembre 1815. Mais on aura déjà remarqué combien il est peu commode pour la critique littéraire de trouver à mettre le pied convenablement en un tel sujet.

Je l'ai promis cependant, et je dois dire ici comment la personne que l'on commence, ce me semble, à entrevoir par bien des traits originaux, et qui nous arriva de Russie toute mûre, toute formée, et douée d'une autorité précoce qui s'accrut considérablement avec les années, m'inspira, lorsque j'eus l'honneur de la connaître, plus de respect et de vénération que d'attrait. Si je me juge moi-même en m'ouvrant à cet égard, j'y consens. Il me parut que ce caractère d'autorité était chez elle un besoin. Les premiers mots qu'elle vous disait, et par lesquels elle croyait vous honorer, concernaient votre croyance et l'état de votre âme : elle essayait d'un premier *grapin* à jeter sur vous. — « Quand on a fait *Volupté*, me dit-elle la première fois que je la vis, on a une responsabilité. » Je m'inclinai en silence. — J'ai beaucoup vu, dans un voyage qu'elle fit à Paris, cette charmante Roxandre, cette amie de jeunesse de Mme Swetchine et qui était devenue la comtesse Edling : elle s'est plainte à moi bien souvent (j'en demande bien pardon à ceux qui ont écrit le contraire) d'un certain fonds de froideur ou de réserve, qu'elle rencontrait désormais dans son ancienne amie et qu'elle attribuait à la différence de communion. Mme Edling était restée de la communion grecque, et cela faisait glace, à la fin, entre Mme Swetchine et elle. — Après quelque conversation que j'eus avec Mme Swetchine, au sujet du comte Joseph de Maistre et où je lui dus des communications précieuses, rentrant chez moi j'écrivais, entre autres notes, ces quelques lignes que je lis encore (1837), et qui ne portent que sur le ton et la façon : « Mme Swetchine, si respectable et si supérieure, a, dans le tour de l'esprit et de l'expression, toute la subtilité du Bas-Empire, la subtilité russe ou celle d'un archimandrite grec. »

On s'est épuisé en louanges au sujet de son salon, et certes ce serait affaire à un malotru de venir contester aux habitués d'un salon célèbre tous les agréments et les avantages qu'ils y ont trouvés et qu'ils regrettent. Il faut pourtant que j'ose dire pourquoi, à première vue, le centre d'influence de Mme Swetchine ne m'attirait pas.

Je suis resté bien classique, je l'avoue, en fait de salon. Un salon pour moi, c'est un cercle présidé par une femme, vieille ou jeune, peu importe, et le mieux peut-être est qu'elle ne soit pas trop jeune en effet; car ainsi elle n'éteint pas ce qui l'entoure. On y vient, on y revient avec plaisir; on y cause de tout, on y cause en commun de certains sujets qui intéressent tout le monde, et on le fait avec de légères discordances et dissonances dans lesquelles une maîtresse habile de maison, comme un chef d'orchestre sans archet et sans geste, maintient ou rétablit vite l'harmonie. Aucuns des grands sujets n'y sont interdits, mais la liberté sur tous est entière, car si une fois la conclusion était commandée, s'il y avait d'avance une orthodoxie politique ou religieuse, un *Credo* ou un *veto*, un *nec plus ultrà,* c'en serait fait de la libre et charmante variété de la parole, qui va comme elle peut et qui trouve dans le feu de la contradiction ses plus vives saillies, son ivresse involontaire. Quelques grands athlètes y viennent de temps en temps se mesurer dans des duels ingénieux : ils entrent dans la lice, ils brillent, on écoute, on applaudit, et bientôt chacun des habitués reprend le fil de ses propres réflexions dans des *à parte* suivis et qui, après les airs de bravoure, composent un fond de bourdonnements plus doux. La pensée et l'esprit n'y sont jamais oubliés, mais le sentiment aussi y a sa part, son intérêt et son jeu. Un salon où l'on ne peut suivre ou rejoindre la femme qu'on préfère, la distraire d'un groupe qui l'environne, l'entretenir à l'ombre et à demi-voix quelques instants, lui adresser une partie de la conversation plus générale où l'on se surprend à briller et dont on est récompensé d'un regard, n'est pas un salon pour moi : ne disparaissez jamais du salon français, soins animés et constants, vif désir de plaire, grâces aimables de la France!

— Mais qu'est-ce si la personne, qui préside au salon, malgré toute son indulgence, est une croyante ferme et fixe, rigide, qui n'a jamais douté et qui s'en vante, qui vous prend et qui vous accepte pour les espérances que sa charité lui fait concevoir de vous et du salut de votre âme ; qui maintient la conversation sur des tons élevés, dans une sphère ingénieusement providentielle, mais dont il vous est impossible (si vous étouffez) de sortir brusquement sans faire éclat?—Qu'est-ce surtout, si derrière la porte, à deux pas de là, vous sentez un oratoire où la pieuse femme est allée s'édifier et se prémunir avant de vous recevoir, et où elle rentrera bientôt pour se réédifier encore! — Que dis-je, un oratoire? sachez que c'est bien une chapelle, une chapelle consacrée où est exposé, au milieu d'un luminaire éblouissant, le Saint des saints, le·saint Sacrement que plusieurs des personnes présentes vont aller adorer dès que minuit sonnera ; adorer même est trop peu dire, puisqu'à de certaines solennités la sainte table est toute prête, qui les attend.—Oh! ce n'est pas là un salon ; les quelques jeunes femmes qui y passent, avant de se rendre au bal sous l'aile de maris exemplaires, et qui viennent y recevoir comme une absolution provisoire qui, plus tard, opérera, ne me font pas illusion : c'est un cercle reli-

gieux, une succursale de l'église, —donnez-lui le nom
que vous voudrez,— un vestibule du Paradis,« une maison de charité à l'usage des gens du monde. » Salon français de tous les temps, d'où me reviennent en souvenir
tant d'Ombres riantes, tant de blondes têtes et de fronts
graves ou de fronts inspirés, passant tour à tour et
mariant ensemble tout ce qui est permis à l'humaine
sagesse pour charmer les heures, enjouement, audace,
raison et folie, — je ne te reconnais plus!

Ce que je viens de dire de la chapelle de Mme Swetchine aura étonné et mérite explication. Rien n'est plus
rare, en effet, que cette concession faite à un particulier
d'avoir chez soi le tabernacle avec l'hostie consacrée.
Mais il est bon de considérer que les conversions qui
sont le plus en agréable odeur à Rome ne sont pas
celles des païens, ni celles des juifs, ni celles même
des protestants et des hérétiques, ce sont celles des *schismatiques*. Il semble apparemment plus difficile et plus
beau de revenir de près que de loin. Mme Swetchine,
une schismatique convertie, se vit donc, en retour,
l'objet de cette faveur ecclésiastique singulière. Sa
chapelle, placée sous la protection de Notre-Dame-
Auxiliatrice, dont la fête tombe le 24 mai, joue un grand
rôle parmi les habitués de son monde. La littérature
encore n'a rien à faire là.

Si cependant, pour éclaircir ses idées, on veut absolument, parmi les salons connus, chercher un terme de
comparaison avec le salon de Mme Swetchine, celui de
Mme Récamier se présente naturellement à l'esprit. Ces
deux dames se connaissaient depuis nombre d'années.

13.

Voyageant en Italie en 1824, Mme Swetchine avait rencontré Mme Récamier à Rome; elle en parlait dans une lettre à Mme de Montcalm avec beaucoup d'impartialité :

« Le duc de Laval est de tout, disait-elle, Mme Récamier n'est de rien et paraît préférer sincèrement la vie retirée. Je ne crois pas qu'elle ait visé à l'effet; et c'est heureux, sa beauté et sa célébrité étant sur leur déclin : les débris ne font guère de sensation dans un pays de ruines. Il semble que, pour être attiré à elle, il faut la connaître davantage, et après de si brillants succès rien assurément ne saurait être plus flatteur que de compter presque autant d'amis qu'autrefois d'adorateurs. Peut-être cependant, sans que je veuille ôter à son mérite, que *si elle avait aimé une seule fois,* leur nombre à tous en aurait été considérablement diminué... »

Quelques semaines après, une liaison était nouée entre elles, et Mme Swetchine se mettait elle-même au ton de l'inévitable enchanteresse, elle feignait même d'être sous le charme, lorsqu'elle lui envoyait de Naples ces cajolantes paroles :

« Je me suis sentie liée avant de songer à m'en défendre; j'ai cédé à ce charme pénétrant, indéfinissable, qui vous assujettit même ceux dont vous ne vous souciez pas. Vous me manquez, comme si nous avions passé beaucoup de temps ensemble, comme si nous avions beaucoup de souvenirs communs; *comment s'appauvrit-on à ce point de ce qu'on ne possédait pas hier? Ce serait inexplicable s'il n'y avait pas un peu d'éternité dans certains moments...* »

C'est du spirituel le plus raffiné, et l'*éternité* elle-même n'est là que pour servir à la coquetterie de l'esprit. — Leurs deux salons, leurs deux mondes plus tard restèrent en bonne intelligence, mais de loin, sans risquer de se heurter ni de se confondre; ils ne se faisaient, en réalité, ni opposition ni concurrence. M. Ballanche, le plus grave et le plus doux d'entre les familiers de l'Abbaye-au-Bois, était le messager ordinaire qu'on dépêchait à la rue Saint-Dominique dans la *prima sera*, et qui en rapportait des nouvelles; il était le chargé de bonnes paroles et de petits soins entre les deux puissances. Au fond il y avait bien à l'Abbaye quelque légère ironie pour la science théologique de la rue Saint-Dominique et pour la connaissance approfondie qu'on y avait des Pères et des Conciles. M. de Chateaubriand était trop le dieu présent et régnant dans un lieu, pour qu'on ne trouvât pas étrange que M. de Maistre parût le premier des grands écrivains modernes dans l'autre. Mais il n'y avait pas en cela de motif de rivalité; on mettait cette prédilection sur le compte de la Russie et de la reconnaissance; et la gloire de M. de Maistre, d'ailleurs, était encore chez nous à l'état de paradoxe. Le salon de Mme Récamier, infiniment plus facile, plus agréable, se ressentait quelque peu du boudoir où avait trôné si longtemps la belle Juliette; un parfum d'élégance s'y respirait; on devinait dès l'entrée, à de certains arrangements discrets et à de certains demi-jours, la ci-devant jolie femme : chez l'autre on sentait trop celle qui ne l'avait jamais été. La richesse du cadre jurait avec la figure principale et avec de singuliers accompagnements d'humilité. Chez Mme Récamier, on était tenu, pour tout tribut, à quelques mollesses de goût et à quelques complaisances de jugement. Être du salon de Mme Swetchine, cela menait plus loin et tirait vraiment à conséquence : on entrait sous une sorte de direction spirituelle, plus ou moins sensible. Chez Mme Récamier, on était exposé tout au plus, par politesse et bonne grâce, après quelque matinée délicieuse de lecture, à faire un article sur Chateaubriand ; chez Mme Swetchine, avec de l'assiduité, on pouvait être conduit un jour ou l'autre à un acte de foi et de dévotion; on courait risque d'être d'un sermon prié ou d'une abjuration, ou de quelque agape mystérieuse à la chapelle.

Maintenant, il serait injuste de ne pas signaler, dans ce salon religieux de Mme Swetchine, un moment d'animation inaccoutumée et même d'éclat, qui tranche avec ce qu'il avait pu être auparavant. Ce fut en 1848 et dans les deux années qui suivirent. J'ai dit que son salon s'était renouvelé et comme rajeuni ; elle avait compris que « quand on est vieille, c'est encore aux vieux qu'on plaît le moins. » Or, plusieurs des jeunes amis de Mme Swetchine étaient de l'Assemblée, prenaient une part active et brillante aux luttes de la Constituante et à ses déterminations ; ils venaient là en sortant des séances et continuaient d'y agiter toutes les questions qui semblaient alors pour la société des questions de vie et de mort. Bacon a remarqué que les temps les plus enclins à l'irréligion sont ceux de paix et de tranquillité; les révolutions au contraire, les grands coups de tonnerre en politique ramènent les hommes au pied des autels. Le salon de Mme Swetchine trouva donc, au milieu de ce grand naufrage social, une sorte d'à-propos et de champ plus librement ouvert au genre d'entretiens qu'on y affectionnait de préférence. Elle-même, la noble dame, aguerrie à toutes les vicissitudes par le christianisme, elle se montrait calme, indulgente, ne s'exagérant en rien la portée des événements déjà si graves, rendant justice à tout ce qui lui paraissait bon et méritoire chez les adversaires ou chez ceux qu'elle eût été tentée la veille d'appeler de ce nom. La mère des pauvres n'était point hostile au peuple. « Rien ne fait échapper à la colère, disait-elle vers ce temps à une spirituelle amie, comme un profond sentiment de l'infirmité humaine. » Je ne sais rien qui lui fasse plus d'honneur, dans tout ce que ses amis nous ont transmis d'elle, que sa manière de sentir et de juger en ces années-là. Elle se montrait plus vraie et plus franche de nature que le monde artificiel au milieu duquel elle était encadrée.

Une autre circonstance de sa vie où elle paraît au niveau ou plutôt au-dessus de tous les éloges, c'est, bien des années auparavant (1834), lorsqu'elle reçut brusquement la nouvelle du rappel de Paris et de l'exil du général Swetchine : l'empereur de Russie, par un caprice inexplicable de bon plaisir, l'ordonnait ainsi. Elle partit seule, alla plaider auprès du czar la cause de son vieux mari, traversa le Nord par la saison la plus rigoureuse, et dans un état de santé déplorable, sans un murmure, sans une plainte : une lettre d'elle, admirable de sentiment (tome I, page 377), témoigne de ses dispositions morales, de sa résignation au devoir, de sa soumission prête à se laisser conduire jusqu'aux dernières conséquences : elle eût tout quitté, Paris et son monde, s'il l'avait fallu et si le czar avait maintenu son arrêt, pour aller habiter dans quelque ville obscure de la Russie, à côté du triste et taciturne exilé. De tels sentiments sont de l'ordre le plus respectable et des plus faits pour honorer la nature humaine : sans eux qu'est la vie, même la plus aimable ?

C'est sans doute en pensant à ce rude voyage et à cette campagne d'hiver que M. de Falloux a cru pouvoir comparer Mme Swetchine au célèbre général Souvarof. Celui-ci avait coutume de dire : « Je hais la paresse ; j'ai toujours dans ma tente un coq prêt à me réveiller, et, quand je veux dormir plus à mon aise, j'ôte un de mes éperons. » — « Paroles souvent répétées en Russie, ajoute M. de Falloux, et que Mme Swetchine devait bientôt transporter de l'héroïsme guerrier dans l'héroïsme chrétien. » — C'est égal, la comparaison reste bizarre et excessive. Mme Swetchine, après tout, et si l'on excepte cette pénible année 1834-1835, a mené, au sein de Paris, une existence heureuse, conforme à ses goûts, à sa faiblesse de santé, à son ambition intellectuelle comme à son activité vertueuse. Ce qu'elle disait à trente ans, elle put le répéter à soixante-dix : « J'éprouve, j'inspire de la bienveillance ; mon besoin d'estime est satisfait ; j'ai rencontré les êtres les plus distingués. »

On me demande quel est mon avis sur ses œuvres : je le dirai avec toute l'attention et la déférence dont je suis capable, mais un autre jour. La littérature-Swetchine, comme ces substances chimiques très-concentrées, ne peut se prendre qu'à petite ou qu'à moyenne dose, et j'ai déjà dépassé effroyablement la mesure.

Lundi 2 décembre 1861.

MADAME SWETCHINE,

SA VIE ET SES ŒUVRES,

PUBLIÉES PAR M. DE FALLOUX.

SES LETTRES,

PUBLIÉES PAR LE MÊME.

—

(SUITE ET FIN.)

—

S'il nous est venu du Nord bien des conquérants, il nous est venu, il nous vient encore de là des femmes conquérantes. Paris en a vu, depuis 1815, un certain nombre à caractère marqué et dont il se souvient. Tantôt c'est une beauté hardie, d'aspect superbe et sauvage, aux goûts bizarres, aux mœurs orientales, osant et se permettant tous ses caprices presque en reine du Caucase ou en dame romaine d'autrefois, et mettant en déroute à première vue nos mesquines voluptés et nos jolis vices à la mode. Tantôt c'est une beauté non moins éblouissante, mais d'une ambition plus variée, qui sait unir les plaisirs à la politique, le jeu des cabinets et des cours aux intrigues d'éclat, qui mène de front la galanterie et les affaires, et, sur le pied déjà de souveraine, attire à soi les plus graves philosophes politiques ou impose le respect aux plus grandes dames de Paris : qui les a rencontrés une seule fois ne saurait jamais les oublier, ces deux yeux d'une clarté d'enfer et qui faisaient lumière dans la nuit. Tantôt c'est la femme politique toute pure, sans la galanterie ou sans rien du moins qui y ressemble par la grâce, la femme politique âpre, active, ardente, desséchée comme la joueuse qui a passé des nuits autour du tapis vert, ayant besoin de tenir les cartes à tout prix et de jouer la partie de l'Europe pour ne pas mourir comme d'inanition, pour ne pas hurler d'ennui. Nous avons vu, sous la forme de femmes du Nord, de tous ces types-là ; et elles nous étonnent dans nos timidités et nos agréables routines parisiennes, elles nous déconcertent toujours; nous avons peine à nous les expliquer, car nous ignorons les origines et les sources premières. Tantôt encore, ç'a été le mysticisme en personne, à la ceinture flottante, à la chevelure dénouée, qui nous est venu prêcher, sur tous les tons de la pécheresse repentie, le jeûne, l'indulgence, le pardon universel et la réconciliation des âmes (1). Tan-

---

(1) On aura reconnu ici Mme de Krüdner, et précédemment la comtesse S.... of, la duchesse de Sagan et Mme de Lieven. La duchesse de Sagan (de Dino, et plus tard de Talleyrand) avait pour grand admirateur M. Royer-Collard.

tôt enfin (et c'est ici le cas qui n'est pas le moins original en son genre), nous avons vu la Théologie elle-même tout armée, la dialectique serrée et savante, sachant les points, les textes décisifs, les comment et les pourquoi de l'orthodoxie, sachant aussi les raisons du cœur et les plus fins arguments de la spiritualité ; nous l'avons vue venir du Nord sous la figure de Mme Swetchine, s'installer, prendre pied chez nous et y devenir conquérante à sa manière. A qui en douterait, nous n'avons qu'à montrer les effets et tout ce petit groupe d'enthousiastes et de fidèles qui arbore sa bannière et qui est prêt à combattre pour elle aujourd'hui, comme pour une mère d'adoption, comme pour une mère de l'Église.

Il n'y a pas à combattre, car on est disposé, même en se tenant à distance, à lui rendre toute justice et à reconnaître ses mérites d'esprit. Ce qu'il faut dire d'abord, c'est que ce qu'on appelle les *Œuvres* de Mme Swetchine, ce ne sont pas précisément des œuvres ni des écrits destinés par elle au public. Elle écrivait beaucoup, mais le plus souvent pour elle seule, sur de petits papiers et au crayon : « Écrire au crayon, disait-elle ingénieusement, c'est comme parler à voix basse. » Ses amis se sont donc mis à écouter tout ce qu'elle s'était dit à elle-même à voix basse ; ils ont déchiffré ses petits papiers et ont recueilli les Pensées qu'elle y avait tracées plus ou moins distinctement. Est-ce à dire, comme M. de Falloux le prétend, que ce déchiffrement « a exigé des prodiges de sagacité, de patience et de dévouement? » On n'en dirait pas plus pour les Pensées de Pascal. Quoi qu'il en soit, chaque ami qui a déchiffré sa série de petits papiers a eu droit à une dédicace d'une partie des œuvres : ce qui fait qu'en avançant dans le second volume, rempli des écrits de Mme Swetchine, on rencontre de temps en temps des dédicaces particulières à des amis intimes (du fait de l'éditeur et non de l'auteur) : on croirait marcher de petite chapelle en petite chapelle ; dans ces moindres arrangements, on sent le goût de l'église et du reposoir.

Les premières des Pensées ont été écrites en 1811 et s'appellent *Airelles*. C'est le nom d'une plante des marais du Nord, dont les petites baies rouges mûrissent et se colorent sous la neige. On comprend l'emblème. La plupart des Pensées de Mme Swetchine semblent avoir ainsi mûri au feu du soleil intérieur, et, au lieu d'être, comme des plantes naturelles d'Italie, écloses au grand air et aux rayons du matin, et qui ont bu la rosée avec l'aurore, elles ont l'air d'avoir poussé en serre et en chambre bien nattée. Ce sont, à vrai dire, moins des fleurs et des fruits, que des conserves. Il y en a d'ailleurs de bien fines et d'excellentes, de bien vraies moralement :

« Les êtres qui paraissent froids et qui ne sont que timides adorent dès qu'ils osent aimer. »

« L'amour élève parfois, crée des qualités nouvelles, suspend les penchants coupables ; mais ce n'est que pour un jour Il est alors comme les monarques de l'Orient dont un regard tire l'esclave de sa poussière et l'y laisse retomber. »

« A l'égard des princes, je dirais comme les Protestants pour un plus haut Maître : le service sans le culte. »

« La plus dangereuse des flatteries est l'infériorité de ce qui nous entoure. »

« C'est prodigieux tout ce que ne peuvent pas ceux qui peuvent tout ! »

« L'attention est une tacite et continuelle louange. »

« Le repentir, c'est le remords accepté. »

Elle excelle à faire des provisions de mots qui ensuite assaisonnent le discours et lui donnent du piquant ou de la profondeur ; qui sont comme des clous brillants ou comme des coins qui enfoncent. La pensée lui naît tout ingénieuse, tout ornée, parfois très-heureuse, d'autres fois recherchée, un peu bizarre et demandant de la réflexion pour être saisie. Ainsi, par exemple, elle dira : « C'est seulement dans le Ciel que les Anges ont autant d'esprit que les Démons. » On est dérouté au premier aspect, et l'on est tenté de demander : comment diantre sait-elle cela ? En y réfléchissant, on voit que ce n'est qu'une manière moins prévue de dire ce que chacun sait, — que les diables sur la terre ont d'ordinaire plus d'esprit que les anges, qui souvent sont un peu bêtes. Le peuple dit : « Il est beau comme un ange, et il a de l'esprit comme un démon. » Voilà le sens commun. Si, au lieu de regarder du parterre, on se suppose déjà au paradis, le point de vue est renversé, et, à tout moment, il en est ainsi chez Mme Swetchine. Elle a de bonne heure retourné le monde ; elle a pris le contre-pied de la nature ; elle a fait ce que défend un ancien sage, elle a déclaré la guerre à la vie :

« Du petit au grand, écrivait-elle à une amie dans sa jeunesse, j'ai beaucoup étudié, beaucoup appliqué le dogme du sacrifice, auquel la pauvre Jeanne Gray avait tant de foi. Comme Tarquin, je sais abattre d'une main courageuse ces fleurs de la vie qui s'élèvent au-dessus des autres, et ce triste nivellement m'est devenu si familier, que je remplis ma tâche sans murmure et sans plainte. »

Il faut partir de là avec elle, sans quoi on est arrêté à tout instant et on ne la suit pas. Si elle manque souvent de naturel, on ne doit pas s'en étonner, puisqu'elle est en hostilité déclarée et irréconciliable avec la nature. Je lui trouve aussi parfois des manques de goût. Par exemple, dans une lettre à M. de Montalembert, au moment de la crise de déchirement avec M. de Lamennais : « Je le crois, disait-elle, le grand homme eût fléchi devant un enfant tendre et pieux, car il me semble bien que c'est à la seule tendresse que peut céder M. de Lamennais, et, *comme Clorinde, si son bras est fort, son cœur est faible.* » Je ne m'inquiète pas du fond de la pensée ni de savoir s'il est exact de supposer à ce vieux cœur breton de telles tendresses, mais on a peine à comprendre, quand on a vu M. de Lamennais, que l'idée de Clorinde ait pu venir à personne à son sujet. — D'autres fois, c'est la parfaite justesse qui manque aux idées de Mme Swetchine. Exemple : l'abbé Lacordaire, parlant d'un bref adressé par Grégoire XVI aux évêques polonais, dans lequel le pontife s'était montré un peu faible de ton et d'expression envers le czar, avait cherché à excuser le père des fidèles en le comparant à Priam, qui vient réclamer le corps d'Hector, et qui, dans l'excès de son malheur, va jusqu'à baiser la main qui a tué son fils : « Quelle magnifique application, s'écrie Mme Swetchine, vous faites de la douleur de Priam !

Jamais rien n'a été si heureux. » Mais elle oublie, dans son propre système, qu'un pape n'est pas Priam, qu'il est au moins à la fois Priam et Calchas, et qu'il y a des supplications auxquelles le vicaire de Dieu ne descend pas.

Elle a des subtilités de pensées qui échappent et qui, à force de couper le fil en quatre, n'ont plus aucune consistance. Ainsi, dans une lettre au prince Albert de Broglie au sujet de Donoso Cortès, elle veut marquer que la disposition de cet éloquent Espagnol à maudire notre siècle en masse, disposition qu'elle était loin de partager, ne lui donne pourtant point de l'éloignement pour sa personne et qu'elle se sent plus attirée que repoussée, malgré cette opposition des points de vue : « Jamais, dit-elle, disposition morale ne m'a paru plus étrangère au mouvement de la pensée ; aussi, toute dissidence avec lui (Donoso Cortès) amène un effet surprenant, c'est de *se sentir, dans un sens, rapproché de lui à mesure qu'on s'en sépare.* » On m'avouera que c'est du Rambouillet tout pur. O Molière, où es-tu ?

J'indique les défauts qui font que, pour moi et jusqu'à nouvel ordre, malgré l'arrêt un peu empressé de certains oracles, Mme Swetchine n'est pas encore un *classique*. Cela ne l'empêche pas d'être un écrivain de beaucoup de distinction, de beaucoup de pensée et d'imagination.

Je prends son traité *de la Vieillesse;* c'est son écrit capital et le plus suivi, quoiqu'il puisse s'y être glissé, dans la transcription qu'on en a faite, quelque pensée d'emprunt et qui n'est pas d'elle. J'ai dans l'idée, en parlant ainsi, un passage où le témoignage d'Horace est invoqué : elle avait lu saint Augustin plus qu'Horace, et ces quelques lignes, en effet, ne lui appartiennent pas (1). Mais le point de vue principal, avec tous ses développements et dans son originalité, est bien d'elle et d'elle seule ; il est tout d'abord à prendre ou à laisser. Elle part du dogme de la *chute* et ne s'en écarte pas un seul instant. L'homme naturel, l'homme robuste, en pleine possession de la vie, et censé le mieux portant aux yeux du naturaliste, lui paraît, comme à saint Augustin, *le grand 'malade* qu'il s'agit de convaincre qu'il est malade et de guérir. Tout ce qui est bon et facile aux yeux de la nature lui paraît, à elle, périlleux ou mauvais, vu des yeux de la grâce ; et réciproquement. La vieillesse n'est pas une bonne chose, naturellement parlant ; il y a trois beautés qui n'en sont pas, dit le proverbe : un beau froid, une belle grossesse, une belle vieillesse. Mme Swetchine, retournant le point de vue selon son procédé mystique, dira au contraire qu'il n'y a pas de plus beau ni de plus étoilé firmament que

---

(1) Je le crois bien qu'elles ne lui appartiennent pas : elles sont de moi-même, — oui, de moi indigne, — qui dans un article sur les Lettres de l'abbé de Rancé, publiées par M. Gonod, ai textuellement écrit : « Horace dit de la mort : *In œternum exilium,* partir « pour l'éternel exil ; et le chrétien dit : S'en retourner *dans la* « *patrie éternelle.* Toute la différence des points de vue est là. » L'article sur Rancé, recueilli dans le volume intitulé *Derniers Portraits,* avait paru d'abord dans le *Journal des Débats* le 29 septembre 1846 : c'est là que Mme Swetchine l'aura lu, et elle en aura transcrit la pensée qui se rapportait à son dessein. Les éditeurs trouvant ce petit papier s'y sont trompés : grand honneur pour moi!

durant la nuit d'hiver la plus froide, et qu'il n'est pas non plus d'âge plus ouvert aux perspectives du ciel, ni par conséquent plus favorisé d'en haut, que la vieillesse. Telle est la thèse qu'elle soutient avec toutes les subtilités de son cœur et de son esprit, et qu'elle orne des figures et des mille emblèmes d'une imagination tournée en dedans.

Un grand géomètre, qui avait de la sensibilité (1), a dit que « la philosophie s'est donné bien de la peine pour faire des traités de la *vieillesse* et de l'*amitié,* parce que la nature fait toute seule les traités de la *jeunesse* et de l'*amour.* » Mais Mme Swetchine est d'avis que la philosophie perd son latin à faire ces beaux traités, et en même temps elle n'a jamais consenti à lire couramment dans ces autres traités si engageants et si doux que lui offrait, à ses heures, la nature. Que veut-elle donc? Elle veut quelque chose de difficile, sans quoi ce ne serait pas digne d'elle, et elle ne l'entreprendrait pas. Elle veut porter la vue chrétienne la plus rigoureuse dans l'examen et la considération de la vieillesse; elle n'ira point la prendre de biais, pour ainsi dire, et en essayant d'insinuer par-ci par-là des consolations tremblantes; elle entend aborder son sujet de front et le pénétrer d'une lumière directe et certaine : ce ne sont pas des palliatifs qu'elle offre, c'est une régénération. Les plus spiritualistes ont des faiblesses avec l'âge et se sentent vaincus du temps. Leur théorie ne laisse pas d'éprouver de secrets échecs, et il y a bien des moments où le corps a raison

---

(1) D'Alembert.

de l'esprit. J'entends encore M. Royer-Collard, indigné de la résistance des organes, me dire de ce ton qui donnait aux paroles tout leur sens : « Ne vieillissez pas, monsieur ! ne vieillissez pas ! » Mme Swetchine est plus qu'un spiritualiste et qu'un bon chrétien ordinaire, c'est une maîtresse dans la vie spirituelle, et elle vient nous dire, au contraire, sur tous les tons, à la fois les plus encourageants et les plus sévères : « *Vieillissez ! vieillissez !* » Voici le début du traité :

> « On s'est souvent occupé de la vieillesse ; les moralistes, en donnant à cet objet de leurs méditations plus ou moins de développement et d'étendue, n'ont presque jamais omis d'y toucher ; plusieurs ont consacré des ouvrages uniquement à ce sujet. Amenée, moins encore par mon âge que par la reconnaissance qu'il laisse croître, à étudier la vieillesse, je me retrouve peu sur le chemin des autres, et je voudrais ici l'étudier dans ses rapports avec Dieu et l'autre vie ; montrer que la vieillesse est pleine de grandeur et de consolation ; que son activité, concentrée en un foyer, en est plus intense ; que la dignité, la beauté d'une situation dont l'âme fait toute la vie, élèvent au-dessus de tout cette situation même ; et qu'enfin, comme on l'a dit du prêtre, si le vieillard est le plus malheureux des hommes, il est le plus heureux des chrétiens, le plus averti, et, s'il le veut, le plus consolé.
>
> « Cicéron distrayait sa vieillesse par l'étude qu'il en faisait, et ce travail la rendait douce et agréable à ses yeux. Nous avons mieux que Cicéron ! sous les yeux de Jésus-Christ nous pouvons faire descendre quelques rayons de soleil pour éclairer, ranimer, réchauffer le soir de notre vie. »

Elle a remarqué pourtant que Jésus-Christ n'a pas laissé d'enseignement direct et d'exemple pour la vieillesse ; « qu'il n'a pas sanctifié cet âge en le traversant, » qu'en un mot il a voulu mourir jeune et n'a pas daigné vieillir.

Dans ses méditations sur la vieillesse, Mme Swetchine pense surtout aux femmes, si négligées d'ordinaire dès qu'elles ont passé la moitié de la vie. Une femme d'esprit, Mme de Lambert, a bien écrit quelque chose pour elles et à leur intention; mais ce n'est que sage et d'une sagesse un peu triste, qui n'est que philosophique et humaine. « Ce sont les mœurs, a-t-elle dit, qui font les malheurs, et non pas la vieillesse… Préparez-vous, ma fille, une vieillesse heureuse par une jeunesse innocente. » Et avec le conseil moral, la consolation religieuse vient à la suite comme une dernière auxiliaire. Mme Swetchine a plus d'ambition; elle ne veut pas de la religion comme d'une béquille, elle en veut comme d'une aile puissante et incorruptible. Elle ne prétend à rien moins qu'à réhabiliter la vieille femme; elle aspire à lui rendre tout son prix. « Une âme n'est-elle pas une âme, à quelque corps qu'elle soit liée? » s'écrie-t-elle; et elle trouve toutes sortes de raisons ingénieuses. La chrysalide ne lui fait jamais oublier le papillon.

Son traité, à en résumer l'esprit et les termes, est la gageure chrétienne la plus poussée que j'aie vue contre la nature. Le vieillard, à ses yeux, a toutes les faveurs célestes, et il réunit sur sa tête tous les priviléges ; il est « le pontife du passé, ce qui ne l'empêche pas d'être le voyant de l'avenir. » Il est « le vrai pauvre de Jésus-Christ; ses rides sont ses haillons. » Il a des insomnies cruelles; tant mieux! c'est un bienfait de plus, c'est la Providence qui lui ménage des veilles et qui le tient sur un *qui-vive* perpétuel aux limites de la vie, aux abords de l'éternité. Cette insomnie veut dire : *Veillez et priez!* — L'auteur cherche et trouve ainsi des causes finales à toutes les infirmités de l'âge. La raison providentielle de la surdité, c'est qu'étant fermé aux bruits du dehors, on devienne plus attentif à la voix du dedans. Je connais de bien sages vieillards qui, affligés de surdité et sujets à l'insomnie, ont peine à se payer de ces consolations-là. Entraînée par une sorte de lyrisme intérieur, Mme Swetchine a des suites d'images mystiques dignes d'un saint Bernard, pour célébrer et glorifier cette extrémité pénible de l'existence, cet âge ordinairement déploré. La vieillesse est « le *Samedi Saint* de la vie, veille de la Pâque ou de la résurrection glorieuse. » — La vieillesse n'est pas « une beauté de la Création » sans doute ; mais elle en est « une des harmonies. » — La vieillesse rappelle le panier de cerises de Mme de Sévigné ; on a mangé d'abord les plus belles, puis on est venu aux moins belles, puis on les mange toutes : ainsi l'on fait des années. — La vieillesse est comme ces trois derniers livres de la Sibylle ; les six autres livres n'étant plus là, ce qui reste en tient lieu et mérite d'être payé autant que tous les autres. — La vieillesse est « le dernier mot de la vérité sur cette terre. » La vieillesse est « une sorte de noviciat de la spiritualité. »—Il y a, dans ce que j'abrége ici et que je donne presque à l'état de litanies, bien des choses très-heureusement trouvées et heureusement dites. Et ceci encore (car elle ne sait qu'imaginer pour dire à la vieillesse : *Tu n'es pas, ou tu es le contraire de ce que tu parais*) : « La vieillesse est la nuit de la vie; la nuit est la vieillesse de la journée, et néanmoins la nuit est pleine de magnificences, et, pour bien des êtres, elle est plus brillante que le jour. » Voici qui me paraît un peu risqué et inexact : « La vieillesse est le dôme majestueux et imposant de la vie humaine...» Le dôme est ordinairement, ce me semble, aux deux tiers de l'édifice et n'est pas à l'extrémité. Elle voudrait même, moyennant un certain raisonnement, faire de la vieillesse « le point du milieu. » — Mais voici qui est décidément trop fort :

« Connaissant la valeur du temps (dans la vieillesse), on aspire à le sauver, à le mettre en œuvre; par l'ardeur du désir qu'on a de l'exploiter, l'âme va plus vite que les organes; on est comme cette *Ariane* de Dannecker (dans la galerie Bethmann, à Francfort), qui va évidemment plus vite que la panthère qui la porte. D'une part son désir s'élance à la poursuite de Thésée, de l'autre il lui faut subir l'allure de sa monture, unique moyen de la rapidité de sa course. C'est bien là l'image de la vieillesse... »

Assez! assez! c'est le cas de dire : qui veut trop prouver ne prouve rien. La vieillesse qui ressemble au *groupe d'Ariane*, c'est comme Lamennais tout à l'heure qui ressemblait à *Clorinde*; j'appelle cela un manque de goût. Ces femmes d'une éducation si parfaite, d'une culture si élaborée, mais qui ne sont pas Françaises, ont beau avoir tout l'esprit possible; il y a un moment où elles forcent le ton, et la vendeuse d'herbes du marché aux fleurs leur dirait bien plus sûrement qu'à Théophraste : « Vous n'êtes pas d'ici. »

De l'élévation d'ailleurs dans l'ensemble, des vues

justes dans le détail, je suis loin de les lui refuser. Elle se fait, croyez-le bien, les objections ; elle se rend bien compte que, pour lui donner raison, il faut commencer par tourner le dos à la nature et se placer « dans la partie la plus providentielle des desseins de Dieu. » Aussi tous ceux qui feront ce chemin sous sa conduite et en fils dociles passeront-ils légèrement sur ses défauts pour se récrier à tout moment sur la beauté des points de vue. Mais la première condition pour trouver cela beau serait de trouver cela vrai; autrement on ne peut que dire : « C'est ingénieux, c'est subtil, c'est bien présenté, bien imaginé. » Elle nous transfigure la vieillesse, elle ne nous la montre pas.

J'ai voulu, en contraste à ces idées de Mme Swetchine, me donner ce que j'appelle une douche de sens naturel et d'humble sens commun, dussé-je avoir beaucoup à rabattre des trop hautes prétentions humaines. J'ai relu des pensées de Bacon sur la mort, des pensées de Montaigne sur la vieillesse, sur cet âge peu agréable, quoi qu'on puisse dire, où *des passions ardentes* nous en venons petit à petit *aux passions frileuses;* j'ai relu aussi des pages de Buffon qui sont bien faites à leur manière pour acheminer l'homme naturel vers son déclin, pour le consoler sinon pour l'enorgueillir (1). Je me suis rappelé Homère, indiquant toujours comme le signe de la

---

(1) Je glisse en passant un tout petit mot qui n'a l'air de rien et qui a sa philosophie. On parlait devant l'aimable compositeur Auber de l'ennui de vieillir : « Oui, dit-il, c'est fort ennuyeux, et pourtant c'est encore le seul moyen qu'on ait trouvé jusqu'ici de vivre longtemps. »

triste humanité, de n'avoir pu trouver « de remède ni contre la vieillesse ni contre la mort. » Je me suis rappelé ce cri échappé du milieu de ses triomphes au général victorieux de l'armée d'Italie, en présence d'une épidémie caniculaire : « Misérables humains que nous sommes, nous ne pouvons qu'observer la nature, mais non la surmonter ! » J'ai relu une page de l'illustre Mme de Condorcet, cherchant dans les plaisirs vrais de la bienveillance, de l'estime et de l'intimité affectueuse, les seules consolations possibles, à un certain âge, « pour ce sexe comblé à un moment des dons les plus brillants de la nature, et pour lequel elle est ensuite si longtemps marâtre ; » car il est une heure (et c'est au milieu de la carrière) où la coupe enchantée lui tombe des mains et se renverse pour toujours. J'ai relu même quelques charmantes pensées de Mme de Tracy sur les douceurs de *l'âge d'argent,* cet âge qui sépare la dernière jeunesse de la première vieillesse, et où la femme entre en pleine possession de son indépendance. Tout cela, je l'avoue, mis en regard des pensées de Mme Swetchine, m'a paru plus vrai, plus naturel, plus vraisemblable, sans mener, d'ailleurs nécessairement à des conclusions rigoureuses. Mais pourquoi conclure, si l'on n'est pas sûr ? Pourquoi obéir jusqu'au bout à l'amour-propre, en embrassant les perspectives les plus flatteuses, fussent-elles les moins certaines ? Et sans sortir de mon sujet, je me contenterai de dire avec Mme de Lambert : « Il vient un temps dans la vie qui est consacré à la vérité, qui est destiné à connaître les choses selon leur juste valeur. » Or, ce n'est pas apprécier les choses à leur juste valeur

14.

que de se grossir démesurément le soleil couchant.

Pour rien au monde, quand je le pourrais, je ne voudrais enlever à l'humanité un dogme utile ou même une illusion consolante : mais lorsqu'une doctrine prend la forme d'un jeu d'esprit ou d'un exercice de talent, il est bien permis de la discuter. Dans un Essai de traité sur la *Résignation*, Mme Swetchine est revenue sur la vieillesse, et, la prenant cette fois sous un aspect un peu plus humain, elle a moins accordé à l'hymne, à l'enthousiasme lyrique ; par cela même qu'elle me demande moins (l'esprit est ainsi fait), elle est plus près d'obtenir de moi quelque chose. Je veux citer cette page très-belle et vraiment touchante : il vient d'être question de la mort :

« La vieillesse aussi, dit-elle, est un mal irréparable : rien ne peut faire qu'on remonte le cours des ans ; mais, comme toutes les situations sans éclat, elle renferme des compensations puissantes et un charme secret, connu seulement de ceux qui s'exercent à le goûter. Si la vie du vieillard a été vertueuse, le long regard jeté par lui sur le passé est plein de douceur ; il contemple tous les éléments, tous les gages d'un immortel et heureux avenir. Arrêté sur la hauteur d'où le pays se montre plus étendu et plus riche, il suit le cours des eaux qu'il a su maîtriser, il reconnaît ses ombrages, ses abris de prédilection, les champs fécondés par ses sueurs, des glands semés par lui devenus chênes ; le même soleil éclaire encore de ses rayons obliques et toujours amis la longue route qu'il a suivie, et les sentiers mystérieux par lesquels la bonne Providence l'a doucement conduit à elle... »

Ce qui suit, et qu'il faut lire, sur les infirmités et l'usage moral qu'on en peut faire est fort beau. Dans ces termes adoucis, je cesse de contredire, et je m'efforcerais plutôt de m'associer aux affectueuses espérances de l'auteur.

Ce traité de la *Résignation*, qui n'est qu'un Essai inachevé, me paraît représenter l'entière maturité et la perfection de Mme Swetchine, en tant qu'écrivain spirituel. Elle s'attache à définir la résignation chrétienne dans les caractères qui lui sont propres, à la distinguer du fatalisme des Musulmans, du quiétisme des Hindous, à la suivre dans ses applications diverses et les plus délicates. Elle en fait quelque chose d'essentiellement à part et qui ne ressemble pas à ce que le commun des gens entend sous ce nom : car se résigner, après tout, n'est pas si rare ni si difficile, et il n'y a pas tant de mystère ; tous les hommes y viennent plus ou moins quand la nécessité est là ; mais Mme Swetchine se méfie de ce qui est trop simple et trop commun : « Ce qui me gâte un peu la résignation, avait-elle dit, *c'est de la voir si conforme aux lois du bon sens :* j'aimerais encore un peu plus de surnaturel dans l'exercice de ma plus chère vertu. » En conséquence elle s'est appliquée à y introduire le plus de surnaturel possible, et elle y a réussi. Nulle part, elle ne s'est mieux montrée la fille aînée de M. de Maistre, la fille cadette de saint Augustin. Elle a des adresses et des habiletés de langage tout à fait dignes de ce grand docteur, qui n'a jamais cessé d'être un grand rhétoricien. « La nuit de notre exil, dit-elle, peut avoir des ombres, mais elle n'a point de ténèbres. » Elle excelle à ces nuances incroyables, à cet art d'opposer entre eux les mots les plus voisins par le sens, de manière à multiplier la pensée en la divisant, et à faire croire peut-être à plus de choses possibles qu'il n'y en a ; c'est ainsi qu'ailleurs elle dira, en jouant sur ces mots *unisson, union, unité* : « Il n'y a rien de si attractif pour les belles âmes qu'une belle âme ; et quand cette harmonie qui se devine existe, il faut peu de chose pour que, partant de l'*unisson*, on arrive à prétendre à l'*unité*. » Et, jusqu'à l'article de la mort, presque à l'agonie, conservant ces formes de rédaction ingénieuse, elle disait : « La résignation est encore distincte de la volonté de Dieu ; c'est la différence de l'*union* à l'*unité* ; dans l'*union*, on est encore deux, dans l'*unité* seule on n'est plus qu'un... »

J'avoue que quand je vois un instrument si subtil et dont on se sert si bien, j'ai toujours peur que l'on ne crée des distinctions qui ne soient que dans l'instrument même, c'est-à-dire dans le tissu du langage, et qui s'évanouissent dès qu'avec un esprit exact on en vient à serrer de près les choses. Cela s'applique à Mme Swetchine tout comme à son maître saint Augustin.

Le traité de la *Résignation*, d'ailleurs, échappe à la critique proprement dite : il est entremêlé de prières, et, dès que la prière commence, la critique littéraire expire.

Les Lettres dont on vient de publier deux volumes promettaient, à en juger d'après les extraits donnés par M. de Falloux dans la Vie de Mme Swetchine, d'être la partie la plus intéressante de ses œuvres. J'aurais désiré, pour que la promesse se réalisât plus sûrement, qu'on eût fait paraître en premier lieu la correspondance avec les personnes célèbres, avec M. de Maistre (s'il y a des lettres à lui), avec M. de Montalembert, avec M. Lacordaire, avec M. de Tocqueville, avec M. de Falloux lui-même. L'éditeur a cru devoir en agir autrement, et il y a bien de l'inégalité d'intérêt dans les branches publiées jusqu'ici. Mais la correspondance, désormais complète, avec Mlle Roxandre Stourdza me paraît devoir satisfaire à la plus exigeante curiosité psychologique : elle permet d'étudier à nu l'âme et l'esprit de Mme Swetchine, dans les années décisives de la seconde jeunesse. Ses besoins d'aimer, ses ambitions d'intelligence, ses jalousies tendres qui se rassemblaient et s'accumulaient faute de mieux sur une tête chérie, ses soifs de *Tantale* qu'elle ne peut assouvir, ses accès de dévouement à la *Décius* qu'elle ne sait à quoi employer, ses colères à la *Tarquin* dans lesquelles elle abat impitoyablement tout ce qu'elle a dédaigné de cueillir et de respirer, tout cela s'épanche avec plus de naïveté qu'on n'aurait cru, et les ressorts humains, les mobiles naturels jouent fort distinctement devant nous, sans préjudice de la fibre religieuse fondamentale. Mais on assiste au travail et au conflit ; il fut long et pénible ; il lui fallut du temps avant d'apaiser et d'éteindre en Dieu ce qu'elle appelait son *ardeur de personnalité*. Elle dut beaucoup prendre sur elle-même et assembler, comme elle dit, son caractère *pièce par pièce* (et non pas *pierre par pierre,* comme on l'a imprimé) (1). Son énergie

---

(1) En général les fautes d'impression abondent dans ces volumes ; les noms propres y sont particulièrement maltraités : **Bauder**

de volonté et la destinée difficile qu'elle ne s'était point choisie tinrent longtemps ce caractère *en forme* et à la gêne, avant qu'il nous apparût tout fait, tout cimenté et dans sa pleine consistance. Le moment de la transformation, de la cristallisation en Dieu, si l'on peut ainsi parler, se fait très-distinctement sentir.

Je n'ose dire pourtant, après cela, qu'on la connaît; car elle prétend absolument « qu'il faut aimer pour connaître, » et, même en la goûtant à bien des endroits, je n'ai pu aller jusqu'à l'aimer. Mais on l'admire, en mainte rencontre, pour cette science morale dont on lui doit tant de remarques fines et pénétrantes, et qui fait d'elle, à quelques égards, le pendant de l'ingénieux M. Joubert. « J'ai souvent pensé, dit-elle, que c'était par le cœur qu'on ne s'ennuyait jamais, les deux héros de l'ennui, M. de Chateaubriand et Benjamin Constant, m'ayant mise sur la voie de cette vérité, en démontrant bien que ce n'est pas l'esprit qui sauve d'un tel mal. » On trouve son compte avec elle par bien des pensées de ce genre, même quand on ne la suit pas dans ses plus hautes régions.

Enfin, sans tant épiloguer sur les mots, ceux qui se livreront à cette lecture, dussent-ils comme moi rester à mi-chemin de la sympathie, y gagneront au moins une vue intéressante sur une nature de femme très-rare et très-distinguée, qui fait le plus grand honneur au monde aristocratique où elle a vécu. Seulement si ses amis sont sages, ils la loueront avec un peu plus de

pour Baader le philosophe mystique, le docteur *Butigny* pour Butini de Genève, M. *Comte* pour M. Coste du *Temps*, etc., etc.

sobriété qu'ils ne font depuis quelque temps ; ils exigeront pour elle un peu moins qu'ils ne sont en train de réclamer ; car le public français qu'on mène si loin et qui, par moments, se laisse faire le plus docilement du monde, a ses brusques impatiences et ses retours. Il y a aussi des indigestions d'esprit.

―――

Pour en être resté avec Mme Swetchine à ce degré de haute estime où j'ai même glissé le mot d'admiration, on ne saurait s'imaginer la quantité d'injures signées ou anonymes, manuscrites ou imprimées, que j'ai eu à essuyer. On s'en fera quelque idée si l'on est curieux, en cherchant dans le numéro du journal religieux *le Monde*, du 29 avril 1862, un article signé *Roger de Sezeval*. Le fanatisme y brille dans tout son beau. M. de Falloux a là de jolis amis ; peste ! il ne fait pas bon n'être pas tout à fait de son avis, et se contenter d'admirer ce qu'il aime.

Qu'aurait-ce donc été si j'avais parlé avec toute la liberté qu'un critique biographe peut prendre, si j'avais raconté plus d'une particularité qui me venait et qui m'était attestée par des témoins aussi dignes de foi, mais d'un autre bord que M. de Falloux ; et par exemple l'historiette que voici et que je répète comme on me la donne :

« Le vieux mari de Mme Swetchine était, du moins dans ses dernières années, nul et comme stupide. Il avait une montre de Breguet à laquelle il tenait beaucoup et qu'il s'amusait à faire sonner. Mme Swetchine n'eut pas de cesse qu'elle ne l'eut amené à se priver de cette montre, par esprit de mortification. Le pauvre bonhomme ne savait plus que faire et la cherchait toujours machinalement. »

―――

Lundi 9 décembre 1861.

OEUVRES COMPLÈTES
D'HIPPOLYTE RIGAULT
AVEC NOTICE
DE M. SAINT-MARC GIRARDIN (1).

CONVERSATIONS LITTÉRAIRES ET MORALES
PAR H. RIGAULT,
AVEC NOTICE DE M. PAUL MESNARD (2).

Rigault, — Ozanam! — J'ai pensé souvent à ces deux noms, à ces deux jeunes hommes bien regrettables, si tôt enlevés, un peu trop vantés sans doute, mais qui, en vivant, eussent justifié une bonne partie des louanges; et ces louanges anticipées ou exagérées s'expliquent na-

(1) Quatre volumes in-8°, librairie Hachette, rue Pierre-Sarrazin, 14.
(2) Un volume in-18, bibliothèque Charpentier, quai de l'École, 28.

turellement par la mort, par l'impression d'une perte soudaine et sensible, et parce que, tous deux, ils sont tombés entre les bras de leurs amis qui sont tout un parti et tout un corps, — le corps universitaire, le parti religieux.

Maintenant qu'on est à une juste distance de ces tombes prématurément ouvertes, je voudrais, pour Rigault du moins, examiner avec équité et impartialité les titres de l'écrivain, du littérateur, et tout en m'en rapportant à ses amis sur bien des choses disparues qu'ils savent à son sujet mieux que moi, ne m'en rapporter qu'à moi-même sur ce que je lis et sur ce que je puis juger comme tout le monde.

Né en 1821, mort en 1858, dans sa trente-huitième année, nulle vie ne fut plus remplie que la sienne, et sans diversion aucune, par l'étude, par les lettres, par la culture continuelle de l'esprit, culture dans le cabinet, culture dans le monde et jusque dans les distractions apparentes, et aussi par les soins et les devoirs domestiques. Je ne crois pas que si l'Université moderne avait eu à produire un échantillon d'elle-même, elle eût pu choisir un plus parfait modèle entre les élèves dont elle s'honore; car il n'était pas comme d'autres également brillants, mais infidèles : il n'aspirait pas à en sortir.

Élève du collége de Versailles, dont M. Théry était alors proviseur, il excellait à tous les exercices scolaires; il était accoutumé à être le premier en toute Faculté. Il le fut au Concours général pour le discours latin de rhétorique, et remporta le prix d'honneur en

1840. D'abord destiné au barreau, on conçoit qu'il eût fait un bien spirituel, un charmant et caustique avocat. La mort de son père changea ce plan, et il se tourna vers la carrière du professorat. Il ne fut reçu à l'École normale que le second : ce fut un pur accident. Il resta le premier, trois années durant, et en tête de cette promotion très-distinguée (1841-1844) qui comptait dans ses rangs les Corrard, les Janet, les Burnouf, les Thurot, Sommer, Denis, etc., tous noms justement estimés dans le monde universitaire, et quelques-uns bien connus dans le monde des académies. Il faut tout dire, et je ne suis pas de ceux qui ne savent donner que des éloges sans ombre : à l'École et parmi ses condisciples, il était plus admiré pour ses talents et son esprit que goûté pour son caractère ; l'homme aimable, que le monde développa depuis, n'était pas fait encore. Il n'avait aucun entraînement, nul abandon de jeunesse, et semblait de bonne heure fort préoccupé du but : ses camarades, dans l'idée qu'ils avaient de sa prévoyance, disaient de lui qu'il ne regardait pas à droite ni à gauche au hasard, qu'il ne faisait rien indifféremment. Travailleur infatigable, il était d'ailleurs très-actif et agile de corps, très-alerte aux jeux, et le premier aux barres comme à la conférence. Ses maîtres l'appréciaient fort, et si une telle analyse ne nous échappait ici par son détail et sa ténuité, on pourrait faire remarquer qu'ils lui laissèrent chacun quelque chose de leur empreinte ; il gardait non-seulement de leur influence, mais de leur forme, de leur pli. En un mot, si spirituel qu'il fût, il avait plus d'acquit que de naturel, et il se cachait beaucoup de préméditation et de rédaction toute faite sous cette vivacité de surface et cette apparente facilité. J'insiste parce que plus tard, devenu écrivain, ce même caractère en lui se retrouvera. On a dit que « dans ses pages charmantes tout semblait *couler de source.* » C'est précisément ce qui ne semble pas : ses pages, assurément, méritent bien des éloges, mais pas celui-là.

Il sortit victorieux de toutes les épreuves qui consacrent et couronnent les trois années d'études de l'École normale. On me raconte deux petits faits qui le montrent assez au naturel à cette date. Dans les épreuves de l'agrégation, on avait alors (cela a changé depuis) un adversaire ; on argumentait contre lui, on le poussait, on le piquait, on tâchait de le démonter : c'était comme dans un cartel. Le vis-à-vis de Rigault avait eu autrefois, à ce qu'il paraît, une peccadille à se reprocher ; il avait été accusé d'une faute, déjà ancienne. En argumentant contre lui, Rigault l'amena peu à peu sur le terrain qu'il jugeait commode, et tout d'un coup il lui demanda à brûle-pourpoint de vouloir bien conjuguer, dans ses différentes formes, le verbe grec, Κλέπτω, *je dérobe.* C'était user et abuser de son avantage ; c'était, dans un assaut de salle d'armes, déboutonner le fleuret. La polémique, à laquelle Rigault était très-porté, aurait pu l'entraîner, s'il n'y avait pris garde, à de petites cruautés de ce genre : il sut s'en abstenir quand il écrivit. — Dans la leçon orale qu'il débita pour cette même agrégation, il avait à parler d'un traité de saint Augustin *sur la Vie heureuse;* il commença vivement, à peu près en ces termes et dans cette donnée (je ne réponds que du trait) : « Saint Augustin était jeune, brillant, amoureux, entouré d'amis; il avait remporté des prix de poésie et s'était vu applaudi en plein théâtre; il était professeur de rhétorique à vingt-deux ans, *et sans concours;* et cependant il n'était pas heureux ! » Le *sans concours* était une gentillesse universitaire qui réussit beaucoup; les jeunes candidats sont peu disposés, en général, à se permettre de ces plaisanteries quand ils sont sous le couteau. Mais Rigault était né professeur; il était là comme chez lui, il y allait comme on va à la danse.

Nommé professeur de rhétorique après concours, mais en province, puis placé à Paris, puis désigné pour faire partie de l'École d'Athènes à sa fondation, et retenu au moment du départ, appelé comme précepteur auprès d'un des petits-fils du roi Louis-Philippe (1847), Rigault éprouva, par suite de ce choix, plus de vicissitudes qu'il n'avait dû s'attendre à en rencontrer. Pendant plusieurs mois, après la chute du trône, il paya honorablement sa dette à l'exil, et, rentré en France, il reprit bientôt ses fonctions régulières dans l'Université, dès le mois de mai 1849. Nous le trouvons ici dans ses premiers morceaux imprimés, — deux Discours de distribution de prix, l'un prononcé au lycée de Versailles en 1851, l'autre au lycée Louis-le-Grand en 1854. Ils sont fort jolis, ces discours, fort bien pensés et aussi élégamment tournés que possible. Dans l'un, il répond à deux reproches qu'on faisait à l'éducation classique et qui partaient de côtés bien différents : en même temps que les catholiques (comme l'abbé Gaume) reprochaient à l'Université de faire des païens, les économistes libéraux (comme Bastiat) lui reprochaient de faire des républicains à l'antique et des Spartiates au rebours du siècle. Rigault répond aux uns et aux autres : il montre qu'on ne touche pas dans les classes à l'épicurisme d'Horace sans y mettre le correctif moral, et qu'on ne se rencontre pas face à face avec les Gracques sans avertir du danger des lois agraires : « On semble se persuader, dit-il, que nous n'admirons l'Antiquité qu'en ne la jugeant pas, et qu'à peine nous mettons le pied sur les ruines de Rome, nos habits deviennent des tuniques. Grâce à Dieu, si nous vous enseignons l'Antiquité, ce n'est pas pour vous déporter dans un autre monde et vous dénaturer tout ensemble. Nous sommes obligés de connaître Rome, comme des petits-fils de connaître leur vieille mère. » Il montrait que ce n'est pas tant à l'Université qu'il faut s'en prendre des maladies morales de la jeunesse qu'aux familles elles-mêmes, à l'esprit public et à l'air vicié du dehors, à la littérature enfin ; et faisant allusion à la grande plaie, selon lui régnante, au roman, il appelait de ses vœux un roman pareil à *Don Quichotte*, c'est-à-dire qui mît à la raison tous les mauvais romans du jour ou de la veille, et en sens inverse de Don Quichotte ; car, en ce temps-là, c'était la chevalerie, avec sa fausse exaltation idéale, qui était la maladie à la mode, et du nôtre c'est le contraire : « c'est le goût du bien-être personnel, c'est l'amour des jouissances positives, c'est l'égoïsme, c'est Sancho, en un mot, et non pas Don

Quichotte. Nous nous soucions peu maintenant de délivrer les princesses des mains des enchanteurs, peu nous importe Dulcinée; mais nous voulons tous être gouverneurs de Barataria... » Dans la bouche d'un jeune professeur, tout cela était à sa place, d'une justesse convenable, d'un tour neuf et piquant.

Dans le second discours prononcé à Louis-le-Grand, s'inquiétant moins des attaques du dehors, il disait agréablement et en famille bien des vérités à la jeunesse : non pas qu'il fût décidé à louer le passé en tout aux dépens du présent : « Cette élégie sur la décadence perpétuelle du genre humain est d'ancienne date, disait-il ; elle a probablement précédé l'*Iliade,* et j'affirmerais volontiers que l'aïeul de Nestor lui a reproché, plus d'une fois, de n'être, en comparaison du vieux temps, qu'un parfait mauvais sujet. » Mais, tout en se gardant des banalités du lieu commun, il opposait, dans un parallèle ingénieux, l'éducation sévère et terrible d'autrefois à celle d'aujourd'hui, si molle et si propre à faire de petits sybarites; l'élève choyé de Louis-le-Grand était mis en présence de l'écolier si souvent fouetté et si affamé de Montaigu :

« Et cependant, dans ces séjours terribles, on voyait accourir en foule une jeunesse prête à tout souffrir, la faim, le froid et les coups, pour avoir le droit d'étudier. Un pauvre enfant, qui devait un jour devenir principal de Montargis, Jean Stondonck, venait à pied de Malines à Paris pour être admis à cette sévère école, travaillait le jour sans relâche, et la nuit montait dans un clocher pour y travailler encore aux rayons gratuits de la lune. C'était le temps héroïque des études classiques, messieurs, le temps où Ronsard et son ami

Baïf, couchant dans la même chambre, se levaient l'un après l'autre, minuit déjà sonné, et, comme le dit un vieux biographe, Jean Dorat, se passaient la chandelle pour étudier le grec sans laisser refroidir la place. C'est le temps où Agrippa d'Aubigné savait quatre langues et traduisait le *Criton* de Platon « avant d'avoir vu tomber ses dents de lait. » Aujourd'hui les mœurs scolaires sont plus douces, et vos maîtres s'en applaudissent les premiers; la place du grand fouetteur *Tempête* est supprimée dans l'Université, et le délicat Érasme vanterait les bons lits et la bonne chère de la jeunesse moderne. Mais le savoir est-il aussi précoce? J'en connais beaucoup d'entre vous qui ne traduiraient pas le *Criton* et qui ont pourtant leurs dents de sagesse... »

Il est impossible de broder plus joliment le thème scolastique, d'y semer plus d'agrément dans le détail; vous aurez remarqué ces *dents de sagesse* opposées aux *dents de lait*, ces rayons *gratuits* de la lune. Partout il en est ainsi; l'élégance et l'ornement y sont continus; pas un moment de relâche, pas un interstice : c'est un tissu où on ne laisse passer aucune occasion de mettre une fleur, épithètes, appositions ingénieuses, allusions à des passages connus, etc. Le genre le permet et le veut ainsi; nous sommes dans la littérature scolastique, je le dis sans défaveur aucune; je me souviens de ce rhéteur Isée, dont Pline le Jeune nous a fait tant d'éloges, presque autant que les amis de Rigault en ont pu faire de lui. Plus tard, hors du cercle de l'école, dans la page écrite pour le public, ce soin continuel, cette perpétuité, cette contention d'élégance, se feront sentir au milieu même des vivacités heureuses et pourront devenir un défaut.

Rigault débuta dans la critique proprement dite par des articles de la *Revue de l'Instruction publique,* fort bonne feuille spéciale, publiée chez M. Hachette; on peut dire qu'il éclata aux yeux de ce public de l'Université par sa polémique sur les *Classiques chrétiens* de l'abbé Gaume (1852), un sujet auquel il avait pensé de tout temps et dont il était plein. Depuis 1853, il donna également des articles littéraires au *Journal des Débats,* avec redoublement d'activité dans les dernières années. La distinction et le mérite même du critique et de l'écrivain ne sont pas en cause; on les reconnut tout d'abord : nous n'avons à discuter que sur le degré et la qualité.

On peut être critique de bien des sortes : 1° sur des écrivains d'autrefois, sur d'anciens sujets qu'on traite et qu'on rajeunit sans les altérer et sans les fausser; 2° sur des auteurs modernes et des sujets à l'ordre du jour. 3° On peut être un critique polémique encore, soutenant des luttes, débattant des questions contre des adversaires. 4° On peut être aussi critique dissertateur et moraliste, essayant de tirer de chaque sujet d'observation qui s'offre une moralité pratique, une leçon. Rigault a été critique dans ces divers genres, mais selon moi inégalement.

Sur les anciens auteurs, Horace, Homère, est-il besoin de le dire ? il possède la tradition; il sait à fond ce dont il parle, et, s'il reproduit les jugements consacrés, il sait les renouveler par maint rapprochement et par l'esprit de détail; il est aussi utile qu'agréable à entendre. Lorsqu'il s'agit d'auteurs anciens, mais sur lesquels la tradition ne se prononce pas parce qu'ils sont de second ou de troisième ordre, il est moins sûr, et il peut se tromper ou donner dans l'à peu près. Il se fatigue à glaner sur les Pères de l'Église à la suite de M. Villemain ; il sue sang et eau à trouver des beautés dans les *Clémentines* ou dans *le Pasteur* d'Hermas. Je passe à l'extrême opposé : ayant à parler de Chapelle, l'ami de Molière (18 mai 1855), il manque le caractère de l'homme et le rapporte à une famille d'esprits dont il n'était pas; car ce Chapelle, qui avait assurément de l'esprit et du plus naturel, mais un franc ivrogne et un paresseux, lui paraît représenter une classe d'amateurs et de connaisseurs « d'un goût singulièrement fin, délicat, difficile, qui *ont tout lu,* qui *savent toutes choses,* etc. » Rien de moins exact et de moins justifiable. — C'est ainsi encore que, sur la foi d'un de ses maîtres, M. Saint-Marc Girardin, il s'est trompé en réimprimant un ouvrage de l'évêque de Belley, Camus, et en proposant à notre admiration le roman de *Palombe.* M. Saint-Marc Girardin avait tiré parti de ce roman vertueux dans l'une de ses leçons en Sorbonne ; il avait déclaré admirables en effet les lettres de Palombe, et avait moralisé à ravir sur ce thème de la femme délaissée ; mais ce n'était pas à dire qu'il fallût prendre au pied de la lettre cet ingénieux paradoxe qui n'avait qu'un éclair de sérieux, et réimprimer le livre même. Ce qui réussit très-bien, cité et chanté en Sorbonne, se refroidit souvent sur le papier.

Baour-Lormian est-il un sujet ancien ou moderne? Je ne sais trop, mais il est bien mort, et quand il s'est agi de le juger à son décès académique, il était depuis longtemps enterré. Qu'a fait Rigault à ce moment? Il a écrit sur Baour-Lormian un agréable article (25 janvier 1855), mais qui n'est pas du tout exact et juste comme chapitre d'histoire littéraire. Baour-Lormian a-t-il donc jamais été, à cause de sa traduction en vers d'Ossian, *le parrain de toute une génération?* a-t-il été *l'homme des à-propos?* Ce rimeur gascon, criblé d'épigrammes et de ridicules à son début, a-t-il jamais joui de cette *réputation légitime de talent et d'esprit* que le critique lui accorde de son autorité privée? On me dira que je m'étonne de peu, mais je suis stupéfait quand je lis sur ce même Baour-Lormian : « Il continuait la tradition et cherchait la nouveauté : *il avait pour lui tout le monde;* » et sur sa traduction du Tasse : « C'est le vers de l'ancienne école, *solide, plein,* harmonieux... Le poëme ressemble à ces vieilles étoffes au tissu *ferme* et doux, etc.; » tandis que Baour-Lormian avait le vers harmonieux, sans doute, mais essentiellement vide, creux et mou. Il en est de l'analyse critique comme de l'analyse chimique : on est exact ou on ne l'est pas.

Sur Casimir Delavigne, je rencontre encore des jugements très-contestables de Rigault. Ici il me prend à partie moi-même. J'avais dit, le jour où j'eus l'honneur de succéder à Delavigne pour le fauteuil académique, que je regrettais, dans ses drames, qu'au lieu d'aller de concessions en concessions du côté du romantisme sans y atteindre jamais, le poëte ne fût pas resté plus franchement ce qu'il était par nature et par goût, — classique : et quand j'exprimais publiquement ce regret, ce n'était pas du tout que moi-même je fusse devenu classique, ni que je me fusse converti (comme Rigault le prétendait en me raillant agréablement); mais j'aime ce qui a un caractère, j'aime l'originalité et l'individualité dans la poésie et dans l'art, cette individualité ne fût-elle pas précisément la mienne ni celle de mes amis. Rigault, se méprenant ou feignant de se méprendre sur ma pensée, partait de là, au contraire, pour louer Casimir Delavigne de cette espèce de fusion équivoque en quoi consiste sa seconde manière :

« Je ne puis me persuader, disait-il, qu'en portant si légèrement à ses lèvres la coupe du romantisme mitigée par son goût naturel, Casimir Delavigne se soit empoisonné. Si franchement converti qu'il est aux idées classiques, lui qui paraît ne pas aimer les conversions, M. Sainte-Beuve n'est pas homme à oublier cependant, dans la ferveur d'une réaction, que parmi les idées nouvelles il y en avait de très-raisonnables. Il serait peu bienséant de les défendre contre lui, quoiqu'il fasse pénitence tous les lundis de les avoir partagées; mais enfin, au début, la réforme littéraire était assez sage, comme le sont les réformes qui commencent... Quand les partis auront achevé de désarmer, quand les opinions seront tout à fait calmes, l'heure et le jour viendront alors, — l'heure bienveillante et le jour favorable. La seconde manière de Casimir Delavigne paraîtra non pas une capitulation, mais un progrès courageux et une conquête prudente de nouvelles beautés... »

Je le demande, qu'y a-t-il de vrai dans un tel pronostic, et cette seconde manière de Casimir Delavigne est-elle donc à la veille d'être proclamée si heureuse et de triompher? Dans cet article de Rigault, le polémiste (à mon égard) était spirituel et piquant, le critique est faible et *à côté*.

Et, en général, c'est le polémiste en lui qui vaut mieux encore que le critique. Aussi, plus la part de cet élément de contradiction augmente, et plus il est près d'exceller. C'est en ce genre qu'il me semble avoir fait, dès le début, ses meilleures preuves, celles qui, de tout temps, lui coûtèrent le moins. L'abbé Gaume, je l'ai dit, fut son point de départ. Il se sentait tout poussé dans cette voie. Il a de bons articles sur Lamennais, un charmant sur *le Civilisateur* de Lamartine, un bon article sur M. Poujoulat et Bossuet, de fort bons sur M. Nettement, un excellent sur le Père Ventura, un très-malin sur les *Portraits politiques* de M. de La Guéronnière. Quand un grain de passion politique ou universitaire s'y mêle, quand l'adversaire prête flanc par une surface prolongée, quand le journaliste professeur est à l'aise pour se déployer derrière ses lignes classiques et pour ajuster sûrement son monde, il s'en donne en homme d'esprit plein de malice; et à ce jeu il se serait rompu à la longue; le naturel aurait pris le dessus sur le concerté et le compassé; ce qu'un adversaire des plus fins, mais irrévérent (1), a appelé l'*amidon* de son style, ce que nous nommons tout uniment l'*apprêt*, aurait disparu. Il aimait fort (et de cela je ne le loue pas) à battre longuement les gens qui sont tout battus d'avance, à plaider des procès qui sont tout gagnés d'emblée : ainsi pour les livres de M. Aroux sur

---

(1) M. Veuillot.

Dante et pour bien d'autres. Dans ces fastidieux sujets où la conclusion est donnée et où l'on enfonce des portes ouvertes, il s'égayait lui-même et comptait bien égayer son monde par les malices et les grâces qu'il prodiguait tout le long du chemin. Cette disposition à appuyer, à récidiver dans la piqûre, était naturelle chez lui. Chargé en 1848 de conférences de rhétorique à Louis-le-Grand et ayant à expliquer un auteur français, il avait pris pour texte Victor Hugo, rien que lui, et, dans ses œuvres, rien que ses drames; il s'était mis à y relever les fautes, les exagérations : il se faisait la partie belle et s'en amusait; il triompha ainsi pendant près d'une année à huis clos. Il avait gardé de cette disposition comme journaliste et devant le public, et c'est peut-être une des conditions du métier. D'ailleurs, ne l'oublions pas, il avait tant de gens à admirer et à louer d'office, qu'on ne saurait s'étonner s'il se divertit tout d'un coup et semble à la fête quand il peut s'en donner sur un adversaire. Énumérons un peu : il avait à louer tout ce qui était de la Sorbonne ancienne et nouvelle, tout ce qui était de l'Université, tout ce qui était du *Journal des Débats,* presque tout ce qui était de l'Académie : et remarquez qu'en général ce ne sont pas gens à prendre du galon à demi quand ils en prennent; il faut les louanger bel et bien, et largement, sur toutes les coutures. Rigault, en abordant la critique, avait à respecter tout ce monde, tous ceux que, de près ou de loin, il saluait ses maîtres. Quel soulagement aussi quand il avait affaire à qui ne l'était pas! Pour moi qui ne l'avais jamais été autrement que par la lecture, très-attentive, qu'il avait faite de mes livres, j'ai bien senti ce besoin, cette démangeaison trop naturelle qu'il avait de se dédommager sur quelqu'un. Je me suis vu, à ses débuts, l'objet de ses malices entremêlées de douceurs; il me ballottait, il avait bien envie d'en faire plus; le sujet lui semblait appétissant; assez longtemps il hésita : puis, tout bien considéré, un jour il prit le parti de ne pas déclarer la guerre et d'offrir gracieusement l'olivier. J'en fus charmé et je lui en sus gré, non que je haïsse les coups ni que je craigne d'en recevoir à la condition d'en rendre, mais il vaut toujours mieux avoir les gens d'esprit pour soi que contre soi.

Il eut un adversaire que ses amis et lui ne nommaient alors qu'avec des signes d'horreur profonde et dont il faut bien pourtant reconnaître la valeur, maintenant que *l'Univers* n'existe plus, et que tout cela est presque devenu de l'histoire littéraire; je veux parler de M. Veuillot. Je ne sais en vérité si Rigault, en le combattant si fort et en paraissant le honnir, détestait sérieusement M. Veuillot, mais je pourrais soutenir sans paradoxe qu'au fond il devait l'aimer; et voici mes raisons.

Celui qui écrit tous les jours ou très-habituellement dans les journaux, même quand il aurait tout l'esprit du monde, est en danger parfois de souffrir de la disette d'idées ou de sujets : mais ayez un adversaire, et il n'y a plus à vous inquiéter; l'adversaire, au besoin, vous fournira chaque matin la moitié de vos idées : vous n'avez qu'à retourner les siennes contre lui. Combien de fois, dans des temps déjà bien anciens, n'ai-je pas vu le *Journal des Débats*, quand il était à sec, se défrayer aux dépens de la *Gazette de France* et de son fameux système du suffrage universel! On était à jeun ce matin-là, on mangeait un peu de Genoude. A la tribune même, nous avons vu Benjamin Constant, placé à la fin entre la gauche qui le réclamait et le roi Louis-Philippe qui lui avait payé ses dettes; il ne savait réellement que dire, et il était aux abois : vite alors il se retournait sur les légitimistes, faisait une sortie d'éloquence et se remontait en popularité à leurs dépens.

— Règle générale : une bonne petite polémique bien nourrie, qui s'éternise et qu'on a sa vie durant, comme cela repose et dispense de chercher! En bonne et sage tactique, on ne doit jamais tuer l'adversaire ni le haïr à mort, car on en vit. Les condottieri d'Italie, au xve siècle, passaient leur vie à ferrailler les uns contre les autres sur maint petit champ de bataille et ne s'exterminaient pas; peu de mal et beaucoup de bruit. Quand Fréron mourut, Voltaire s'écria : « Fréron est mort, qu'allons-nous faire? sur qui vais-je dauber? »

— Et voilà pourquoi, même en ayant l'air d'être fort animé contre lui, Rigault ne devait pas en vouloir bien fort à M. Veuillot : c'était pour lui une source inépuisable de contradictions, une occasion de succès coup sur coup dans son monde qui ne lisait ni ne goûtait l'*Univers*; c'était une suite d'ovations qui finissaient par valoir le grand triomphe.

Je n'ai pas à entrer dans le fond de la question, et je crois que je suis tout rallié à la plupart des conclusions de Rigault; mais, dans ce duel prolongé, M. Veuillot, l'homme au crayon moqueur, a très-bien saisi (n'en déplaise à ceux qui ne voient qu'un côté) la physionomie, la pétulance, le pétillement, le geste et toute la mimique de l'adversaire.

Le livre de la *Querelle des Anciens et des Modernes* m'a occupé autrefois, et je n'y reviendrai pas ici : il fut l'occasion, pour Rigault, d'un de ses grands succès. Ce livre, en effet, s'offrit d'abord sous forme de thèse pour le doctorat : la *soutenance* de Rigault est restée célèbre dans les fastes de la Sorbonne, de la Faculté des Lettres. Ce jour-là, les juges, présidés par le doyen, siégeaient au complet; l'assistance était nombreuse. Pendant des heures, Rigault, bien plutôt excité que contredit par les maîtres du camp, développa brillamment ses ressources et fit feu de toutes les pièces de son esprit. Ordinairement la Faculté épluche beaucoup le candidat et se fait un devoir de ne rien lui passer : avec Rigault tout était renversé, la Faculté semblait séduite et sous le charme; elle prodiguait les signes de faveur et se bornait presque à donner la réplique. Un seul des juges crut devoir faire une objection et une réserve assez marquée sur un point, pour que l'habitude ne s'en perdît pas. Il s'en fallut de peu, à un moment, que l'auditoire ne le trouvât mauvais. Quand le nouveau docteur eut été proclamé, les applaudissements éclatèrent, les félicitations débordèrent; il n'y avait plus de juges ni de candidat, et les rangs étaient confondus. Si les petites ou les moyennes choses peuvent se comparer aux grandes, je ne saurais mieux comparer ce succès de Rigault en Sorbonne qu'à celui de M. de Montalembert à la Chambre des Pairs pour son fameux discours du *Sonderbund :* le discours fini, le bureau et le Chancelier et la Chambre, si l'on s'en souvient, entouraient l'orateur, et ne se contenaient plus. Ainsi pour la thèse de Rigault : la Faculté ne s'était jamais vue à pareille fête. — Cela se passait en décembre 1856. Rigault était déjà un des rédacteurs les plus marquants aux *Débats.*

Rigault moraliste nous appelle ; ç'a été un des aspects de son talent critique, et par où il prétendit à une sorte d'originalité. Dans ses dernières années (1855-1858), il essaya même de créer au *Journal des Débats,* pour une revue de quinzaine, un feuilleton moral où il renouvelait le genre d'Addison. Quelques-uns de ces articles ont fort réussi. Dans le premier il commit une faute par excès de préoccupation morale : à force de vouloir éviter la chronique scandaleuse, il se jeta dans la chronique vertueuse et raconta comment des demoiselles de sa connaissance, millionnaires, prenaient leurs maris parmi des jeunes gens distingués et sans fortune. Il proposait cela en exemple et comme idéal de roman dans la vie. Cette divulgation choqua. Comme il s'est montré fort sévère pour les fautes de goût d'un autre genre, il est permis de noter celle-ci, singulière dans son espèce. Il se releva vite de ce faux pas et eut de bonnes rencontres. Dans ce genre-*Addison,* je n'ai qu'à rappeler des articles (antérieurs de date peut-être) sur les *Jouets d'enfants,* sur *la Semaine, Journal des Enfants.* On y sent, sous l'écrivain, le père de famille spirituel, sensé, pressé d'instruire, ne perdant ni une occasion ni une minute pour former agréablement ces petits êtres qui vont être des hommes. Il est impossible, en présence d'une exposition de jouets, de mieux raisonner, dès qu'on veut raisonner, de mieux parler morale et littérature à l'adresse de la classe moyenne, judicieuse, instruite, élégante même. Mais un Charles Nodier verrait la chose autrement, avec fantaisie, boutade et poésie; il n'aurait pas tant cherché « le sens philosophique de la poupée » ni « le progrès moral des joujoux, » et Polichinelle, avec sa double bosse, aurait trouvé grâce devant lui. D'un côté, l'imagination et la fée : de l'autre, la raison qui sait être piquante, et le conseil.

Je suis moins frappé, je l'avoue, en relisant d'autres articles qui appartiennent à cette série. Dans tous il y a de jolis passages, mais ils sont achetés et préparés industrieusement. L'article sur la Noblesse du jour et sur nos Bourgeois gentilshommes a exigé une construction bien pénible. La fiction du vieux *Janséniste,* pour en venir à nos petits livres de dévotion et de piété fine, est bien compliquée. L'article où il est parlé de la petite maison romaine du prince Napoléon aux Champs-Élysées se termine par un trait d'une justesse fort équivoque. Cet autre article dans lequel il est question de *Robert Emmet,* roman anonyme d'une belle dame (1), et où l'on a le pour et le contre sur le sexe probable de l'auteur, est-il assez tourmenté, assez tiré par les cheveux! Dans tous ces morceaux, à côté de l'agréable, à côté du vif et du pimpant, je sens une pointe de pré-

---

(1) La comtesse d'Haussonville, fille du duc de Broglie.

tentieux. Laissons de côté Addison, si Anglais sous ses airs d'élégance, et qui ne se laisse pas importer aisément; mais M. Saint-Marc Girardin, le maître direct et contigu de Rigault, quand il moralise, comme cela lui arrive si volontiers à propos de tout, est bien autrement net et dégagé. Dans cette voie de critique moralisante, Rigault, au moment où la plume lui tomba des mains, rencontrait souvent, mais il cherchait encore.

Sa mort si brusque, précédée et accompagnée de circonstances particulièrement touchantes, excita un sentiment de regret universel. Ceux même qui, tout en lui accordant beaucoup, mesuraient leur suffrage, ne furent pas des derniers à sentir quelle perte c'était pour la littérature que celle de ce talent jeune, déjà maître en bien des parties, et qui, sur le reste, était en travail, en effort constant et en progrès. Ma première pensée, à cette nouvelle si peu prévue, fut de me rappeler le vers du poëte : *Vive pius, moriere tamen!...* Soyez un homme pur, moral, régulier, adonné dès vos jeunes ans à tous les justes devoirs, à toutes les bonnes et louables habitudes, à tous les nobles exercices qui entretiennent et qui préservent la santé de l'esprit, et vous êtes frappé dans la force de la jeunesse; vous l'êtes comme ne l'est pas toujours celui qui s'est livré à tous les excès, qui a usé et abusé de tout! Ironie du sort! Néant de la vie! Vanité de la modération elle-même et de la sagesse!

Le souvenir de Rigault mérite de vivre, et par ses écrits, et parce qu'il est le représentant d'une forme d'esprits, le dernier rejeton brillant d'une race qui, je l'espère, n'est pas près de finir, qui est un peu compromise pourtant dans son intégrité et sa rectitude, celle du parfait *normalien,* de l'*universitaire* pur. Je m'explique : il possédait les traditions d'école dans leur étendue et dans leur exacte mesure, et, en même temps, il était plein de zèle pour les défendre envers et contre tous, et pour les propager au dehors. Il avait le genre d'esprit que l'Université désire le plus chez ceux qui, après avoir été ses élèves chéris, deviennent ses maîtres respectés. En philosophie, il était spiritualiste et cartésien, ni trop ni trop peu, pouvant, d'un côté, donner des gages aux libres penseurs, pouvant, de l'autre, sans hypocrisie et sans mensonge, se dire chrétien. En politique, il était *centre gauche,* partisan de ces doctrines libérales honnêtes, qui sont le résultat assez naturel des études classiques : il ne les épousait pas systématiquement ni avec trop de passion ; il n'était pas homme non plus à les modifier, à les rétracter ou à les suspendre d'après l'expérience positive de la vie. Content et satisfait dans son cadre, dans son cercle, il s'élançait de là en tous sens et rayonnait vivement alentour. Il était curieux et mondain, mais sans s'écarter jamais et sans se dissiper. Il était journaliste, mais comme un professeur qui veut rester professeur peut l'être, en défendant les principes établis et consacrés, en respectant tout ce qui est ou ce qui paraît respectable ; les convenances n'étaient pas seulement pour lui des conventions, elles étaient des convictions. Sans originalité native, sans besoin d'invention pour son compte ni chez autrui, plus jaloux de maintenir le goût que de découvrir les talents nouveaux, et enclin même à railler outre mesure les essais qui ne rentraient pas dans les formes connues, il était habile et ferme sur la défensive, prompt à châtier quiconque chassait sans permission sur les terres du domaine classique. Malheur à l'amateur-poëte qui touchait à Homère sans avoir observé les rites sacrés! Malheur au prédicateur de carême dont l'éloquence fleurie faisait trop injure à Bourdaloue! En un mot, professeur autant qu'écrivain, non-seulement il n'aspirait pas à sortir de l'Université, mais il avait besoin d'en être, de s'y rattacher jusque dans ses succès extérieurs, de se retremper au sein de l'*alma parens* en Benjamin fidèle et reconnaissant; il y puisait sa force et sa joie, et quand, par un malentendu fâcheux, il s'en vit tout à coup retranché un jour, une partie de sa séve lui manqua : il défaillit.

Lundi 16 décembre 1861.

LETTRES DE MADAME DE SÉVIGNÉ

ÉDITION NOUVELLE PUBLIÉE SOUS LA DIRECTION

DE M. AD. REGNIER,
de l'Institut,

D'après les manuscrits et les copies les plus authentiques,

AVEC UNE NOTICE BIOGRAPHIQUE,

PAR M. PAUL MESNARD (1).

Une révolution se préparait depuis quelque temps; pour ceux qui prêtent l'oreille aux moindres bruits, elle était imminente; on l'attendait de jour en jour; elle vient d'éclater : ne vous troublez pas, tranquillisez-vous ! il s'agit de littérature, il s'agit du texte d'un auteur classique; nous avions cru jusqu'ici posséder le texte de Mme de Sévigné, et celui qu'on avait n'était pas

(1) Deux volumes sont en vente. — Ce sont les premiers de la *Collection des grands Écrivains de la France;* — librairie Hachette, rue Pierre-Sarrazin, 14.

le bon; on vient seulement de nous le rendre : mais de telles réparations, après plus d'un siècle d'abus, ne se font pas sans secousse et sans bouleversement.

Expliquons bien, posément et de point en point, de quoi il est question, afin que chacun comprenne et s'y intéresse.

Les Lettres de Mme de Sévigné ne furent point, comme bien l'on pense, publiées de son vivant; mais elles avaient déjà de la réputation, elles couraient, on se les prêtait; quelques-uns même de ses amis, comme Bussy-Rabutin, en avaient fait collection et copie. Mme de Simiane, petite-fille de Mme de Sévigné, paraît s'être prêtée à la première publication qui se fit d'un choix de Lettres de sa grand'mère, en 1725 ou 1726. Des réclamations pourtant s'élevèrent; les amours-propres, les susceptibilités de famille ne sont pas toujours dans le sens et dans l'intérêt de la littérature. Mme de Simiane, ennuyée des réclamations, se décida à fournir à l'un de ses amis, le chevalier de Perrin, grand admirateur et chevalier posthume de Mme de Sévigné, les éléments d'une édition « à la fois plus complète et plus réservée; » on avait fait des retranchements sur les personnes, sur les familles, sur tout ce qui semblait indiscret ou même superflu; on avait biffé, on avait mutilé : la morale, la soi-disant bienséance sociale, avaient commis ce sacrilége. Le chevalier de Perrin, en possession de ce qui n'en était pas moins un trésor, donna deux éditions de Mme de Sévigné, — l'une en 1734; l'autre, vingt ans après, en 1754. Mais lui-même, épris de son objet, il eut ses scrupules de puriste; son désir du mieux, ses idées de perfectionnement : il en résulta, dans la seconde édition qu'il donna, des corrections de son fait, méditées de longue main et portant presque toutes sur les naturelles et divines négligences d'un auteur charmant qui n'avait jamais songé à être auteur. Ce chevalier de Perrin ne voulait pas qu'il y eût un pli de trop ni une épingle de moins à la toilette de Mme de Sévigné. Il avait réussi, croyait-il sincèrement, à la rendre plus parfaite, plus irréprochable de diction. On vécut là-dessus, et les corrections littéraires du chevalier, ajoutées aux suppressions et aux retranchements que Mme de Simiane avait cru devoir faire en vue de la morale et de la société, eurent force de loi. C'est ce texte qui fut reproduit dans toutes les éditions suivantes et qui était jusqu'ici entre nos mains. Ne voyez-vous pas le danger? nous courions risque d'admirer comme une beauté de langage et comme un tour singulier d'une plume incomparable, ce qui n'était qu'un arrangement du chevalier de Perrin.

Il est vrai que l'homme qui a le plus fait de nos jours pour l'œuvre de Mme de Sévigné, M. Monmerqué, avait donné en 1818 son édition, relativement excellente ; mais cette édition était utile surtout et recommandable par les éclaircissements, les accompagnements de tout genre, les notes : le texte n'y avait été l'objet que d'un premier travail fort insuffisant. Il est vrai encore que, depuis ce temps, M. Monmerqué n'avait cessé de préparer une édition nouvelle, et qu'averti par l'esprit d'exactitude et d'examen rigoureux qui s'est introduit dans l'étude du xviie siècle il s'était livré à une comparaison, à une révision de ce texte, toutes les fois que des autographes ou des copies authentiques le lui avaient permis. Disons tout : M. Monmerqué, le plus instruit et le plus aimable des amateurs, le plus riche en documents, en pièces de toutes sortes, si au fait des sources et si porté à les indiquer, n'avait pas en lui l'esprit de critique et d'exacte méthode qui mène à terme et pousse à la perfection un travail de ce genre; il fallait qu'un philologue de profession et à la fois ouvert à toutes les belles-lettres, un homme qui a fait ses preuves dans l'érudition antique la plus délicate et la plus ardue, et qui sait, à l'occasion, en sortir, apportât dans cette étude moderne les habitudes de la critique véritable et classique, pour que toutes les garanties, celles de la fidélité et du goût, se rencontrassent réunies : j'ai nommé M. Adolphe Regnier, si distingué comme helléniste et orientaliste, et qui a bien voulu descendre de son haut Orient jusqu'à nous. Une fois mis en possession des portefeuilles de M. Monmerqué, il n'a pas été long à en reconnaître la valeur et aussi les lacunes, et lui, le dernier venu, il a étonné aussitôt par la précision de son coup d'œil et sa justesse diligente les *Sévignistes* les plus consommés. Aucune difficulté ne lui échappe; aucune recherche ne lui coûte : il ne laisse rien passer. Avant son intervention cependant et son installation au cœur du sujet, pour persuader aux hommes instruits qui sont entrés dans la pensée de cette édition nouvelle qu'elle était importante, qu'elle était indispensable, qu'il ne s'agissait pas seulement de quelques points à rectifier çà et là, mais qu'il y avait lieu, en effet, à une réparation et presque à une restitution continue, il a fallu bien des instances, bien des pas et bien des paroles (je le sais, moi qui en ai été quelquefois le porteur et le messager), il a fallu montrer à l'avance bien des passages et des exemples comme preuve décisive de l'étendue du ravage et du mal profond qu'on avait à réparer. Il est juste d'attribuer ce qui lui est dû dans cette initiative à un homme modeste, M. Rochebilière, déjà désigné et choisi pour second par M. Monmerqué, et associé par M. Regnier au travail de la présente édition. M. Monmerqué avait dès longtemps en main toutes les preuves de la corruption et, comme auraient dit nos vieux éditeurs, de la *dépravation* du texte-Sévigné, et l'aimable homme dormait tranquille là-dessus, il attendait patiemment et ne prévenait personne du danger : on ne s'en serait pas douté, si un autre près de lui ne l'avait dit et répété bien souvent, et n'avait averti un chacun de prendre garde ; cet autre, le premier et longtemps le seul à le dire, a été M. Rochebilière. Par l'activité de son entremise à l'origine, il a donné l'éveil, sonné le tocsin et peut-être hâté l'entreprise. — « Le fait est, me disait un grand curieux en ces matières, qu'il nous a mis à tous la puce à l'oreille. »

Grâce à tant de soins et d'efforts et à une direction si éclairée, nous aurons donc un texte de Mme de Sévigné aussi sincère et aussi authentique qu'il est possible aujourd'hui de l'obtenir. Et, en vérité, avec nos grands écrivains du XVIIe siècle, nous marchons depuis quelque temps de secousse en secousse, de surprise en surprise : on ne nous laisse pas un instant sommeiller en paix sur l'oreiller de nos admirations établies. On a commencé par Pascal : on nous a rendu, en bouleversant notre texte d'habitude, toute la hardiesse et l'incohérence première de ses *Pensées*; ç'a été une révolution. Sur Saint-Simon, nous n'avons eu qu'une réforme ; de même sur Bussy-Rabutin. Pour les *Mémoires* de la grande Mademoiselle, on a découvert que ce qu'on lisait depuis plus d'un siècle était détestable, et M. Chéruel nous a produit le vrai texte nouveau. Les *Lettres* de Mme de Maintenon, infidèlement données par La Beaumelle, ont eu en partie leur vengeur dans M. Théophile Lavallée. Nous ne sommes pas, selon toute apparence, au bout de ces petits tremblements de terre (ou de textes) qui ne laissent pas de changer la face du pays dans le grand siècle. Là aussi on nous débâtit de toutes parts notre vieux Paris, et on nous en refait un tout neuf. Mais le neuf en ce genre est ce qui est véritablement ancien. Cela n'empêche pas bien des plaintes, bien des regrets de ceux qu'on exproprie de leurs vieilles admirations et qu'on dérange de leurs habitudes : ils s'étaient logés dans un ancien auteur, ils y avaient fait leur nid et leur lit, et voilà qu'on le leur rebâtit et qu'il faut en déménager. Je les entends d'ici dans leurs doléances : « A quoi bon ces remaniements perpétuels, ces remue-ménage sans fin? On ne sait plus vraiment à quoi s'en tenir sur rien, même en fait de chefs-d'œuvre. On comptait sur une belle chose, on y croyait, et l'on vient vous dire que cela est tout changé ! Mieux vaudrait convenir une bonne fois de ce qui est beau, et n'en plus sortir. Brûlons les vieux papiers, et gardons nos livres tels qu'ils sont! » Religion, routine, paresse, il y a un peu de tout dans ces plaintes-là.

Comme, par moments, je suis tenté d'y céder moi-même, et de m'impatienter aussi, j'ai voulu tirer la question au clair pour Mme de Sévigné; j'ai examiné, j'ai comparé; j'ai de plus interrogé M. Regnier lui-même et ses collaborateurs les plus au fait de l'ensemble du travail et des résultats; et voici ce qui m'a été répondu, ce qui me paraît à la fois curieux et rassurant, — curieux pour ceux qui veulent du nouveau, rassurant pour ceux qui tiennent à leur culte ancien.

Première question : Aucun des grands morceaux le plus souvent cités et devenus classiques de Mme de Sévigné (tels que le début de lettre sur le mariage de Mademoiselle, la lettre sur la douleur de Mme de Longueville et son entrevue avec Mlle de Vertus après la mort du comte de Saint-Paul, le récit de la mort de Vatel, etc.), aucun de ces endroits saillants se trouve-t-il atteint et renversé dans la nouvelle édition?

Pas le moins du monde; ces grands morceaux, sauf quelques mots peut-être, ont été en général assez bien donnés. Ainsi nulle contrariété sur ce point.

Seconde question : Aucun morceau digne de prendre place à côté de ces pages merveilleuses et de devenir classique à son tour, est-il produit pour la première fois dans le nouveau texte?

Non : on ne doit point s'attendre précisément à de telles conquêtes. On trouvera, dans le mouvement habituel du langage, dans le courant et la suite de l'entretien, des libertés, des grâces, des familiarités et des effusions plus vives encore que par le passé; Mme de Sévigné osera tout, et avec plus d'abandon, avec plus d'abondance encore qu'on ne lui en connaissait : c'est ce qu'on aura surtout gagné. Il y aura pourtant des endroits nouveaux tout à fait charmants, qui méritent qu'on s'en souvienne, des tendresses de grand'maman pour sa petite-fille. Je citerai un de ces passages tout à l'heure.

Une autre question, qui ne porte plus tant sur l'écrivain que sur la femme elle-même, est celle-ci : Aucun des traits du caractère et de la physionomie de Mme de Sévigné est-il sensiblement modifié par l'impression générale que laisse la nouvelle lecture?

Non encore. Elle reste bien la même, la spirituelle et l'éblouissante railleuse, celle qui porte partout la vie, celle qui a en elle la joie et le charme, celle que de tout temps nous connaissons, mais plus abandonnée, plus vive de parole et de plume, plus *à bride abattue,* plus drue et gaillarde, plus sœur de Molière, plus elle-même, pour tout dire, que jamais. On savait qu'elle se passait bien des choses en causant; il se voit maintenant qu'elle se les passait en écrivant aussi : les preuves de ces libertés et de ces salaisons de langage sont des plus significatives, et telles qu'on n'en saurait désirer de plus fortes. Je ne me risquerai pourtant pas à citer de ces surcroîts de saillies en les isolant; ce serait en changer le caractère : amenés naturellement comme ils sont, voyez-les courir et bondir dans la source même.

Le résultat final des soins et des peines infinies qu'auront pris, cette fois, tant d'hommes de mérite autour d'elle et autour de ses Lettres, sera donc de nous offrir non-seulement un écrivain plus naturel, mais une personne plus originale et plus semblable à la vraie, une Sévigné plus Sévigné qu'elle ne l'avait jamais été jusqu'ici. Y a-t-il donc là, pour les amis et les adorateurs, quelque raison de leur en vouloir, et ne faut-il pas bien plutôt leur en témoigner de la reconnaissance ?

Tranquillisons-nous, mon cher Sacy! je me plais à vous nommer, vous qui me représentez toute cette classe d'esprits excellents, prudents et solides, comme il en est quelques-uns encore, qui aiment en toute chose qu'on avance avec lenteur et qu'on ne détruise point inutilement; vous à qui l'on doit la dernière édition charmante de la Sévigné antérieure et intermédiaire (1); vous ne serez dérangé qu'à peine par celle-ci, dont vous ne vouliez pas, à la fois nouvelle et plus ancienne; vous ne le serez que juste autant qu'il faut pour mieux goûter ensuite votre objet. Vous vous étiez fait votre Sévigné chérie, vous la vouliez telle pour toujours que vous l'aviez vue une première fois : y rien changer vous semblait une inconvenance et presque un sacrilège. Elle vous restera, que demandez-vous de mieux ? elle vous reviendra comme à nous tous, mais d'une grâce plus ample et plus négligée, c'est-à-dire plus belle encore. Consentez-y seulement, levez-vous et faites quelques pas, souffrez qu'on retourne un peu, à votre insu, ce lit de repos sur lequel vous la lisiez ; et quand

---

(1) Chez Techener : — une édition faite avec élégance et avec exactitude, mais d'après le chevalier de Perrin et surtout d'après l'ancien Monmerqué, et sans en démordre d'un *iota*.

vous vous y remettrez, un peu contrarié d'abord, vous trouverez bientôt la lecture, je l'espère, meilleure même qu'auparavant et plus savoureuse. Quelquefois, moi aussi, je suis comme vous, je me surprends à regretter que tout ne soit pas définitif dans ce monde des lettres qui nous est un asile et une sorte d'Élysée terrestre. Pourquoi retourner sans cesse, avec les érudits allemands, le texte d'Homère? n'est-il pas suffisamment fixé depuis Pisistrate, depuis Aristote, depuis Aristarque et les Alexandrins? qu'avons-nous à faire de mieux que d'en jouir et d'en repasser à souhait les immortelles beautés? Ainsi pour les textes modernes, mais déjà acceptés, des grands écrivains de la France. Il m'a paru quelquefois à regretter que le livre destiné à devenir classique, une fois mis en lumière, une fois livré au public et imprimé, on ne détruisît pas tous les manuscrits, tous les moyens d'un contrôle éternel et toujours renaissant; qu'il n'y eût pas un règlement définitif et un arrêté de compte qui permît ensuite à l'admiration toute sa sécurité et son entière plénitude. Mais non, point de paresse, cela vaut mieux; recommençons, rafraîchissons-nous toujours; obligés de contrôler, de défendre ou de modifier tant soit peu les beautés connues, n'y voyons qu'une occasion d'en retrouver la sensation plus vive et toujours nouvelle; ne nous figeons pas dans le classique, baignons-nous-y toujours. Que ce ne soit pas une possession tranquille où l'on coure risque de s'endormir à force de rêver, que ce soit le plus souvent possible une rentrée, une reprise à la pointe de l'esprit et une conquête.

J'aurais maintenant à parler avec quelque détail des deux volumes publiés. Ils ont en tête une Notice biographique très-complète, très-exacte, de M. Paul Mesnard, qui, en profitant de tous les travaux antérieurs, y a beaucoup ajouté pour la précision. Sage, judicieuse, bien pensée et bien écrite, cette Notice ne laisse un peu à désirer que pour la vivacité et le mouvement; mais Mme de Sévigné qui succède en a de reste, pour deux et pour mille. Quelle femme aimable! quel adorable écrivain! Nulle, parmi les femmes françaises, n'a possédé à ce degré l'imagination et l'esprit. Il y en a certainement d'autant d'esprit, mais l'imagination est absente, ou elle est forcée, elle est froide. Il y en a certainement qui ont autant d'imagination, autant de couleur, mais alors l'esprit ne paraît pas au niveau. Chez Mme de Sévigné, le mariage entre les deux est naturel. Elle, La Fontaine et Molière, ce sont les trois fonds les plus naturels en tout et les plus spontanément fertiles du grand siècle.

Nous la retrouvons d'abord dans son commerce de lettres et son démêlé avec Bussy. Ce chapitre orageux des relations de Bussy avec sa cousine, l'a maintenu très-présent à la mémoire de la postérité, et bien plus qu'il ne l'aurait été autrement. Cela a été raconté mille fois : irrité de ce qu'elle lui avait refusé une somme d'argent à l'entrée d'une campagne, à la veille de la bataille des Dunes, il fit d'elle un Portrait satirique et perfide qui se lit dans l'*Histoire amoureuse des Gaules.* Mme de Sévigné, qui ignorait cette vengeance, s'était raccommodée avec lui, et lui-même semblait avoir oublié le grief et la brouille, lorsque le Portrait courut; et quel Portrait! Celui-là est plus que spirituel; il y a du talent : la colère et la haine en donnent souvent à ceux qui, dans l'ordinaire, se contentent d'avoir de l'esprit; et Bussy, d'ailleurs, a une touche à lui comme peintre. Quand ce fatal talent l'eut perdu, quand il fut malheureux et en prison, Mme de Sévigné, malgré tout, lui pardonna encore. Elle l'alla voir dès qu'il fut sorti de la Bastille; ils se réconcilièrent, mais il resta toujours, ou bien longtemps du moins, une petite rancune secrète des deux parts, qui se produisait très-diversement, — du côté de Mme de Sévigné par de vives, légères et agréables malices, — du côté de Bussy, par des aigreurs recuites, un peu rances et maussades. Qui lira en jugera. En vain, quand l'affaire s'entame, essaye-t-il de se justifier, tout en se confessant coupable à demi : elle oppose une vigoureuse duplique à sa réplique; elle veut en avoir raison une bonne fois. Il risque la *triplique* (le mot est de lui), mais il se sent là sur un mauvais terrain. Elle a le bon côté et le bon droit. C'est tout un duel qu'elle mène bel et bien, et de point en point, jusqu'à satisfaction entière. Elle ne se paye pas de feintes et de faux-fuyants, elle pousse sa botte à fond; elle lui fait sauter l'épée des mains, au moment où il ne s'y attend pas; elle le force à demander merci à genoux. Il s'humilie, et il le fait de la meilleure grâce dont il est capable :

« Je ne pensais pas que vous vous mêlassiez, vous autres belles, d'avoir de la cruauté sur d'autres chapitres que sur celui de l'amour. Cessez donc, petite brutale, de vouloir souffleter un homme qui se jette à vos pieds, qui vous avoue sa faute, et qui vous prie de la lui pardonner... »

« — Levez-vous, Comte, lui répond-elle : je ne veux point vous tuer à terre ; ou reprenez votre épée pour recommencer notre combat. Mais il vaut mieux que je vous donne la vie, et que nous vivions en paix. Vous avouerez seulement la chose comme elle s'est passée : c'est tout ce que je veux. Voilà un procédé assez honnête : vous ne me pouvez plus appeler justement une petite brutale. »

C'est elle qui est le galant homme. En lui l'auteur paraît toujours; sa conclusion est bien de l'homme qui, dans le temps, n'a pas voulu perdre ce vilain Portrait si bien fait ; qui n'a pas eu le courage de sacrifier et de jeter au feu cette production de son esprit :

« Ne trouvez-vous pas, dit-il, que c'est grand dommage que nous ayons été brouillés quelque temps ensemble, et que cependant il se soit perdu des folies que nous aurions relevées et qui nous auraient réjouis? Car, bien que nous ne soyons pas demeurés muets chacun de notre côté, il me semble que nous nous faisons valoir l'un l'autre, et que nous nous entredisons des choses que nous ne disons pas ailleurs. »

Je ne sais si elle le fait valoir autant qu'il s'en flatte; mais certes, il la fait valoir par sa roideur de ton et ses airs guindés, elle la rieuse à belles dents, la malicieuse enjouée, la ravissante et la légère !

Ce duel, où elle a tous les avantages du fond et de la forme, de la raison et de la grâce, menace de temps en temps de se renouveler entre eux. Mais Bussy a tort de réveiller, comme on dit, le chat qui dort, et de faire allusion à l'ancienne brouille; il sera battu toutes les fois qu'il essayera de recommencer, et il en prendra de l'humeur. Elle plaisante, il joue, il a provoqué le jeu et il se fâche. On le voit à chaque reprise, qui redevient ce qu'il est si aisément, susceptible, pointilleux, épineux, formaliste. Il épilogue sur tout, il croit qu'on l'insulte. Cette inquiétude de sa vanité est encore plus sensible en regard de la belle humeur de son aimable vis-à-vis; ses défauts s'éclairent mieux des saillies qu'ils provoquent en elle. Qu'on relise toute cette suite de lettres. Décidément, elle est plus forte que lui, elle a le génie naturel; il n'est qu'un homme d'infiniment d'esprit, — et de plus elle a raison.

Venons-en à ce qui est nouveau, aux endroits inédits. J'ai prévenu qu'en général ils sont moins brillants et moins à découper, qu'à reconnaître sur place et à rejoindre en leur lieu : ce sont des suites, des liaisons, des fils de plus dans la trame plutôt que des morceaux. En voici un pourtant, où Mme de Sévigné nous apparaît dans tout le feu et toute l'activité de son rôle de grand'-maman, occupée de changer la nourrice de sa petite-fille que Mme de Grignan lui a confiée en partant pour la Provence :

« Pour votre enfant, voici de ses nouvelles. Je la trouvai pâle ces jours passés. Je trouvai que jamais les... (Oh! mon Dieu! me voilà arrêté dès les premiers mots de ma citation, nous dirions aujourd'hui les *seins*) de sa nourrice ne s'enfuyaient; la fantaisie me prit de croire qu'elle n'avait pas assez de lait. J'envoyai querir Pecquet (le médecin) qui trouva que j'étais fort habile, et me dit qu'il fallait voir encore quelques jours. Il revint au bout de deux ou trois; il trouva que la petite diminuait. Je vais chez Mme du Puy-du-Fou ; elle vient ici; elle trouve la même chose; mais parce qu'elle ne conclut jamais, elle disait qu'il fallait voir. « Et quoi voir, lui dis-je, madame ? » Je trouve par hasard une femme de Sucy qui me dit qu'elle connaissait une nourrice admirable. Je l'ai fait venir ; ce fut samedi. Dimanche, j'allai chez Mme de Bournonville lui dire le déplaisir que j'avais d'être obligée de lui rendre sa jolie nourrice. M. Pecquet était avec moi, qui dit l'état de l'enfant. L'après-dînée, une demoiselle de Mme de Bournonville vint au logis, et sans rien dire du sujet de sa venue, elle prie la nourrice de venir faire un tour chez Mme de Bournonville. Elle y va, on l'emmène le soir. On lui dit qu'elle ne retournerait plus ; elle se désespère. Le lendemain, je lui envoie dix louis d'or pour quatre mois et demi. Voilà qui est fait. Je fus chez Mme du Puy-du-Fou, qui m'approuva, et pour la petite, je la mis dès dimanche entre les mains de l'autre nourrice. Ce fut un plaisir de la voir téter ; elle n'avait jamais tété de cette sorte. Sa nourrice avait peu de lait ; celle-ci en a comme une vache. C'est une bonne paysanne, sans façon, de belles dents, des cheveux noirs, un teint hâlé, âgée de vingt-quatre ans ; son lait a quatre mois ; son enfant est beau comme un ange. Pecquet est ravi de songer que la petite n'a plus de besoin; on voyait qu'elle en avait et qu'elle cherchait toujours. J'ai acquis une grande réputation dans cette occasion ; je suis du moins comme l'apothicaire de Pourceaugnac, expéditive. Je ne dormais plus en repos de songer que la petite languissait, et du chagrin aussi d'ôter cette jolie femme, qui pour sa personne était à souhait ; il ne lui manquait rien que du lait. Je donne à celle-ci deux cent cinquante livres par an, et je l'habillerai ; mais ce sera fort modestement. Voilà comme nous disposons de vos affaires. »

On avait rayé tout cela comme trop vulgaire, trop domestique, et trop peu fait pour les jolies petites bouches du xviiie siècle ; — et ceci encore, qui est dans la même lettre :

« Votre petite devient aimable, on s'y attache. Elle sera dans quinze jours une pataude blanche comme de la neige, qui ne cessera de rire. Voilà, ma bonne, de terribles détails. Vous ne me reconnaissez plus, me voilà une vraie commère; je m'en vais régenter dans mon quartier. Pour vous dire le vrai, c'est que je suis une autre personne quand je suis chargée d'une chose toute seule, ou que je la partage avec plusieurs. »

Oh! la bonne commère, en effet! oh! la bonne grand'-mère ; j'allais dire, l'admirable sage-femme! Que de mouvement! quelle action! comme elle pense et s'entend à tout! et que de largeur et d'opulence de langage... une *pataude blanche comme de la neige*... une nourrice *qui a du lait comme une vache*. C'est ainsi qu'on parle (n'en déplaise aux rhétoriqueurs) quand on est dans le vrai des choses et qu'on ne marchande pas.

D'autres fois le sentiment intérieur, l'analyse morale s'en mêle : c'est un peu plus subtil, mais toujours aussi abondant. Sa fille lui avait écrit qu'elle était un peu jalouse de voir cette tendresse extrême pour l'enfant : elle croyait sans doute, en parlant ainsi, faire plaisir à sa mère qui lui avait quelquefois reproché son air de froideur et d'indifférence. Or, qu'est-ce qu'il y a de plus opposé à l'indifférence que la jalousie? Mme de Sévigné sent très-bien ce qu'il y a là-dessous ; elle ne s'en laisse pas conter et répond (1) :

(1) Le passage qui suit se trouve dans l'édition Monmerqué, mais transposé et déplacé.

« Il est vrai que j'aime votre fille; mais vous êtes une friponne de me parler de jalousie; il n'y a ni en vous ni en moi de quoi la pouvoir composer. C'est une imperfection dont vous n'êtes point capable, et je ne vous en donne non plus de sujet que M. de Grignan. Hélas ! quand on trouve en son cœur toutes les préférences, et que rien n'est en comparaison, de quoi pourrait-on donner de la jalousie à la jalousie même? Ne parlons point de cette passion; je la déteste : quoiqu'elle vienne d'un fonds adorable, les effets en sont trop cruels et trop haïssables.

« Je vous prie de ne point faire des songes si tristes de moi : cela vous émeut et vous trouble. Hélas! ma bonne, je suis persuadée que vous n'êtes que trop vive et trop sensible sur ma vie et sur ma santé; vous l'avez toujours été, et je vous conjure aussi, comme j'ai toujours fait, de n'en être point en peine. J'ai une santé au-dessus de toutes les craintes ordinaires; je vivrai pour vous aimer, et j'abandonne ma vie à cette occupation, et à toute la joie, et à toute la douceur, à tous les égarements, et à toutes les mortelles inquiétudes, et enfin à tous les sentiments que cette passion me pourra donner. »

Ne sentez-vous pas la passion vraie qui déborde et qui ne trouve jamais, à son gré, assez de mots? Ils s'accumulent, ils se précipitent sous la plume qui suffit à peine à les écouler. On saisit bien, ce me semble, dans cette phrase impétueuse et un peu tumultueuse, le bouillon de la source jaillissante. Est-ce à dire pourtant, comme je vois que l'a fait un de nos maîtres, que le style de Mme de Sévigné soit *hasardé?* Il est abondant, débordant (*exundans*), irrégulier; mais quand on est à ce degré chez soi, dans le plein de la langue et de la veine française, on peut tout oser et se permettre, on peut hardiment écrire comme on parle et comme on sent, on n'est pas *hasardé*.

Mme de Sévigné n'est jamais plus en train de verve et de gaieté que quand elle parle de son fils et de ses fredaines, de ses mésaventures ; on dirait que l'honnête femme se dédommage. Ce petit baron ou marquis de Sévigné est un aimable étourdi, d'un cœur excellent, qui a de la grâce de sa mère, et non de sa solidité qu'il a laissée à Mme de Grignan. Il est très-galant dans sa jeunesse, mais fort inégal et trop délicat. Cela lui nuit auprès des belles. Ninon lui donne son congé, et la Champmeslé n'est pas contente de lui. Tantôt il pèche par excès d'imagination, et tantôt par trop peu. Il passe d'un extrême à l'autre, et, dans son désarroi comme dans ses rassasiements, le pauvre garçon s'en vient tout conter à sa mère, laquelle raconte tout à sa sœur ; et voilà comme nous sommes informés plus que de raison. On ne peut rien détacher en ce genre ; lisez tous ces charmants endroits dans le livre (tome II, pages 149 et 173), mais surtout ce passage où elle nous expose et nous étale si plaisamment, si crûment, la satiété, le dégoût et la profonde nausée d'une nature repue et gorgée de plaisirs. Le génie de la langue et de l'expression ne va pas plus loin. Dirai-je, après un tel passage et quelques autres pareils, qu'il y a dans Mme de Sévigné une veine de Rabelais? Ce serait trop dire et trop dénoncer chez elle ce qui paraît à la rencontre et ne s'affiche pas. Mais on est heureux, avec une personne aussi pure, aussi morale et d'une vie au-dessus de tout soupçon, de trouver la belle et bonne qualité française de nos mères, la franchise du ton, la rondeur des termes, le contraire de tout raffinement et de toute hypocrisie, et, avec tant de délicatesse et de fleur, l'éclat du rire, la fraîcheur du teint, la santé florissante de l'esprit.

Lundi 23 décembre 1861.

LES CONTES DE PERRAULT

DESSINS PAR GUSTAVE DORÉ

PRÉFACE

PAR P.-J. STAHL (1).

> « Il ne faut pas défendre les feux de la Saint-Jean, et il ne faut pas ôter leur joie aux chers enfants. »
>
> GŒTHE.

Je ne sais comment cela se fait, mais je ne vois autour de moi, depuis quelques jours, que *Contes de Perrault*; j'en ai sous les yeux de toutes les formes et de toutes les dimensions ; il en sort de terre à cette époque de l'année. J'en ai là de fort joliment illustrés, de la librairie Janet (2) avec Notice du bibliophile Jacob, avec Dissertation du baron Walckenaër; j'en ai également, qui ont, ma foi! fort bon air, de la librairie Garnier (3);

---

(1) Un volume in-folio, chez Hetzel, éditeur, rue Jacob, 18; et à la librairie de Firmin Didot, rue Jacob, 56.
(2) Rue Honoré-Chevalier, 3.
(3) Rue des Saints-Pères, 6, et Palais-Royal. — J'indique ces différentes éditions parce qu'il en faut à l'usage même des petites et des moyennes bourses.

on y a ajouté les Contes de Mme d'Aulnoy : ce sont des vignettes, des gravures sur bois à chaque page et hors de page. Quand je mets en regard de ces publications élégantes mon petit volume des *Contes de Perrault*, édition première de 1697, avec les petites vignettes en tête de chaque conte, bien modestes et assez gentilles toutefois, et fort naïves, je suis tenté de dire : Que de luxe, que de progrès! on ne peut aller plus loin. Mais il ne faut jamais dire cela au génie de l'homme, ni le mettre au défi; car voici une édition nouvelle qui laisse bien loin en arrière toutes les autres; elle est unique, elle est monumentale; ce sont des étrennes de roi. Chaque enfant est-il devenu un Dauphin de France? — Oui, au jour de l'an, chaque famille a le sien. Je ne sais par quel bout m'y prendre, en vérité, pour louer cette merveilleuse édition qui a la palme sur toutes les autres et qui la gardera probablement.

Et d'abord, l'impression due à M. Claye est fort belle. Les caractères sont ceux du xviie siècle; l'œil de l'enfant et l'œil du vieillard s'en accommodent également bien et s'y reposent; rien d'aigu, rien de pressé et d'entassé; il y a de l'espace, et un espace égal entre les mots, l'air circule à travers avec une sorte d'aisance, la prunelle a le temps de respirer en lisant; en un mot, c'est un caractère ami des yeux. Je livrais l'autre jour ces pages à l'inspection du plus sévère typographe, du plus classique en ce genre que je connaisse, qui sait voir des imperfections et des énormités là où un lecteur profane glisse couramment et se déclare satisfait; il regarda longtemps en silence, et il ne put que dire, après avoir bien tourné et retourné : « C'est bien. » — De nombreux dessins de Gustave Doré illustrent ces Contes et les renouvellent pour ceux qui les savent le mieux. L'artiste fécond, infatigable, dont M. About parlait si bien l'autre jour, qui débuta par Rabelais, qui, hier encore, nous illustrait Dante, le poëte d'enfer et le théologien, et nous le commentait d'une manière frappante et intelligible aux yeux, s'est consacré cette fois aux aimables crédulités de l'enfance. C'est ici qu'il me faudrait la plume d'un Théophile Gautier pour traduire à mon tour ces dessins et les montrer à tous dans un langage aussi pittoresque que le leur; mais je ne sais nommer toutes ces choses, je n'ai pas à mon service tous les vocabulaires, et je ne puis que dire que ces dessins me semblent fort beaux, d'un tour riche et opulent, qu'ils ont un caractère grandiose qui renouvelle (je répète le mot) l'aspect de ces humbles Contes et leur rend de leur premier merveilleux antérieur à Perrault même, qu'ils se ressentent un peu du voisinage de l'Allemagne et des bords du Rhin (M. Doré n'en vient-il pas?), et qu'ils projettent sur nos contes familiers un peu de ce fantastique et de cette imagination mystérieuse qui respire dans les légendes et contes du foyer, recueillis par les frères Grimm : il y a tel de ces châteaux qui me fait l'effet de celui d'Heidelberg ou de la Wartbourg, et les forêts ressemblent à la Forêt-Noire. Non que je veuille dire que l'artiste nous dépayse; seulement, en traducteur supérieur et libre, il ne se gêne pas, il ne s'astreint pas aux plates vues bornées de Champagne et de Beauce, il incline du côté de la Lorraine, et n'hésite pas à élargir et à rehausser nos horizons. Mais que M. Doré excelle donc dans ces tournants et ces profondeurs de forêts, dans ces dessous de chênes et de sapins géants qui étendent au loin leurs ombres! qu'il est habile à nous perdre dans ces creux et ces noirceurs de ravins où l'on s'enfonce à la file avec la famille du *Petit-Poucet!* Il y a dans ce Petit-Poucet, coup sur coup, trois de ces vues de forêt, qui sont des merveilles ou plutôt d'admirables vérités de nature et de paysage. Je ne sais rien, en revanche, de plus magique et de plus féeriquement éclairé que la haute avenue couverte, la nef ogivale de frênes séculaires, par laquelle le jeune prince s'avance vers le perron de l'escalier, dans *la Belle au bois dormant.* — Le livre, enfin, est précédé d'une Introduction de M. Stahl, qui défend le merveilleux en homme d'esprit, et qui allègue, à l'appui des vieux contes, des anecdotes enfantines modernes, demi-gaies, demi-sensibles, et où il a mis une pointe de Sterne. Le tout, rassemblé dans un magnifique volume, compose donc un Perrault comme il n'y en eut jamais jusqu'ici et comme il ne s'en verra plus : je risque la prédiction. Il faut, après cela, tirer l'échelle, ou, de dépit et de désespoir, faire comme un de mes amis, grand amateur de poésies populaires, se rejeter sur les Perrault de la *Bibliothèque bleue* à quatre sous. Je sais une jeune enfant, fille d'un riche marchand de jouets, qui, blasée qu'elle est sur les joujoux magnifiques, ne veut pour elle que des jouets d'un sou. Le Perrault que j'annonce est capable de produire sur quelques-uns cet effet-là.

Mais qui serait bien étonné maintenant de ce croissant et prodigieux succès de l'auteur des Contes? Ce serait Boileau. Rappelons-nous ce qu'étaient en leur temps Perrault et Boileau, ces deux rivaux, ces deux représentants de deux races d'esprits si différentes, et, l'on peut dire, ces deux ennemis; car leur réconciliation ne se fit jamais qu'à la surface et par le dehors. Ils étaient proprement antipathiques.

Boileau est l'homme du goût littéraire et classique, le satirique judicieux qui s'attaque surtout aux livres et aux formes en usage au moment où il paraît, et qui se rattache à la tradition délicate et saine de la belle Antiquité. Il est excellent dans son ordre et d'un singulier à-propos; il vient heureusement en aide à ce sentiment de justesse et de perfection qui caractérise la belle heure de Louis XIV; il en est le plus puissant organe, le plus direct et le plus accrédité en son genre; il est, on peut le dire, conseiller d'État dans l'ordre poétique, tant il contribue efficacement et avec suite à la beauté solide et sensée du grand siècle. Il y tint constamment la main et se fit craindre de quiconque était tenté de s'en écarter. Il faisait la police des livres et des œuvres de l'esprit. Les plus grands y gagnèrent. Par lui, Racine certainement, Molière lui-même, je n'ose ajouter La Fontaine, ont été et sont devenus plus corrects, plus châtiés, plus soucieux de cette sorte de gloire où il entre de l'estime. Mais quand on a rendu à Boileau tous ces hommages et toute cette justice, il faut s'arrêter: il n'entendait bien et n'aimait que les vers ou une certaine prose régulière, ferme, élevée, dont Pascal, dans

17.

ses *Provinciales,* offrait le modèle. C'est beaucoup ; c'est peu pourtant, si l'on considère la diversité des génies et l'infinité des formes que peut revêtir la nature des talents. Boileau n'aimait et n'estimait guère rien en dehors des livres ; il n'avait nul goût pour les sciences, pas même la curiosité de se tenir au courant de leurs résultats généraux ; le tour précieux et maniéré que Fontenelle donna à son livre de la *Pluralité des Mondes,* l'empêcha toujours d'en reconnaître la vérité et la supériorité philosophique. S'il ne s'intéressait ni à la physique, ni à l'anatomie, il ne s'intéressait pas plus vivement aux beaux-arts ; peinture, sculpture, ne l'attiraient pas ; il n'était pas homme, comme Molière ou comme Fénelon, à causer fresque et tableaux avec Mignard, ni à juger d'une statue avec La Bruyère. La musique ne le touchait pas ; il semble même qu'elle l'ait irrité (témoin ses colères contre Lulli et contre Quinault), et tout ce qui se chantait lui paraissait aisément fade, lubrique ou extravagant. Voilà bien des bornes, et je ne les ai pas toutes indiquées encore : l'industrie, les arts mécaniques et leurs progrès, lui semblaient chose tout à fait étrangère à la culture de l'homme, parce qu'elles ne tiennent pas de près à la culture de l'esprit ; il était très-capable de faire des vers sur les manufactures, parce que c'étaient des vers ; mais il n'aurait pas visité une manufacture. Boileau (autre infirmité), enfin, ne sentait pas la famille, ni le rôle que tient la femme dans la société, ni celui qu'elle remplit en mère au foyer domestique et autour d'un berceau ; sa sensibilité et son imagination n'avaient jamais été éveillées de ce côté. De toutes ces négations et de ces mérites, on a déjà conclu que Boileau, si bon esprit, si juste, si sensé, si agréable, si considérable, si oracle à bon droit dans sa sphère, ne prévalait et ne régnait que dans une sphère circonscrite et fermée. Très-maître et sûr de lui au centre, il devait être immanquablement débordé de toutes parts.

Qu'était-ce que Charles Perrault au contraire? qu'était-ce même en général que la famille des Perrault dont Boileau n'a cessé de railler les divers membres, et dans laquelle il trouvait, a-t-il dit, quelque chose de *bizarre?* Cette *bizarrerie* consistait à être accessibles à tous les goûts, à toutes les vues modernes, de sciences, d'art, d'inventions de toutes sortes, sans que le style littéraire parût la seule chose de prix à leurs yeux; à être les moins exclusifs des esprits, à avoir de tous les côtés des jours ouverts sur la civilisation et la société actuelle et future. C'est par où cette famille avait mérité l'antipathie instinctive et peu raisonnée de Boileau. Le savant médecin, Claude Perrault, frère du nôtre, se réveilla un matin architecte de génie, faisant naturellement des plans de colonnades, d'arcs-de-triomphe ou d'observatoires, qui se trouvaient les plus beaux, les plus majestueux et les plus appropriés, et qui se faisaient accepter à première vue des connaisseurs. En même temps il inventait des machines singulières, et en exécutait de ses mains les modèles; il s'occupait de l'histoire naturelle des animaux, et entrait l'un des premiers dans la voie de l'anatomie comparée. Enfin cet homme avait du *génie,* et, comme l'a dit son frère dans une Épître à Fontenelle, en parlant de celui qui a reçu du Ciel ce don indéfinissable :

> Éclairé par lui-même, et, sans étude, habile,
> Il trouve à tous les arts une route facile ;
> Le savoir le prévient et semble lui venir
> Bien moins de son travail que de son souvenir.

Charles Perrault, un peu moindre que son frère, avait le génie (c'est aussi le mot) tourné également du côté des beaux-arts, mais de plus et tout particulièrement du côté des belles-lettres. Longtemps premier commis de Colbert, il prit part à tous les grands travaux de ce ministre et dut lui donner bien des idées : car c'était proprement une tête *à idées*. Si on lit les intéressants petits *Mémoires* qu'il a laissés, on en trouvera, de ces idées neuves, qu'il sème à chaque pas, et des plus pratiques. Par exemple il voudrait qu'il n'y eût qu'une seule Coutume, un seul Code civil pour toute la France, un seul système de Poids et mesures. Il suggéra à l'Académie française, dès qu'il y fut entré, d'ouvrir ses portes (ce qu'elle ne faisait point auparavant) au public pour les séances de réception, et on lui doit l'institution de cette solennité académique, si bien dans nos mœurs et florissante encore aujourd'hui. Il fut l'auteur aussi, dans la même Compagnie, de l'élection au scrutin secret ; auparavant on ne votait point par billets, mais à haute voix et comme à l'amiable, ce qui ôtait toute liberté. Il fournit, ainsi que son frère, bien des dessins pour l'ornement des jardins de Versailles. Quand le jardin des Tuileries eut été arrangé par Le Nôtre, la première pensée de ce grand et dur Colbert, en le visitant, fut de le fermer au public : Perrault conjura l'interdiction et obtint que cette promenade restât ouverte aux bourgeois de Paris et aux enfants. « Je suis persuadé, disait-il à Colbert au milieu de la grande allée, que les jardins des Rois ne sont si grands et si spacieux, qu'afin que tous leurs enfants puissent s'y promener. » Le sourcilleux ministre ne put s'empêcher de sourire. — Retiré des affaires et vivant dans sa maison du faubourg Saint-Jacques, près des colléges, pour y mieux vaquer à l'éducation de ses enfants, Perrault fit un jour le poëme du *Siècle de Louis-le-Grand*, et il le lut dans une séance publique de l'Académie, assemblée exprès pour célébrer la convalescence du roi après la fameuse opération (27 janvier 1687). Ce n'était point par le talent des vers que brillait Perrault, quoiqu'il en fît parfois d'agréables et de faciles; mais le grand nombre étaient prosaïques et flasques, et d'une facture antérieure à celle qu'avait réglée et fixée Despréaux. Celui-ci, présent à la séance, ne fut point charmé du tour et fut choqué du fond; il se scandalisa des éloges que Perrault décernait à son siècle au préjudice de l'Antiquité; il éclata avec colère en se levant, et depuis lors il ne perdit aucune occasion de piquer d'épigrammes celui qu'il avait surpris en flagrant délit de poésie médiocre, mais qui ne lui était inférieur que par cet endroit.

Perrault, pour justifier son sentiment, écrivit alors son *Parallèle des Anciens et des Modernes*, en quatre volumes, et la guerre fut ouvertement déclarée. Sur tous les points de la querelle, Perrault et Fontenelle qui lui vint promptement en aide me paraissent avoir raison, — sur tous, excepté un seul, l'art grec, la poésie et peut-être l'éloquence.

J'accepte la comparaison qu'ils font de l'humanité avec un seul homme, qui a eu son enfance, son adolescence, sa jeunesse, et qui est maintenant dans sa maturité. Eh bien! on n'a pas besoin d'avoir cinquante ans pour jouer en perfection de la flûte et pour s'accompagner de la voix sur la harpe ou la lyre; à quinze ans, on fait cela bien mieux et plus purement, surtout quand on est de la plus favorisée et de la plus fine des races humaines.

Perrault et Fontenelle, par dégoût et aversion de toute superstition pédantesque, veulent qu'en jugeant les Anciens on ne conserve aucun respect pour leurs grands noms, aucune indulgence pour leurs fautes, qu'on les traite en un mot sur le même pied que les Modernes. Ils ont, vis-à-vis d'eux, comme un besoin de revanche. Je leur accorde beaucoup sur tout le reste, je ne puis leur passer ce sentiment-là. Ils sont trop pressés de trouver une impertinence chez les Anciens, et de la dénoncer; quand on est si pressé de le faire, on en trouve toujours l'occasion.

C'est là une mauvaise disposition *morale* pour juger des illustres Anciens.

La vraie et juste disposition à leur égard est un premier fonds de respect, et tout au moins beaucoup de sérieux, de circonspection, d'attention, une patiente et longue étude de la société, de la langue, un grand compte à tenir des jugements des Anciens les uns sur les autres, ce qui nous est un avertissement de ne pas aller à l'étourdie, de ne pas procéder à leur égard avec un esprit tout neuf en partant de nos idées d'aujourd'hui.

Là aussi, « dans cet ordre littéraire comme dans l'ordre religieux, a dit un pieux et savant Anglais (1), un peu de foi et beaucoup d'humilité au point de départ sont souvent récompensés de la grâce et du don qui fait aimer, c'est-à-dire comprendre les belles choses. »

Je n'irai pourtant pas jusqu'à dire, avec un autre critique de la même nation, « qu'il faut feindre le goût que l'on n'a pas jusqu'à ce que ce goût vienne, et que la fiction prolongée finit par devenir une réalité. » Ce serait donner de gaîté de cœur dans la superstition et l'idolâtrie. Mais exiger du soin, de l'application, du recueillement, avant qu'on en vienne à décider sur les œuvres anciennes en faveur desquelles il y a une admiration traditionnelle, ce n'est que justice.

Perrault ne le sentait pas. Très-inférieur par cet endroit à Boileau et superficiel de goût sur un point, bien mieux que son antagoniste d'ailleurs, il comprenait que les Modernes ont aussi leur poésie, leur source d'inspiration propre, qu'ils l'ont dans le christianisme plutôt que dans ces vieilles images rapiécées de *Mars*, de *Bellone au front d'airain*, du Temps qui *s'enfuit une horloge à la main*, etc.; mais, victorieux en théo-

---

(1) Le docteur Arnolds.

rie, il reperdait à l'instant tout l'avantage dès qu'il prétendait mettre en avant comme preuve son poëme de *Saint Paulin.*

Il réussit mieux à servir la cause des Modernes, en montrant par ses Contes naïfs, qu'eux aussi ils possèdent un merveilleux qui n'a rien à envier à celui des Anciens. La manière dont il eut l'idée de recueillir ces Contes achève de nous faire voir à l'œuvre cette aimable, facile et fertile nature. Occupé, avons-nous dit, de l'éducation de ses enfants, il les voulut amuser, et, pendant quelque hiver, il s'avisa de conter et de faire raconter devant eux les vieux récits qui couraient le monde et que, de temps immémorial, les nourrices s'étaient transmis. Il ne fit point comme les frères Grimm ont fait de nos jours en Allemagne, il ne prit point le bâton de voyageur et ne s'en alla point de chaumière en chaumière, de château en château, pour ramasser tout ce qui restait et flottait encore de poésie : ce n'était point la mode de tant courir au xviie siècle. Perrault était déjà vieux, il était bourgeois de Paris; il laissa donc les contes venir à lui dans les nombreuses veillées d'hiver, au coin du feu de sa maison du faubourg. Les voisins, on peut le croire, réunis à son appel, se cotisèrent; chacun des assistants paya son écot, chacun se ressouvint de ce qui avait charmé et bercé son enfance. Mais entre tout ce qui défilait devant lui de ces contes de *la Mère l'Oie,* si mêlés et faits presque indifféremment pour tenir éveillé l'auditoire ou pour l'endormir, il eut le bon goût de choisir et le talent de rédiger avec simplicité, ingénuité. Cela aujourd'hui fait sa gloire. Une Fée, à son tour, l'a touché ; il a eu un don. Qu'on ne vienne plus tant parler de grandes œuvres, de productions solennelles : le bon Perrault, pour avoir pris la plume et avoir écrit couramment sous la dictée de tous, et comme s'il eût été son jeune fils, est devenu ce que Boileau aspirait le plus à être, — immortel ! Était-ce donc la peine de se tant tourmenter et de se tant fâcher, Monsieur Despréaux ?

Les huit premiers Contes de Perrault, et qu'on peut appeler autant de petits chefs-d'œuvre, sont (je les donne dans leur ordre primitif qu'on a interverti, je ne sais pourquoi, dans les éditions modernes), *la Belle au bois dormant*, *le Petit Chaperon rouge*, *la Barbe bleue*, *le Maître Chat ou le Chat botté*, *les Fées*, *Cendrillon ou la petite pantoufle de verre*, *Riquet à la houppe*, et *le Petit-Poucet* couronnant le tout. *Peau d'âne*, mise en vers d'abord, puis retraduite en prose, n'en fait point partie, et mon admiration, je l'avoue, la laisse un peu en dehors.

La critique s'est exercée depuis un certain nombre d'années sur ces sujets, et l'on s'est adressé plusieurs questions.

Ces sujets traités par Perrault, et dont il a fixé la rédaction française, se trouvent-ils ailleurs dans d'autres livres, dans d'autres recueils que le sien, et dans des recueils antérieurement imprimés ?

Un homme qu'il est bon d'interroger quand on veut savoir à quoi s'en tenir, un savant, qui n'est pas pourtant de l'Académie des Inscriptions, mais qui me paraît composer à lui seul toute une Académie d'érudits,

M. Édélestand du Méril répond à la question en des termes que je résumerai ainsi :

« Il est aujourd'hui certain que, sauf pour *Riquet à la houppe*, dont on ne connaît pas encore l'analogue, Perrault, dans tous ses autres Contes, a recueilli avec plus ou moins d'exactitude des traditions orales, qui se retrouvent non-seulement chez nos voisins les Italiens et les Allemands, mais en Scandinavie et dans les montagnes d'Écosse. Il y a plus : les Contes, bien moins populaires en apparence, de Mme d'Aulnoy et de Mme de Beaumont, figurent aussi dans les traditions des autres peuples, surtout dans le *Pentamerone*, recueil de contes publié et réimprimé plusieurs fois en Italie au XVIIe siècle, mais dans un dialecte (le dialecte napolitain) que certainement ces dames n'auraient pas compris. Et il n'est guère probable que Perrault lui-même connût ce recueil. »

Ainsi donc, il est bien entendu que ce n'est nullement d'invention qu'il s'agit avec Perrault ; il n'a fait qu'écouter et reproduire à sa manière ce qui courait avant lui ; mais il paraît bien certain aussi, et cela est satisfaisant à penser, que ce n'est point dans des livres qu'il a puisé l'idée de ses Contes de Fées ; il les a pris dans le grand réservoir commun, et là d'où ils lui arrivaient avec toute leur fraîcheur de naïveté, je veux dire à même de la tradition orale, sur les lèvres parlantes des nourrices et des mères. Il a bu à la source dans le creux de sa main. C'est tout ce que nous demandons.

Ses Contes (on le reconnaît tout d'abord) ne sont pas

de ceux qui sentent en rien l'œuvre individuelle. Ils sont d'une tout autre étoffe, d'une tout autre provenance que tant de contes imaginés et fabriqués depuis, à l'usage des petits êtres qu'on veut former, instruire, éduquer, édifier même ou amuser de propos délibéré : Contes moraux, Contes philanthropiques et chrétiens, Contes humoristiques, etc. Mme Guizot, Bouilly, le chanoine Schmid, Töpffer, tous ces noms dont quelques-uns sont si estimables, jurent et détonent, prononcés à côté du sien ; car ses Contes à lui, ce sont des contes de tout le monde : Perrault n'a été que le secrétaire.

Mais en même temps il n'a pas été un secrétaire comme tout autre l'eût été. Dans sa rédaction juste et sobre, encore naïve et ingénue, il a atteint à la perfection du conte pour la race française :

Il faut, même en chansons, du bon sens et de l'art.

Perrault, à sa manière, observe le précepte ; il est de l'école de Boileau (sans que l'un ni l'autre ne s'en doute) dans le genre du conte. « La vérité avec lui se continue, même dans le merveilleux. » Il a de ces menus détails qui rendent tout d'un coup vraisemblable une chose impossible. Ainsi les souris qui sont changées en chevaux, dans *Cendrillon,* gardent à leur robe, sous leur forme nouvelle, « un beau gris de souris pommelé. » Le cocher, qui était précédemment un gros rat, garde sa moustache, « une des plus belles moustaches qu'on ait jamais vues. » Il y a des restes de bon sens à tout cela. Chez un Allemand, le conte de fées serait plus fantastique, plus féerique de tout point, non corrigé par la raison. Chez un Slave, ce serait, j'imagine, de plus en plus fort. Aussi le poëte Mickiewiçz a-t-il fait une querelle non pas d'Allemand, mais de Slave à Perrault, en l'accusant d'avoir trop *rationalisé* le conte. Mais Perrault, tout en contant pour les enfants, sait bien que ces enfants seront demain ou après demain des rationalistes; il est du pays et du siècle de Descartes. Descartes (c'est tout naturel) n'estimait pas les contes de *la Mère l'Oie* : il n'est en rien pour la tradition. S'il avait lu Perrault, il aurait peut-être pardonné. La mesure de Perrault est bien française. Ses Contes ne sont pas à l'usage d'imaginations effrénées. C'est assez que, dans sa rédaction parfaite (je ne parle pas des *moralités* en vers qu'il ajoute), il ait conservé le cachet de la littérature populaire, la *bonhomie*. Chaque nation d'ailleurs, même en matière de fées, a sa note et sa gamme.

D'où nous vient-il pourtant ce fonds commun de contes merveilleux, d'ogres, de géants, de Belles au bois dormant, de Petits-Poucets aux bottes de sept lieues, tous ces récits d'un attrait si vif et d'une terreur charmante aux approches du sommeil, qui se répètent et se balbutient avec tant de variantes, des confins de l'Asie aux extrémités du Nord et du Midi de l'Europe? Il est permis là-dessus de rêver plus qu'il n'est possible de répondre.

Quand les aînés de la race humaine partirent en essaims du Mont-Mérou, cette primitive patrie, en emportaient-ils déjà quelque chose? — Sont-ce, au contraire, les résidus combinés des religions, des superstitions diverses, celtiques, païennes, germaniques, qui, rejetées et refoulées au sein des campagnes, y ont fermenté et ont produit, à une certaine heure de printemps sacré, cette flore populaire universelle, comme, au fond des mers où tout s'accumule et se précipite, fermente déjà peut-être ce qui éclora un jour?

Quoi qu'il en soit et de quelque part qu'elle vienne, qu'elle ne périsse jamais cette fleur d'imagination première, cette image de l'enfance du monde, recommençant et se réfléchissant dans l'enfance de chacun! On a comparé la vie de l'humanité depuis l'origine à celle d'un seul homme; tâchons que la vie d'un seul ressemble à son tour à celle de l'humanité. Il y a des analogies naturelles et des harmonies qu'il faut savoir respecter. De même que, dans le sein de la mère, à l'état d'embryon, l'enfant parcourt rapidement, avant de naître, tous les degrés de l'organisation animale, de même, éclos et né, il tend à parcourir en abrégé les premiers âges de l'histoire et d'avant l'histoire. Observons-le bien : au sortir des bras de sa nourrice, à deux ou trois ans, il répète tous les mots, il gazouille tous les sons, il inventerait les langues, si elles n'étaient déjà inventées. Il me représente cet âge où l'humanité encore nouvelle ressemblait à un enfant de trois ans, et où ce n'était, par toutes les peuplades errantes, qu'un immense gazouillis universel. Plus tard, vers cinq ans, avec son imagination crédule et féconde, il inventerait les légendes, les superstitions, les fées, les démons, toutes les fabulosités païennes, si elles n'étaient dès longtemps inventées et épuisées. Qu'il en reste au moins une trace en lui. Qu'il ne sache pas seulement, qu'il sente par où ses aïeux, les premiers hommes, ont passé. On ne connaît bien, a-t-on dit, que ce qu'on aime : on ne comprend bien que ce qu'on a été. Qu'il ait donc été, lui aussi, l'homme naturel et naïf, l'homme crédule et enfant. Qu'il y ait au fond de son imagination un horizon d'or, l'âge féerique, homérique, légendaire, appelez-le comme vous le voudrez, — un âge d'une poésie naturelle et vivante. Ce que M. Renan disait, l'autre jour, de ce brave et digne baron d'Eckstein, lequel semblait se ressouvenir confusément des origines scythiques et alpestres de notre race, qu'on le puisse dire, et plus agréablement, de l'enfance; que plus tard l'homme, le jeune homme ait toujours en lui, par un coin de son passé, une réminiscence de l'âge d'or et des premiers printemps de l'imagination humaine, dût-il ensuite devenir positif, polytechnique, encyclopédique, dût-il être élevé comme le voulait Arago, ou plutôt et mieux comme le voulait Rabelais. Commençons l'enfance par quelques heures d'abandon et de simple causerie enfantine ; commençons la semaine par un dimanche. Aristote et Descartes, avec leur méthode, viendront assez tôt; assez tôt commencera la critique : qu'elle ne saisisse pas l'enfant au sortir du berceau. Je ne demande pas, remarquez-le bien, qu'on opprime l'enfance de contes prolongés et de terreurs superstitieuses : de tendres esprits trop frappés d'abord peuvent rester gravés à jamais, et on a peine souvent à se relever d'un premier pli. Il ne s'agit point d'aller refaire en notre siècle les enfants de la légende dorée et du moyen âge. On en est loin. *Le raisonner tristement s'accrédite*, disait Voltaire en son temps : pour moi, je ne m'en attriste pas plus qu'il ne faut, pas plus que ne s'en attristait, je le pense, Voltaire lui-même. Mais ne commençons pas non plus par désabuser systématiquement et par dessécher toute imagination naissante et croyante. La mesure de Perrault, encore une fois, me paraît la bonne. C'est celle de cet enfant qui dit à sa mère : « N'est-ce pas que ce n'est pas vrai? mais conte-le-moi toujours. » C'est celle de cet autre enfant qui attend avec impatience et avec un peu de crainte ce qui descend par la cheminée dans la nuit de Saint-Nicolas, ou ce qu'on trouve dans ses petits souliers le matin de Noël : « Je sais bien que c'est maman qui le met, mais c'est égal. » Il se vante, le petit esprit fort! il n'est pas bien sûr que ce soit sa maman. Son imagination et sa raison se combattent; c'est l'heure du crépuscule qui finit et de l'aube blanchissante.

Lundi 30 décembre 1861.

HISTOIRE DE LOUVOIS

ET

DE SON ADMINISTRATION POLITIQUE ET MILITAIRE

PAR M. CAMILLE ROUSSET,

Professeur d'histoire au Lycée Bonaparte (1).

Voilà un bon, un excellent livre. On ne s'aventure point en parlant ainsi. C'est de l'histoire composée et construite de la manière la plus instructive, rien qu'avec des pièces originales, des papiers d'État. Mais, dira-t-on, après tout ce qu'on a écrit et imprimé déjà, qu'y a-t-il donc tant à découvrir sur le règne de Louis XIV? Ce qu'il y avait à découvrir, l'auteur du présent livre nous l'apprend dans les premières pages. Louvois, entre autres établissements utiles et durables, a fondé le Dépôt de la Guerre ; c'est dans ce Dépôt que sont conservées toutes les lettres, toutes les dépêches,

(1) Chez Didier, quai des Augustins, 35. — Les deux premiers volumes, qui vont jusqu'à la Paix de Nimègue, sont en vente.

qui émanent des ministres et secrétaires d'État de la Guerre ou qui s'adressent à eux, les lettres et rapports des généraux, des intendants, etc. Or, ce Dépôt qui n'est point gardé par un dragon à plusieurs têtes, comme le jardin des Hespérides ou comme les Archives des Affaires étrangères, mais où l'on est accueilli avec bienveillance et libéralité, contient, en ce qui concerne Louvois, une masse de correspondance qui va de 1661 à 1691 et ne remplit guère moins de *neuf cents* volumes. Si l'on fait la part des copies ou transcriptions qui en prennent à peu près un tiers, il reste environ *six cents* volumes de pièces originales à lire, à étudier. Qu'en dites-vous? Pourquoi personne jusqu'à présent ne s'était-il avisé de puiser là et de s'emparer de ces sources capitales et premières?

Pourquoi Louis XIV, dans sa campagne de Hollande, en 1672, n'a-t-il pas su que c'était à Muyden, petite ville à sa portée, qu'était la clef de sa conquête, le nœud de toutes les écluses qu'il suffisait de lâcher pour inonder le pays? Il ne le sut qu'après coup et trop tard. C'est singulier, mais cela est ainsi.

Il faut être tout à fait juste. De même que M. d'Estrades, à l'époque de la conquête de Louis XIV, savait cette particularité si essentielle, ce secret des écluses dont la clef était à Muyden (mais il ne fut pas interrogé à temps), de même un homme dont on ne doit parler qu'avec bien de l'estime, le Père Griffet, continuateur du Père Daniel pour l'*Histoire de France,* l'excellent historien de Louis XIII, celui qui, sans l'exil qui le frappa avec tous les jésuites, allait nous donner un règne de Louis XIV de première main, le Père Griffet avait connu ces sources, y avait puisé et en avait tiré huit volumes de lettres qui sont imprimés (1760-1764); mais ces huit volumes, trop peu consultés eux-mêmes, sont peu de chose eu égard à l'immensité du dépôt. En ceci pourtant il n'était jamais trop tard; il suffisait de faire comme le laborieux jésuite et de remonter à la source : on ne le fit pas.

Les historiens s'étaient donc contentés jusqu'à présent de parler de Louvois d'une manière assez générale, rendant plus ou moins de justice à son administration, mais insistant avant tout sur les vices et les défauts de son caractère. On a bientôt dit, avec l'abbé de Choisy : *Esprit audacieux, insatiable de crédit;* — ou avec Duclos : *Puissant génie, âme féroce :* « C'était sans doute, ajoutait ce dernier, un ministre supérieur pour conduire une guerre ; mais si on le considère comme citoyen, c'était un monstre. » Cette expression de *monstre d'égoïsme,* appliquée à Louvois, a fait fortune et a trouvé des échos. On l'a jugé capable de tous les crimes. Les plus modérés (comme La Fare) l'estimaient « homme excellent dans l'exécution, mais dont les vues n'étaient pas assez étendues pour le gouvernement d'un grand État; — capable de bien servir dans le ministère, mais non pas de gouverner. » En ce sens on l'a appelé un grand *commis* plutôt qu'un grand ministre. Circonscrivant encore plus sa capacité et la reportant tout entière sur la fourniture et l'approvisionnement des armées, on l'avait surnommé *le grand vivrier*. Détesté et haï de tout temps, il était exécré et *abominé* au moment de sa mort. On le croyait à la veille d'une disgrâce dans l'esprit du roi et sous la menace d'une chute profonde. On a raconté là-dessus mille histoires qu'on peut lire chez Saint-Simon, lequel en telle matière est prêt à renchérir toujours. Par une conjecture toute contraire, et qui éloigne l'idée de disgrâce, cette mort, arrivée dans les circonstances les plus malencontreuses et au fort d'une guerre, fit dire de lui « qu'il aurait fallu ou qu'il ne fût point né, ou qu'il eût vécu plus longtemps, » lui seul étant en état, par ses talents, de porter le poids d'une si grosse affaire qu'il avait préparée et suscitée. Ce ne sont là que propos et rumeurs ; les auteurs de Mémoires trop souvent en vivent. Saint-Simon, qui n'avait pas eu le temps de connaître Louvois, ne lui en voulait pas moins personnellement comme au grand niveleur qui avait mis au pas la noblesse dans les armées, qui l'avait réduite à l'égalité dans l'obéissance et la discipline, avait assujetti les plus grands seigneurs (sauf les seuls princes du sang) à débuter par porter le mousquet et à faire le service comme les plus simples gardes, puis, les grades venus, à ne tenir de leur naissance aucune prérogative et à ne figurer qu'à leur rang selon l'ordre du *tableau*. Cette égalité et cette confusion avec le *vil peuple*, sous la main du roi et du ministre qui ordonnait en son nom, indignait le petit duc assez peu militaire de sa nature et peu soldat. Mme de Sévigné paraissait en prendre son parti de meilleure humeur, quand elle écrivait à sa fille :

« Vous ne serez pas fâchée d'apprendre ce que c'est que

d'avoir une belle compagnie ou d'en avoir une mauvaise. M. de Louvois dit l'autre jour tout haut à M. de Nogaret : « Monsieur, votre compagnie est en fort mauvais état.— Monsieur, *dit-il*, je ne le savais pas. — Il faut le savoir, *dit M. de Louvois;* l'avez-vous vue ? — Non, Monsieur, *dit Nogaret.* — Il faudrait l'avoir vue, Monsieur. — Monsieur, j'y donnerai ordre. — Il faudrait l'avoir donné. Il faut prendre parti, Monsieur, ou se déclarer courtisan, ou s'acquitter de son devoir quand on est officier. »

Ainsi parlait Louvois à Messieurs les gens de qualité qui étaient en faute pour le service. — Louvois, mort, n'eut point les honneurs de l'oraison funèbre, comme tant d'autres (à commencer par son père, Michel Le Tellier), qui ne valaient certes pas mieux que lui par le caractère, et qui ne l'égalaient pas en génie. Son unique oraison funèbre, c'est cette même admirable plume de femme, qui l'a faite dans un début de lettre immortel. Mme de Sévigné écrivait à M. de Coulanges, le 26 juillet 1691 :

« Le voilà donc mort, ce grand ministre, cet homme si considérable, qui tenait une si grande place ; dont le *Moi*, comme dit M. Nicole, était si étendu ; qui était le centre de tant de choses ! Que d'affaires, que de desseins, que de projets, que de secrets, que d'intérêts à démêler, que de guerres commencées, que d'intrigues, que de beaux coups d'échecs à faire et à conduire ! — Ah ! mon Dieu, donnez-moi un peu de temps, je voudrais bien donner un échec au duc de Savoie, un mat au prince d'Orange. — Non, non, vous n'aurez pas un seul, un seul moment. — Faut-il raisonner sur cette étrange aventure ? Non, en vérité, il y faut faire des réflexions dans son cabinet. Voilà le second ministre (*l'autre était M. de Seignelai*) que vous voyez mourir depuis que vous êtes à Rome ; rien n'est plus différent que leur mort, mais rien n'est plus égal que leur fortune et leurs attachements, et les cent mille millions de chaînes qui les attachaient tous deux à la terre. »

Elle ne croyait donc pas, quand elle écrivait ceci et qu'elle le montrait si ancré et comme rivé au sommet de la fortune, que cette mort soudaine n'eût fait que le sauver d'une disgrâce.

On en était là sur Louvois. Les historiens spéciaux de l'administration de la guerre (Audouin, par exemple), en lui accordant d'avoir été le plus grand administrateur militaire, en le proclamant « créateur d'un système d'approvisionnements, auteur des règlements de discipline et d'avancement, fondateur d'une école de cadets et de l'hôtel des Invalides, » n'expliquaient pas avec détail en quoi consistaient toutes ces créations et n'insistaient guère que sur le chapitre des vivres et subsistances : le reste ne figure qu'en abrégé, et le peu qu'on en dit n'est pas d'une entière exactitude. On peut donc s'imaginer quels furent l'étonnement et la joie d'un esprit studieux et véritablement historique lorsqu'il se vit introduit tout à coup au milieu et au centre de toutes les informations les plus copieuses, les plus précises, les plus lumineuses, au cœur même de l'œuvre de Louvois. Et qui dit Louvois, dit en même temps tous les hommes importants de son époque, qui étaient en correspondance suivie avec lui, de sorte qu'on tient d'un même coup de filet toute la politique et toute l'histoire militaire de la plus belle période de ce grand règne.

18.

« Les années que j'ai passées là, nous dit M. Rousset avec un accent pénétré et qui l'honore, sont certainement celles qui m'ont donné le plus de bonheur intellectuel et de jouissances parfaites. Nouer un commerce intime et de tête-à-tête avec les plus grands hommes d'un grand siècle; tenir entre ses mains les lettres originales de Louis XIV, de Louvois, de Turenne, de Condé, de Vauban, de Luxembourg et de tant d'autres, dont l'écriture semble encore fraîche, comme si elle était tracée d'hier; démêler sans peine tous les secrets de la politique et de la guerre; assister à la conception et à l'éclosion des événements; surprendre l'histoire, pour ainsi dire, à l'état natif, quelle plus heureuse fortune et quelle plus grande joie! Je vivais au sein même de la vérité; j'en étais inondé, pénétré, enivré. Mais aujourd'hui, je le dis sincèrement, ma joie est mêlée d'une grande inquiétude; cette vérité historique dont j'ai eu la révélation première, ai-je bien la force et le talent qu'il faut pour la communiquer? C'était mon vœu le plus ardent, et j'y ai fait tous mes efforts... »

Ce n'est pas à nous, c'est aux juges les plus éclairés, dont nous ne sommes que l'écho, d'ajouter qu'il a pleinement réussi. Je ne sais si M. Rousset aurait beaucoup le talent d'écrire et de peindre, d'être *éloquent,* comme on dit, dans le cas où il marcherait tout seul et où il aurait à composer, pour son compte, quelque morceau de sa propre étoffe; mais aujourd'hui il ne nous donne pas le temps d'y songer : dans ce long travail d'analyse, d'extrait, de résumé et d'assemblage, il a fait preuve partout d'un excellent jugement, d'un goût sobre, d'un choix sévère, d'une fermeté de pensée et d'expression qui inspire toute confiance. Il a eu l'art de rejoindre solidement tous ces morceaux de textes originaux, sans lesquels il ne met pas un pied en avant.

Cette histoire, telle qu'il a su l'établir et la bâtir, est tout à fait le contraire de ces histoires générales, systématiques, où l'auteur prête de ses intentions et de son parti pris aux personnages et aux événements eux-mêmes, tellement qu'en les lisant le vulgaire des esprits qui aime à être mené croit tout comprendre et se déclare charmé, tandis que tout esprit politique et qui a tâté des affaires humaines sent aussitôt que ce n'est pas ainsi que les choses ont dû se passer. Ici nous sommes au centre même du mouvement intérieur, et, selon l'expression ingénieuse du meilleur des juges (1), nous sommes *comme au dedans d'une montre* dont nous voyons s'engrener et marcher les rouages. Tout se tient et s'explique : la politique avec tous ses ressorts joue devant nous, et nous assistons au fur et à mesure au travail de l'histoire.

Cicéron disait d'Athènes qu'on n'y pouvait faire un pas sans mettre le pied sur une histoire. Nous le dirons de même de ce récit, tout composé et comme pavé de pièces du temps : nous y marchons à chaque pas sur du Louis XIV, sur du Louvois, sur du Vauban, sur du Luxembourg; c'est une chaussée historique continue.

I

Né en janvier 1641 et de trois ans plus jeune que Louis XIV, Louvois comprit dès l'enfance la vérité de ce que La Bruyère a mis en maxime : *Jeunesse des princes,*

---

(1) Le duc de Broglie.

source des belles fortunes. Admirablement bien élevé par un père d'apparence modeste, et qui, dans sa longue patience, recélait toutes les ambitions, dussent-elles n'éclater au complet et ne s'épanouir que dans la personne de ses enfants, Louvois, secrétaire d'État en survivance dès l'âge de quinze ans, nourri au sein des affaires, eut l'art, auprès de Louis XIV son aîné de bien peu, de se donner comme l'élève le plus disposé à profiter des leçons du maître, et qui n'aspirait qu'à le bien servir. Louis XIV paraît d'abord un peu dupe du jeune ambitieux ; et, en général, M. Rousset nous montre ce prince, dès son entrée en scène, infatué de sa grandeur, d'un immense égoïsme « qui absorbait, dit-il, tout le royaume en lui-même. Il n'était genre d'autorité, de considération, de vertu, de talent, qui ne lui fût suspect et ne lui parût comme rebelle et factieux, s'il n'avait été créé ou tout au moins consacré par la volonté royale. » Le seul reproche que je ferai à M. Rousset, le seul point où son excellent esprit me paraît avoir cédé à la prévention, est celui-ci, et j'ai peine à comprendre qu'au moment où il nous produit tant de preuves directes et nouvelles de l'élévation de sentiments, de la magnanimité et du bon esprit du jeune monarque, il soit si attentif à nous le présenter sous l'aspect le plus saillant de ses défauts. Quoi qu'il en soit, Louvois parut de bonne heure à Louis XIV un des instruments les plus utiles dont il aurait à se servir pour l'œuvre royale qu'il méditait. Cette œuvre était de reprendre les grands desseins de Henri IV, de Richelieu, d'imprimer à sa politique un caractère autrement auguste que ne l'avait pu faire l'adroit et habile Mazarin, de marquer par des guerres glorieuses et fructueuses son avénement réel et sa prise de possession comme roi. Il confondait dans sa pensée cette gloire personnelle et celle de la France. Se trompait-il en cela? Qui l'oserait dire aujourd'hui? qui oserait soutenir que d'avoir donné à la France une suite de frontières où Douai, Lille, Cambrai, Valenciennes, Saint-Omer, n'étaient plus à l'ennemi, où Besançon et la Franche-Comté nous étaient acquis, où Strasbourg nous couvrait vers le Rhin, où la Lorraine dans un avenir prochain nous était assurée, qui oserait dire que d'avoir obtenu ce résultat, d'avoir extirpé du sein du royaume toutes ces enclaves étrangères, ces bras de polypes qui essayaient en vingt endroits d'y pénétrer, d'avoir fait, selon l'expression de Vauban, *son pré carré,* et d'avoir pu désormais tenir son quartier de terre des deux mains, ce ne soit pas avoir compris les conditions essentielles du salut et de l'intégrité de la noble patrie française? Il y a dans les grands États un instinct de subsistance et de conservation, un besoin de croissance et d'achèvement à une certaine heure, qui est aussi un droit de nature. Ce besoin et ce droit se personnifient dans la figure et dans l'âme de Louis XIV, qui, plein de son objet, put excéder sans doute et vouloir dépasser le but, mais qui en définitive l'a atteint, et, même après toutes ses fautes et ses grands désastres, n'a rien perdu d'essentiel de ce qu'il nous avait une fois acquis. Honneur donc à lui dans l'histoire, quels qu'aient pu être les raisonnements diplomatiques plus ou moins contestables par lesquels il essayait de soutenir les *droits de la Reine* sur les Pays-Bas! Or, Louvois a été dès le premier jour l'homme de cette politique dont l'unique moyen était la guerre, et il est douteux que, sans lui, sans la nature de génie spécial à la fois et complexe qu'il y apporta, Louis XIV, même à l'aide de ses grands capitaines, eût réussi et triomphé.

Comme les plus capables et les mieux destinés à leur emploi, Louvois eut cependant besoin de quelque apprentissage. Ce caractère si entier, cette ambition si altière durent quelque temps se dissimuler et se contraindre. Le fils du plus souple des hommes, du doucereux Le Tellier, eut bien de la peine à se plier d'abord à ce manége. Associé à la charge de son père dès 1662, à l'âge de vingt et un ans, et autorisé à signer comme secrétaire d'État, quelques années se passent avant qu'il siége au Conseil et qu'il s'impose avec tout son ascendant. Il en profite pour être présent en tout lieu, pour s'instruire de tout sans bruit, sans appareil, et comme d'affaires de sa maison; il voit de près et touche de ses mains les irrégularités de tout genre, les énormités et les lacunes de l'administration de la guerre; aucun abus ne lui échappe : il conçoit et prépare sans un instant de relâche cette organisation centrale, cette discipline rigoureuse, cette égalité de tous sous un même règlement, ce contrôle des deniers de l'État, cette économie et ce ménagement des subsistances, cette coordination et cet ajustement de toutes les parties du service, qui sont proprement son œuvre. Il sera le Colbert des armées. Il fallut, pour en venir là, arracher bien des choses à Colbert ; car les services civils et militaires étaient enchevêtrés, et le conflit se produisait à tout instant. Que d'ennemis, que de résistances il rencontre ! Il n'a pas seulement contre lui, dans l'armée, l'orgueil nobiliaire, la vanité, les prétentions et la routine ; il a les honnêtes gens revêches, les esprits étroits et récalcitrants comme le marquis de Bellefonds ; il a Turenne mal disposé, et bien d'autres. Il en triomphe par force, par adresse, car il n'est pas si violent qu'on le dit ; il fait si bien, il joue si serré qu'il y a tel moment, à la Paix d'Aix-la-Chapelle (1668), où Turenne est obligé de le louer devant le roi, et où Colbert le remercie. Louvois a senti de bonne heure qu'avec tout ce qu'il exécute déjà et ce qu'il prépare il lui faut avoir des hommes à lui, rien qu'à lui. Il les acquiert et les crée, soit qu'il se concilie le grand Condé en lui faisant rendre le commandement des armées, soit qu'il s'entende presque en camarade avec Luxembourg, brillant capitaine, homme corrompu : il y a, dès le principe, partie liée entre eux, bien que l'alliance ne doive pas tenir jusqu'au bout. Il s'acquiert plus sûrement Vauban, conquête inestimable ; nous y reviendrons. De plus il a sous lui toute une élite d'hommes secondaires que cette histoire nous découvre et qui prennent figure et vie à nos yeux : — en première ligne, Martinet, lieutenant-colonel du régiment du Roi, mort maréchal de camp, officier modèle, dont le nom devient proverbial dans l'armée, et qui est l'instrument de la réforme, le parfait instructeur, le praticien de la discipline nouvelle dans l'infanterie ; — après lui, le chevalier de

Fourilles, qui rend des services pareils, et qui est un autre Martinet pour la cavalerie; — des intendants comme Charuel, agent zélé, ferme, intelligent, dont les plus grands généraux redoutent les écritures, qui ne paraît pas en avoir abusé toutefois, et que Louvois, fidèle au principe de la séparation des pouvoirs, soutient sans broncher dans ses contestations avec les maréchaux victorieux, après la conquête. Disons tout : il y a le revers de la médaille, les vilains, les affreux côtés, les abominables nécessités de la guerre, un intendant Robert, des plus capables et homme de ressources, — de trop de ressources! — terrible à force d'expédients, qui tond et écorche impitoyablement les provinces conquises; — un Luxembourg, tout l'opposé de Vauban pour les mœurs, tournant agréablement ses cupidités en railleries, roué, insolent, inhumain et fanfaron d'inhumanité; et Louvois badine avec l'un, et il n'est pas révolté des exactions, des extorsions de l'autre, puisqu'elles vont au profit du roi : il semble que tout soit permis et légitime sur le territoire ennemi. Malgré ces taches odieuses et les pénibles impressions qu'elles laissent, quiconque aura lu le chapitre III que M. Camille Rousset a consacré à l'examen approfondi et détaillé des institutions militaires réformées ou créées par Louvois, gardera du génie du ministre la plus haute et la plus respectable idée. Si nous lui cherchions des analogues de nos jours parmi les hommes que nous avons vus à l'œuvre et que l'histoire a déjà mesurés, nous serions obligés de remuer et d'associer bien des noms. Il y a du Davout dans Louvois; il y a du Carnot.

C'est un Daru de génie et original, un Daru inventif, qui a l'initiative à la fois et l'exécution, qui, en un mot, a tout un coin du génie de Napoléon. Par moments aussi, Louvois est un major-général excellent et en fait l'office. La concentration des troupes à l'improviste devant Gand, en 1678, parut alors un prodige de combinaison et de manœuvres, et reste un beau fait de stratégie. Tout compté, si trop souvent il s'est montré dur, cruel, sans scrupule dans l'exécution, il a rendu en somme un éminent service à l'État, et même, on l'ose dire, à l'humanité, en organisant cette chose sauvage, la guerre : il l'a, jusqu'à un certain point, moralisée.

II

A côté de Louvois, non loin de lui, on a une consolation sans mélange. Entre tant de personnages qui, vus de près et saisis en pleine action, tantôt y gagnent et tantôt y perdent, et dont quelques-uns n'accroissent pas leur réputation, ou même la déshonorent, il en est un du moins qui, en chaque rencontre, ne fait que gagner à être de plus en plus connu et mis en lumière, et qui mérite, plus encore que Turenne peut-être, qu'on dise de lui qu'il fait honneur à la nature humaine : c'est Vauban. Quel honnête homme ! quelle probe et antique figure ! quelle prud'homie morale, jointe à une habileté sans pareille dans son art ! Louvois se l'est acquis ; c'est une de ses gloires. Vauban lui a toute reconnaissance pour l'avoir distingué, pour l'avoir tiré de la dépendance du chevalier de Clerville, l'ingénieur en vogue, beau parleur, qui jetait de la poudre aux yeux, et qui était auparavant l'oracle en matière de fortification. Vauban doit à Louvois ce que tout homme de talent prise le plus, l'occasion de montrer au grand jour ses talents. Il lui donne en retour toutes les preuves de dévouement dont il est capable, et celle qu'un ministre digne du pouvoir doit le plus désirer, la vérité en toute chose. Il faut voir leur correspondance depuis le jour où Louvois, qui ne le connaît pas encore à fond, écrit à l'intendant Charuel (14 octobre 1667) :

« *Le sieur Vauban* est assurément capable de bien servir; mais il n'est pas inutile de l'exciter à bien faire. Vous lui témoignerez qu'il doit mettre en pratique son industrie pour faire faire les ouvrages à bon marché et très-promptement, afin que l'on puisse faire voir au roi que les mauvais offices qu'on lui a rendus sur cela sont mal fondés. »

Ces mauvais offices rendus à Vauban par un intendant d'Alsace, cousin de Colbert, faillirent perdre cet illustre ingénieur et guerrier au début de sa grande carrière. On l'accusait de malversation, et Colbert sur ce chapitre était inexorable. Louvois tira Vauban d'affaire; il ne lui sauva pas seulement sa très-médiocre fortune, il sauva son honneur de toute tache et de tout soupçon. Vauban lui en sut un gré proportionné au bon office ; et Colbert, revenu de ses préventions, eut beau faire ensuite des avances à l'homme de génie qui restait malgré tout l'honnête homme offensé, il ne put jamais le gagner et le reconquérir sur son grand rival.

On assiste à tous les pas que font la fortune et la

gloire de Vauban, c'est-à-dire à tous les services que ce guerrier citoyen rend à son pays. Il a à vaincre, en 1668, pour les fortifications des places de Flandre et d'Artois, le chevalier de Clerville, qui conserve encore une ombre de crédit et qu'il s'agit de jeter décidément de côté, lui et ses plans. C'est le duel éternel de tout ce qui finit et de ce qui succède, de ce qui se survit et de ce qui doit vivre ; cela s'est vu de tout temps, en grand, en petit, dans tous les genres et dans tous les ordres : César et Pompée, Malherbe et le vieux Desportes, Descartes et Voët, Franklin et l'abbé Nollet... Le chevalier de Clerville sent désormais son maître dans celui qui fut longtemps son *diacre*, comme le disait plaisamment Vauban : « Il est fort chagrin contre moi, ajoutait celui-ci, quelque mine qu'il fasse ; c'est pourquoi il ne me pardonnera rien de ce qui lui aura semblé faute ; mais je loue Dieu de ce que lui et moi avons affaire à un ministre éclairé qui, en matière de fortification, ne prend point le change, et qui veut des raisons solides pour se laisser persuader et non pas des historiettes. » Une dernière rencontre a lieu entre les deux rivaux, au sujet des fortifications de Dunkerque; elle est décisive. On sent à quel point Vauban, comme tous les vrais artistes, a en lui la fibre de l'honneur ; je parle présentement de l'honneur du métier. Ce n'est pas à réussir sur l'heure et pour un jour qu'il vise, comme cela suffit aux charlatans, c'est à s'acquérir l'estime des connaisseurs et de ceux qui en jugeront plus tard à l'usage : « Ce n'est pas ici un jeu d'enfants, écrivait-il à propos de ce même Dunkerque, et j'aimerais mieux perdre la vie que d'entendre dire un jour de moi ce que j'entends des gens qui m'ont devancé. » Plein de bonnes raisons, et de celles qu'il donne, et de celles qu'il garde par devers lui dans un art qui a ses secrets, il s'impatiente et s'irrite même des chicanes et des objections qu'on élève quand il a le dos tourné; il s'en plaint au ministre et d'un ton parfois un peu brusque. Louvois le lui passe. Ils ne sont pas là précisément pour s'écrire des politesses, mais pour vaquer le plus efficacement au service du roi. Il y a pourtant des jours où Vauban craint d'avoir excédé en franchise; il croit devoir s'en excuser :

« Je vous supplie très-humblement, écrivait-il dans sa langue légèrement arriérée et à la gauloise, d'avoir un peu de créance à un homme qui est tout à vous, et de ne point vous fâcher, si, dans celles que j'ai l'honneur de vous écrire, je préfère la vérité, quoique mal polie, à une lâche complaisance qui ne serait bonne qu'à vous tromper, si vous en étiez capable, et à me déshonorer. Je suis sur les lieux; je vois les choses avec application, et c'est mon métier que de les connaître; je sais mon devoir, aux règles duquel je m'attache inviolablement, mais encore plus que j'ai l'honneur d'être votre créature, que je vous dois tout ce que je suis, et que je n'espère que par vous; ce qui étant de la sorte, et n'ayant pour but que très-humble et très-parfaite reconnaissance, ce serait bien y manquer et me rendre indigne de vos bonnes grâces, si, crainte d'une rebuffade ou par l'appréhension de la peine, je manquais à vous proposer les véritables expédients qui peuvent faciliter le ménage et avancement de cet ouvrage-ci, et de tous ceux que vous me ferez l'honneur de me commettre. Trouvez donc bon, s'il vous plaît, qu'avec le respect que je vous dois, je vous dise librement mes sentiments dans cette matière. Vous savez mieux que moi qu'il n'y a que les gens qui en usent de la sorte qui soient capables de servir un maître comme il faut. »

— « Je ne comprends pas, lui répond Louvois noblement susceptible et délicat à sa manière, ce que veut dire la fin de votre lettre, par laquelle il semble que vous vous excusiez de me dire la vérité avec trop de franchise. Je ne pense point vous avoir jamais témoigné désirer autre chose que de la savoir, et je vous répète présentement que, si j'ai à espérer quelque reconnaissance de vous avoir donné occasion de faire votre fortune, ce ne sera jamais d'autre chose que d'être informé, à point nommé, de ce qui se passe et de ce que vous croyez que l'on doit faire, quand même vous auriez connu par mes lettres que cela est contre mon sens. »

On dira de Louvois bien des choses, on ne dira pas qu'il n'avait point la probité de son emploi.

Vauban est rude; il a dans son action, comme dans son langage, des marques restantes du xvie siècle; il a des habitudes, des manières de dire comme d'agir à la Sully, à la L'Hôpital. Sa plaisanterie est de la bonne et grosse étoffe. On fortifiait la citadelle de Lille (1669); il en voulait faire un chef-d'œuvre, et Louvois marchandait sur quelque point :

« La dépense, lui écrivait Vauban qui le voulait séduire, n'ira pas à quatre mille livres, et de cela j'en suis si assuré que je me soumets volontiers à payer le surplus, s'il y en a, et d'avoir encore les étrivières par-dessus le marché. Je vous supplie donc de vous laisser persuader, et de vous souvenir que, la citadelle de Lille ayant l'honneur d'être votre fille aînée dans la fortification, il est juste que vous lui fassiez quelque prérogative. — Rien, disait-il encore en ouvrier amoureux de son ouvrage, rien n'est mieux conduit ni plus beau que toute cette maçonnerie; l'on n'y voit pas le moindre défaut. »

La maçonnerie était belle, mais on menait les maçons un peu rudement :

« Pour empêcher la désertion des maçons, qui me faisait enrager, j'ai pris, sous votre bon plaisir, deux gardes de M. le maréchal (d'Humières), des plus honnêtes gens, qui auront leurs chevaux toujours sellés dans la citadelle, avec chacun un ordre en poche et un nerf de bœuf à la main ; les soirs, on verra ceux qui manqueront ; après quoi, dès le matin, ils les iront chercher au fond de leur village, et les amèneront par les oreilles sur l'ouvrage. »

Est-il besoin d'avertir qu'il y a quelque plaisanterie dans cette rudesse un peu grossière ? Le fond vaut mieux que la forme. Vauban était, de fait, le plus humain des hommes de guerre.

Sa probité rigide excitait bien des mécontentements. Comme on faisait travailler les soldats aux fortifications, il y avait une comptabilité établie entre les officiers et les entrepreneurs. Les premiers n'étaient pas toujours purs et nets ; les seconds avaient bon dos, on trichait à leurs dépens, et il se faisait bien des tours de passe-passe : « Assurément, disait Vauban, s'il y avait quelque bon tour dans la filouterie que le Diable ne sût pas, il pourrait le venir apprendre ici... il n'y a pas une telle école au reste du monde. » Mais les officiers vont plus loin ; quelques-uns, et des plus coupables, pour se blanchir, osent se plaindre des gens qu'emploie Vauban, comme s'il ne surveillait pas son monde : on semble dire que lui-même interrogé ne pourra disconvenir de certains faits. Louvois ébranlé lui en écrit avec reproche, supposant qu'il a dissimulé la vérité sur quelque point. Vauban indigné répond, et, à son tour, il réclame, il exige stricte et rigoureuse justice. Cette lettre du 15 décembre 1671 est à encadrer dans un cadre d'or; elle est à mettre à côté de telle page de L'Hôpital, de telle allocution de Gerson, de telle réponse de ces vieux et grands parlementaires Achille de Harlay ou de La Vacquerie; c'est l'éloquence du cœur, toute pure et toute crue, et qui n'y va pas par quatre chemins:

« Il est de la dernière conséquence d'approfondir cette affaire, tant à l'égard du préjudice que le service du roi en peut recevoir, si ces Messieurs ont dit vrai, que de la justice que vous devez à ceux qui, pour faire leur devoir trop exactement, sont injustement calomniés. Recevez donc, s'il vous plaît, toutes leurs plaintes, Monseigneur, et les preuves qu'ils offrent de vous donner. Que si vos grandes affaires vous occupent trop, commettez-y quelque honnête homme qui examine bien toutes choses à fond, et qui vous en rende compte après; car, encore une fois, il est de la dernière conséquence d'approfondir cette affaire. Ne craignez point d'abîmer Mongivrault et Vollant (*deux ingénieurs sous ses ordres*), s'ils sont trouvés coupables. Je suis sûr qu'ils n'appréhendent rien là-dessus; mais, quand cela serait, *pour un perdu, deux recouvrés*. Quant à moi, qui ne suis pas moins accusé qu'eux, et qui, peut-être, suis encore plus coupable, je vous supplie et vous conjure, Monseigneur, si vous avez quelque bonté pour moi, d'écouter tout ce que l'on vous dira contre, et d'approfondir, afin d'en découvrir la vérité; et si je suis trouvé coupable, comme j'ai l'honneur de vous approcher de plus près que les autres, et que vous m'honorez d'une confidence plus particulière, j'en mérite une bien plus sévère punition. Cela veut dire que, si les autres méritent le fouet, je mérite du moins la corde; j'en prononce moi-même l'arrêt, sur lequel je ne veux ni quartier ni grâce. Mais aussi, si mes accusateurs ne peuvent pas prouver ou qu'ils prouvent mal, je prétends que l'on exerce sur eux la même justice que je demande pour moi. Et sur cela, Monseigneur, je prendrai la liberté de vous dire que les affaires sont trop avancées pour en demeurer là ; car je suis accusé par des gens dont je saurai le nom, qui ont semé de très-méchants bruits de moi ; si bien qu'il est nécessaire que j'en sois justifié à toute rigueur. En un mot, Monseigneur, vous jugez bien que, n'approfondissant point cette affaire, vous ne me sauriez rendre justice ; et ne me la rendant point, ce serait m'obliger à chercher les moyens de me la faire moi-même, et d'abandonner pour jamais la fortification et toutes ses dépendances. Examinez donc hardiment et sévèrement, *bas toute tendresse,* car j'ose bien vous dire que, sur le fait d'une probité très-exacte et d'une fidélité sincère, je ne crains ni le Roi, ni vous, ni tout le genre humain ensemble. La fortune m'a fait naître le plus pauvre gentilhomme de France ; mais, en récompense, elle m'a honoré d'un cœur sincère, si exempt de toutes sortes de friponneries qu'il n'en peut même souffrir l'imagination sans horreur. »

Honneur et vertu ! nobles accents ! Louvois n'était pas indigne de les entendre. Il s'ensuit entre eux, dès lors, un redoublement de liaison et de confiance. Vauban écrit pour lui, et à sa demande, un *Mémoire pour servir d'instruction sur la conduite des siéges :* « un livre, disait-il en hochant la tête, rempli de la plus fine marchandise qui soit dans ma boutique, et telle qu'il n'y a assurément que vous dans le royaume qui en puisse tirer de moi de semblable. » Il fait de Louvois son élève et son confident dans l'art des siéges. Ils échangent leurs cadeaux d'amitié : Vauban aura le portrait de Louvois, peint par Mignard ; Louvois recevra de

Vauban « un Plan de Lille bien rectifié, avec la description de tout son paysage à la portée du canon à la ronde, où toutes choses, jusqu'au moindre fossé, sont mises dans leur place juste, et où il ne manque pas la moindre chose du monde ; » présent sévère et de main de maître aussi.

Vauban, dans toute cette histoire, conserve et soutient ce beau caractère. Homme antique, qui au génie d'un Français nouveau unit toutes les qualités des vieux Gaulois, ou mieux peut-être des Romains de vieille roche. Il voudrait faire mentir ceux qui disent « que les Français commencent tout et n'achèvent jamais rien. » Il voudrait les désabuser de ce faux point d'honneur qui, dans les siéges, quand il est tout préoccupé, par ses inventions savantes, de ménager la vie des hommes, leur fait prodiguer la leur, sans utilité, sans aucune raison et par pure bravade : « Mais ceci, disait-il, est un péché originel dont les Français ne se corrigeront jamais, si Dieu, qui est tout-puissant, n'en réforme toute l'espèce. »

Hormis ce pur et irréprochable Vauban, tous ceux qui figurent dans cette histoire, y paraissent avec leurs qualités et leurs défauts ou avec leurs vices : Condé, avec ses réveils d'ardeur, ses lumières d'esprit, mais aussi avec des lenteurs imprévues, des indécisions de volonté (premier signe d'affaiblissement), et avec ses obséquiosités de courtisan envers le maître et même envers les ministres ; Turenne, avec son expérience, sa prudence moins accrue qu'enhardie en vieillissant, et son habileté consommée, mais avec ses sécheresses d'humeur et ses obscurités de discours; Luxembourg, avec ses talents, ses ardeurs à la Condé, sa verve railleuse, mais avec sa corruption flagrante et son absence de tout scrupule; Louvois, avec sa dureté et sa hauteur qui font comme partie de son génie et qui sont des instruments de sa capacité même, avec plus de modération toutefois et d'empire sur ses passions qu'on ne s'attendait à lui en trouver. Louis XIV, enfin, s'y montre dans sa grandeur d'âme et son ambition de roi, avec son esprit de travail, son application de détail, son besoin de tout prescrire et de tout régler, ou du moins de tout comprendre, de se rendre un compte exact de la marche et de la conduite suivie en chaque affaire. Pour eux tous M. Camille Rousset est juste et il fait équitablement la part du bien et du mal, pour tous (exception étrange!) si ce n'est pour Louis XIV, au désavantage de qui, chaque fois qu'il le peut, il secoue et incline assez lestement la balance. Je veux lui en faire une querelle; sans un peu de querelle la critique ne vit pas. Le spirituel général Haxo, qu'on peut citer dans un article où il vient d'être tant question de Vauban, aimait fort à contredire, et quand il n'y avait plus moyen : « Nous sommes d'accord, disait-il à son interlocuteur; eh bien ! je m'en vais. » Il en est ainsi de la critique : elle tourne court et s'en va quand elle est d'accord avec l'auteur. Je reste donc pour contredire ou pour chicaner M. Rousset sur un seul point.

Lundi 6 janvier 1862.

HISTOIRE DE LOUVOIS

ET

DE SON ADMINISTRATION POLITIQUE ET MILITAIRE

PAR M. CAMILLE ROUSSET,

Professeur d'histoire au Lycée Bonaparte.

—

(SUITE ET FIN.)

—

La querelle que je veux faire à M. Rousset n'est pas, après tout, si grosse ni si grave qu'on le croirait; elle porte sur la forme et sur le ton, plus que sur le fond. Si c'était dans un autre livre qu'il eût dit de Louis XIV les mêmes choses, je ne les relèverais pas. Qui de nous ne s'est permis des légèretés et un sourire au moins sur le grand roi? Mais ici nous sommes *chez Louis XIV,* dans le plus beau de son règne et de son œuvre; M. Rousset nous en fait mieux apprécier que personne la nécessité, la justesse, la grandeur, et c'est à ce même moment qu'il se montre sévère ou un peu dédaigneux pour le monarque, lui si judicieux et si équitable envers tous ceux qui l'ont servi.

M. Rousset a, dès l'origine, une théorie du caractère et de la fonction de Louis XIV, qui est celle des opposants et des mécontents, et que je ne crois pas très-justifiée, si on y regarde de près :

> « Louis XIV, nous dit-il, avait, comme Philippe II, le goût des détails; ses ministres encouragèrent ce goût et le poussèrent même à l'excès; en trompant par la multiplicité des affaires un appétit de travail qui était réel et sérieux, ils l'assouvissaient d'abord par les petites et tenaient les grandes en réserve; mais toutes lui étaient présentées. Rien ne se faisait à l'insu du roi; rien ne se faisait qu'en son nom. Pouvait-il cependant tout connaître par le fait et tout décider de sa seule et pleine volonté? Il suffisait qu'on le lui dît et qu'il le crût. Lorsqu'un secrétaire d'État arrivait pour le travail à l'heure indiquée, son sac rempli de dossiers et de dépêches, il avait eu soin de laisser dans chaque affaire un point sans importance à résoudre, dans chaque dépêche un ou deux mots à suppléer ou à changer; le secrétaire d'État suggérait : le roi résolvait, suppléait, changeait et signait. On peut dire que, dans son gouvernement, Louis XIV eut surtout *le ministère de la signature*. »

Quoi! Louis XIV aurait été dupe à ce point, non pas une fois et deux fois, mais toujours et dans toute la durée de son règne! Pour moi, après bien des tâtonnements et des reprises, après y avoir songé et ressongé, je m'explique un peu autrement son caractère, son esprit, sa part dans l'exercice du métier de roi.

Ce qu'on a appelé ses Œuvres et ses Mémoires, et qui

ont été remis en lumière récemment (1), nous le montrent dès 1661, et dans les années qui précédent la guerre de 1667, déjà formé par l'âme et le caractère. Dans son enfance, beau, grave, sérieux et prudent, il n'avait pas autant de vivacité que d'autres enfants élevés auprès de lui et qui se croyaient plus d'esprit que lui (M. de Guiche, le chevalier de Rohan, Tréville, etc.). Ils y furent trompés, et quelques-uns eurent plus tard à s'en repentir. Il ne parut tout à fait à son avantage aux yeux de tous qu'après la campagne de 1667 ; sa politesse auparavant était parfaite, mais toute cérémonieuse et en révérences : ce ne fut qu'à partir de ce moment que sa langue se délia en public et avec les dames, et qu'il entama et soutint la conversation d'une manière aisée, comme un autre homme : la remarque est d'un bon juge et bien délicat, Mme de Longueville. Il avait vingt-huit ans. Il n'avait pas attendu jusque-là pour penser, pour écrire et dicter ses vues, ses plans de gouvernement, ses réflexions de roi.

Dieu me garde de faire de Louis XIV un écrivain ! Je n'appelle pas être écrivains et littérateurs, pour des rois, faire ce qui est de leur royal office, des notes, des dépêches, des lettres, des mémoires même. Louis XIV avait été très-mal instruit dans son enfance ; les quelques thèmes que lui dictait Péréfixe et qu'on a retrouvés depuis ne prouvent rien. Il était très-ignorant des choses du passé ; il n'avait presque aucune lecture. On

---

(1) Par M. Dreiss, avec beaucoup d'étude et de soin, mais infiniment trop d'appareil critique.

est allé jusqu'à dire que Louis XIV ne savait pas lire couramment l'*impression*, qu'il ne pouvait bien lire que des manuscrits qui étaient comme faits au burin et par des calligraphes. « Quand on lui donnait pour la messe un livre imprimé, il fallait, dit-on, lui donner en même temps le manuscrit, afin qu'il lût la messe dans ce dernier (1). » En admettant le fait, ce ne serait qu'une singularité de peu d'importance. Un roi qui a Racine pour lecteur peut, à la rigueur, ménager ses yeux. L'essentiel est que Louis XIV avait reçu de la nature un bon esprit et un grand cœur. Ayant pris de bonne heure au sérieux, autant et plus que souverain en aucun temps, son rôle et ses attributions de roi, cette idée élevée, ce respect religieux de son état le mena à écrire, à dicter des instructions et des pièces assez nombreuses qui ont été recueillies. Toutes ont un cachet de grandeur. On a recherché quel pouvait être près de lui, aux différents moments, celui qui tenait la plume et qui avait l'honneur d'être le secrétaire. Que ce soit Pellisson ou le président de Périgny, ou Chamlay pour les choses de guerre, peu importe! le cachet est le même dans toutes ces pièces : il est royal et nullement littéraire; il n'a pu être imprimé que par Louis XIV.

Qu'on ouvre et qu'on parcoure ces divers écrits! Il faut l'entendre, avant tout, parler de la chose sur laquelle il a le plus droit d'être écouté, de celle qu'il a le mieux sue et qu'il avait le plus à cœur de possé-

---

(1) C'est un abbé d'Étemare, homme d'esprit et informé de bien des particularités, qui donne cela pour certain. (Voir les Manuscrits de la Bibliothèque de Troyes.)

der et de faire dignement, l'office et la fonction de la royauté ; soit qu'il songe à son fils dans ses instructions, soit que plus tard il s'adresse à son petit-fils partant pour régner en Espagne, il excelle à définir dans toutes ses parties ce personnage qu'il a su le mieux être, qu'il a été le plus naturellement et comme par une vocation spéciale, le personnage de souverain et de roi. Il faut l'entendre encore dans cette *Conversation devant Lille* (qui se lit dans les *OEuvres* de Pellisson), parlant dans l'intimité, mais non sans quelque solennité selon sa noble habitude, de son amour pour la gloire, du sentiment généreux qui l'a poussé à s'exposer et à paraître à la tranchée et à l'attaque comme un simple mortel, comme un soldat : « Il n'y a point de roi, pour peu qu'il ait le cœur bien fait, disait-il, qui voie tant de braves gens faire litière de leur vie pour son service, et qui puisse demeurer les bras croisés. » On retrouve là à l'avance, dans la bouche du monarque, quelques-unes des belles pensées de Vauvenargues sur la gloire, avec un peu plus d'emphase, mais non moins de sincérité. On en sort, ce me semble (dût-on avoir souri de quelques expressions au passage), avec une profonde estime pour le jeune roi qui pense et s'exprime ainsi. Un roi, en effet, je veux dire quelqu'un qui est né pour l'être, qui se croit et se sent de race et d'étoffe à cela, soit qu'il s'appuie à la vieille idée du droit divin, ou qu'il s'inspire de la pensée d'une haute mission, suscitée et justifiée par l'attente universelle, doit avoir en soi une noble confiance. Un roi sceptique, ce sont là deux idées qui se repoussent. Frédéric le Grand faisait bien le sceptique, quand il causait avec les philosophes ou soi-disant tels, dans les petits soupers de Potsdam et de Sans-Souci ; mais si pourtant le discours s'émancipait trop et s'échappait sur de certaines matières réservées : « Silence, messieurs ! disait-il ; je crois que j'entends venir le roi ! »

Louis XIV ne l'entendait jamais venir, car il l'était et le restait toujours.

La grande Catherine de Russie, après quelque conversation avec les philosophes Diderot ou Grimm, disait en se levant pour aller vaquer aux affaires d'État : « Maintenant il faut songer au *gagne-pain.* » Ce n'est pas Louis XIV qui eût dit ce mot-là, qui a d'ailleurs sa bonne grâce ; ce n'est pas lui qui eût fait ainsi bon marché, même en parole et d'un air de badinage, de ce qu'il considérait comme les plus importants et les plus sacrés de ses devoirs.

Son esprit était-il donc si fort au-dessous de sa volonté et de son caractère ? Ses juges les plus sévères eux-mêmes l'ont reconnu : « Il y avait des esprits plus pénétrants, plus vifs, plus étendus que celui du roi, il n'y en avait point qui eussent plus de justesse (1). » Cette règle et cette justesse, qu'il avait naturellement dans l'esprit, et qui devenait de la symétrie pour toutes les choses du dehors auxquelles s'applique le coup d'œil, pouvait, à la rigueur, s'appeler d'un autre nom, et les libertins spirituels, les évincés comme La Fare, essayaient de la flétrir du nom de roideur et de *pédan-*

---

(1) L'abbé de Saint-Pierre, *Annales politiques.*

tisme. Pour moi, dans ce que je lis de lettres, de discours ou d'écrits émanés du roi, je suis surtout frappé, en général, de la solidité, de l'élévation et du bon sens. Louis XIV ne fait rien sans se rendre compte, sans peser toutes les raisons; quand divers partis lui sont proposés, il choisit ordinairement le meilleur. Est-ce à dire que ses ministres aient dissimulé devant lui, comme le dit M. Rousset, et n'aient amené sous la portée de son jugement que des informations telles qu'il en devait nécessairement sortir le choix qu'eux-mêmes avaient préparé? Quelques cas singuliers, quelques anecdotes citées et répétées sur la foi des premiers auteurs, suffisent-elles pour permettre de tirer une conclusion aussi générale et aussi défavorable à la faculté judicieuse du grand roi, faculté si véritablement judicieuse en effet, qu'elle l'a conduit à discerner les hommes les plus capables en chaque genre, et à les employer à propos? Peut-on admettre qu'il n'ait fait preuve de ce bon jugement que pour bien connaître les hommes, et qu'une fois choisis, ce jugement l'ait abandonné pour le livrer à leur merci sur les choses, sur les partis combinés à l'avance et désirés par eux? Le Père Griffet, en présence des mêmes sources et des mêmes pièces dont M. Rousset nous fait si heureusement profiter, me paraît être bien plus dans le vrai quand il nous montre Louis XIV, toutes les fois qu'il dicte ou qu'il écrit, « parlant en roi passionné pour la gloire, appliqué à ses affaires, qui agit par lui-même, qui prend connaissance et qui juge sainement de tout, et *qui n'est pas tellement conduit par ses ministres qu'il n'influe beaucoup dans leurs résolutions, par son attention à les examiner et sa fermeté à les soutenir.* » Cette conclusion mesurée est moins piquante que l'autre, qui suppose un Louis XIV toujours maître et souverain en idée, et en réalité toujours dupe. Je la crois à la fois plus bienséante et plus équitable.

Mais M. Rousset lui-même nous procure la plus belle preuve des hautes qualités royales, dans le Mémoire dicté par Louis XIV sur la campagne de 1672, et sur les motifs qui la lui firent entreprendre. On avait déjà des Mémoires de Louis XIV sur d'autres moments de cette guerre, notamment sur la dernière année qui précéda la paix de Nimègue (1678). Mais l'exposé et le début triomphant de l'entreprise manquaient; on n'a rien à désirer maintenant, grâce au Mémoire publié par M. Rousset. C'est sur ce terrain que j'aime à le suivre.

I

Louis XIV commence par rappeler ses bons offices constants et ceux de ses prédécesseurs envers les Provinces-Unies de la Hollande, et il raisonne, comme il aime à le faire, non-seulement à l'adresse et à l'intention de ses contemporains, mais en vue de l'avenir :

« La postérité, dit-il, qui n'aura pas été témoin de tous ces événements, demandera quel a été le prix et la reconnaissance de tous ces bienfaits; pour la satisfaire, je veux lui apprendre que, dans toutes les guerres que les rois mes prédécesseurs ou moi avons entreprises, depuis près d'un siècle, contre les puissances voisines, cette république ne nous a non-seulement pas secondés de troupes ni d'argent, et n'est pas sortie d'une simple et tiède neutralité, mais a toujours tâché de traverser, ou ouvertement ou sous main, nos progrès et nos avantages. »

La Hollande n'est pas la seule ni la dernière république qui ait été ingrate envers la France pour prix des plus grands services reçus à leur berceau : ces sortes de gouvernements, où tant de passions et de volontés s'en mêlent, sont coutumiers du fait. — Louis XIV en vient au grief le plus récent et qui l'a ulcéré. C'était dans cette guerre de 1667, entreprise contre l'Espagne pour soutenir les droits de la reine sur les Pays-Bas espagnols, et qui fut marquée par une suite ininterrompue de succès et de siéges heureux :

« Je ne trouvai dans mon chemin, dit-il, que mes bons, fidèles et anciens amis les Hollandais, qui, au lieu de s'intéresser à ma fortune comme à la base de leur État, voulurent m'imposer des lois et m'obliger à faire la paix, et osèrent même user de menaces en cas que je refusasse d'accepter leur médiation. J'avoue que leur insolence me piqua au vif, et que je fus près, au risque de ce qui pourrait arriver de mes conquêtes aux Pays-Bas espagnols, de tourner toutes mes forces contre cette altière et ingrate nation. Mais, ayant appelé la prudence à mon secours, et considéré que je n'avais ni le nombre de troupes, ni la qualité des alliés requis pour une pareille entreprise, je dissimulai; je conclus la paix à des conditions honorables, résolu de remettre la punition de cette perfidie à un autre temps. »

Depuis cette paix, conclue un peu trop tôt, cette paix brusquée, il le sent, et contre laquelle étaient Turenne, même Vauban, et tous les militaires, si bien qu'il fallut donner à son armée et à la jeunesse guerrière la diversion immédiate de l'expédition de Candie, Louis XIV n'a qu'une idée, celle de se venger ; tout ce qu'il veut, il le veut avec suite, et sans se laisser distraire ; de 1668 à 1671, pendant trois années, il n'est occupé qu'à fortifier ses places, à augmenter ses troupes peu à peu, sans donner ombrage au dehors, à disposer ses alliances du côté de l'Angleterre, du côté de l'empereur et des princes de l'Empire, pour obtenir de ces derniers au moins la neutralité :

« Je ne faisais pas un grand fonds sur la solidité de ces alliances que je prévoyais bien ne devoir pas durer longtemps, comme on le verra dans la suite ; mais je comptais pour un grand avantage de pouvoir châtier en liberté, pendant quelque temps, l'insolence des Hollandais, et j'espérais les réduire à souscrire à une paix honteuse, avant que les puissances, mes alliées, pussent être en état de les secourir. »

Louis XIV est franc, il ne dissimule pas son motif : il a été blessé et il prétend en avoir raison. La politique et la guerre sont pour lui un jeu savant, un jeu d'échecs où il s'agit d'être le plus habile et le plus fort. Il n'hésite pas à dire avec une sorte de complaisance comment il s'y prit. La difficulté de l'entreprise contre la Hollande était qu'on ne pouvait l'atteindre directement, séparée et couverte comme elle était par les Pays-Bas espagnols. A prendre le chemin qui semblait le plus court, « il ne fallait pas moins que déclarer la guerre à l'Espagne et *passer sur le ventre* de toutes les places fortes que cette couronne possédait aux Pays-Bas ; » ce qui ne faisait pas le compte de Louis XIV, au moins au début de la guerre, car il voulait, avant tout, porter la blessure au cœur de la Hollande. Une expédition sur mer n'était pas non plus un moyen sûr de l'atteindre et de la frapper : c'était l'attaquer par son côté fort.

Tout à coup une occasion de tourner la difficulté se présente : l'Électeur de Cologne avait des prétentions sur la ville de Cologne, qui, pour y échapper et pour maintenir les franchises qu'elle s'arrogeait, se jette dans les bras de la Hollande. Louis XIV, attentif à tout ce qui se passait dans ces contrées, offre ses services et sa protection à l'Électeur et met aussi de la partie l'Évêque de Munster, prélat guerroyant. Voilà donc ses troupes qui, au commencement de 1672, en plein hiver, se mettent à filer du côté de l'Allemagne, de ce seul côté par où la Hollande était vulnérable. Les difficultés n'en étaient pas moins assez grandes. Il y avait à se faire provisoirement auxiliaire de ces petits princes ecclésiastiques, à décider les troupes de la maison du roi à prêter serment à l'Électeur de Cologne, « lequel n'était pas entièrement dans la confidence, » et qui, sans cette prestation de serment, ne se serait pas engagé par un traité à remettre à Louis XIV toutes ses places :

« La chose réussit comme je me l'étais proposé, nous dit le roi ; l'écharpe et l'étendard de Cologne rassurèrent les Hollandais et l'Empire sur l'arrivée de mes troupes et la prise des quartiers d'hiver dans l'Électorat. Tout demeura calme... J'avoue que ces commencements furent un peu délicats et qu'ils ne me donnèrent pas peu d'inquiétude, quand je faisais réflexion que mes troupes étaient éparses dans les villages du plat pays, que toute la sûreté de la frontière qui les couvrait consistait en de mauvaises places de guerre toutes ouvertes, et que les Hollandais pourraient entrer avec toutes leurs forces dans le plat pays, et ruiner tous mes projets... »

Enfin, le grand roi trompa son monde, et il s'en félicite. C'était de bonne guerre :

« Dieu (c'est dans la bouche de Louis XIV plus qu'une formule), Dieu, dit-il, favorisa mes desseins : les Hollandais, enivrés de leur grandeur et de leur puissance, demeurèrent dans un assoupissement presque léthargique pendant tout l'hiver. La bonne intelligence régna sur les frontières ; le commerce ne fut point interrompu ; l'Empire demeura tranquille, et j'eus le loisir de me pourvoir abondamment de tous mes besoins. »

Le grand dessein n'éclate qu'au commencement du printemps (1672) :

« J'avais disposé mes projets de guerre, de manière que je devais tomber en même temps sur quatre places considérables des ennemis, dans la pensée que j'avais qu'on ne pouvait faire un trop grand effort dans le commencement pour déconcerter les États-Généraux et leur abattre le courage. »

Le prince de Condé, à la tête d'une armée, Louis XIV à la tête d'une autre, débouchent de concert dans la Belgique par les Ardennes et par Charleroi, et sont rejoints au delà de la Meuse par les troupes venues du pays de Cologne. Les quatre places investies sont prises à point nommé, et l'on en vient à ce fameux passage du Rhin, poétiquement chanté par Boileau et très-simplement raconté par Louis XIV. A vrai dire, Boileau a raconté la chose aussi bien, aussi élégamment qu'un fait d'armes aussi compliqué peut se décrire en vers; mais comme on a toujours affaire à des moqueurs, il n'a pas assez songé au parti qu'on tirerait contre son héros de cet éloge un peu fastueux où il l'a représenté comme inactif et immobile :

> Louis, les animant du feu de son courage,
> Se plaint de sa grandeur qui l'attache au rivage.

Boileau, sans le vouloir, a porté par là préjudice à Louis XIV devant la postérité. Le roi pourtant fit, à ce passage, tout ce qu'il devait faire ; il le dit dans son propre récit, sans se vanter d'ailleurs et en s'appliquant à rendre à chacun la justice qui lui est due. Il vient de parler de la sécurité des Hollandais sur ce point de la branche principale du Rhin, tandis qu'ils avaient porté toutes leurs précautions et leur vigilance sur les autres bras du fleuve :

(Ai-je besoin de m'excuser de la longueur des citations que je suis forcé de faire? C'est ici du *classique* inédit, s'il en fut jamais, c'est du pur Louis XIV!)

« En effet, nous dit le roi, la profondeur, la rapidité et la largeur du Rhin pouvaient donner quelque confiance et mettre l'esprit en repos. Cependant, sur le rapport de plusieurs gens du pays que le comte de Guiche avait menés le long du fleuve pour visiter les bords, et qui assurèrent qu'on pouvait le passer vis-à-vis le Tolhus, je résolus, de l'avis du prince de Condé, de faire tenter le passage. Le comte de Guiche, à la tête des cuirassiers et de la brigade de Pilloy et de plusieurs gens de qualité de la cour volontaires, se jeta dans le Rhin; un escadron des ennemis, qui était posté dans le Tolhus, débusqua brusquement de son poste et se jeta de son côté d'assez bonne grâce dans le Rhin pour disputer le passage de ce fleuve au comte de Guiche, et fit sa décharge dans le milieu de l'eau, de laquelle Guitry, grand maître de ma garde-robe; Nogent, maréchal de camp et maître de ma garde-robe; Théobon et quelques autres officiers ou volontaires furent tués; Revel, colonel des cuirassiers, et quelques autres blessés. J'avais moi-même posté une batterie un peu au-dessous de l'endroit où se faisait le passage, qui le voyait à revers; à peine l'escadron fut entré dans l'eau, que je fis tirer dessus. Le grand feu du canon favorisa le passage et ébranla si fort les ennemis, qu'ils se retirèrent en désordre, et portèrent à Montbas (*commandant d'un corps hollandais*), qui était avec le gros de ses troupes dans son camp, au-dessous de Tolhus, la triste nouvelle du passage forcé et de l'entrée de mes troupes dans le Betau. Ce contre-temps fâcheux déconcerta si fort Montbas qu'il ne songea plus qu'à la retraite du côté d'Arnheim. A peine les premières de mes troupes furent passées, que le prince de Condé, le duc d'Enghien, son fils, et le duc de Longueville, qui au bruit du passage avait accouru à toute bride d'auprès du comte de Roye, avec lequel il était détaché, passèrent le Rhin dans une petite barque, et leurs chevaux à la nage. Le prince ne songea d'abord qu'à mettre ce qu'il y avait de cavalerie passée en bataille, afin de marcher ensuite avec un corps réglé aux ennemis, ou pour les combattre, ou du moins pour les inquiéter dans leur retraite.

« J'étais présent au passage, qui fut hardi, vigoureux, plein d'éclat et glorieux pour la nation. Je fis passer brusquement des troupes, afin de fortifier le corps du prince de Condé; je fis travailler diligemment à un pont de bateaux sur le Rhin, et je demeurai avec mon frère, le vicomte de Turenne, et le reste de l'armée sur les bords du Rhin, pour m'opposer au prince d'Orange, en cas que, sur l'avis du passage forcé du Rhin, il eût pris le parti de passer brusquement l'Yssel et de marcher à moi pour tomber sur l'armée à demi passée et attaquer mon arrière-garde. »

Vous aurez remarqué ces mots : « le passage qui fut *glorieux pour la nation;* » Louis XIV ne se donne que comme ayant été présent et reporte la gloire sur la nation même. Ne l'oublions pas, c'est un roi national que Louis XIV.

Survient l'incident fâcheux, l'emportement des jeunes gens « de la première qualité de France » qui, au moment où le prince de Condé s'approche des retranchements des ennemis pour accélérer leur retraite, se jettent en avant et les forcent à plus de résistance qu'ils n'en comptaient faire :

« Tous ces volontaires, la plupart jeunes gens désireux de se distinguer à ma vue, et de mériter mon estime et celle du plus grand capitaine de l'Europe qui était à leur tête, donnèrent d'abord beaucoup d'occupation au prince de Condé pour les retenir; mais enfin le duc d'Enghien et le duc de Longueville lui échappèrent et voulurent forcer une barrière pour joindre les ennemis. Le pays n'est que prairies assez basses, fermées de watergans, c'est-à-dire fossés, ou de haies vives, et chaque particulier a sa barrière pour entrer dans son héritage; ce terrain était, par conséquent, fort favorable à l'infanterie. A peine le prince de Condé se fut aperçu de l'absence de son fils et de celle du duc de Longueville, qu'oubliant pour ainsi dire, si l'on ose parler ainsi du plus grand homme du monde, son caractère de général, et s'abandonnant tout entier aux mouvements du sang et de l'amitié tendre qu'il portait à son fils et à son neveu, accourut ou pour les empêcher de s'engager légèrement, ou pour les retirer du mauvais pas où leur courage et leur peu d'expérience auraient pu les embarquer; il les trouva avec tous les volontaires aux mains avec les ennemis, qui, se voyant pressés et profitant du terrain qui leur était favorable, avaient tourné brusquement...

« Cette action fut fort vive et fort glorieuse; mais la blessure du prince de Condé au poignet, la mort du duc de Longueville et les blessures des ducs de La Rochefoucauld, de Coislin et de Vivonne, du jeune La Salle, de Brouilly, aide-major de mes gardes du corps, etc., et de plusieurs autres gens de qualité, en diminuèrent fort le prix et me donnèrent une grande mortification, particulièrement la blessure de M. le Prince, tant à cause de sa naissance et de son mérite singulier que de la faiblesse de son tempérament, exténué par la goutte, que j'appréhendais ne pouvoir pas résister à la violence du mal.

« Après avoir donné les premiers moments aux mouvements de la nature, de l'amitié et de la considération que j'avais pour ce prince, et avoir donné au duc d'Enghien, son fils, la patente de général de mes armées, je m'appliquai à pourvoir à la sûreté de mes troupes... »

Quoique je cite beaucoup, j'abrége encore. Comme tout cela est bien senti, bien dit, sans omission, sans phrase ! Avec quel respect Louis XIV y parle de Condé et d'un moment d'oubli où le parent et le soldat l'emportent sur le général ! Avec quelle vérité et quelle discrétion il indique son premier mouvement de douleur à lui-même, en apprenant sa blessure ! Un tel récit justifie presque ce mot de Bussy-Rabutin à propos de cette même campagne :

« J'admire encore, disait-il du roi, sa manière d'écrire, la netteté et l'exactitude avec laquelle il observe jusqu'aux moindres particularités, et cela me fait croire que comme il ne s'attend pas à ses généraux d'armée pour faire des conquêtes, il ne s'attendra pas à ses historiens pour les écrire : *personne ne peut si bien dire ce qu'il fait que lui...* »

Flatterie sans doute, et de la part d'un disgracié qui

avait tout intérêt à se faire pardonner de Louis XIV, flatterie tant qu'on le voudra! mais, enfin, ce Bussy « au langage droit, pur et net, » n'aurait pas été choisir précisément ce point-là pour flatter le maître, s'il n'y avait eu quelque lieu de le faire! — Au reste, nous-mêmes qui venons de lire, nous en sommes juges aujourd'hui.

Ah! ce n'est pas le style bref et nu, le style abrupt et souverain de Napoléon racontant ses campagnes, ce n'est pas une plume d'airain qui écrit : c'est un roi qui, même à cheval et à la tête de ses armées, parle à loisir et sans se presser sa langue héréditaire.

Aussitôt après le passage du Rhin, le prince d'Orange se retire et n'estime pas de la prudence d'attendre dans ses retranchements de l'Yssel Louis XIV qui comptait se porter à sa rencontre :

« Cette nouvelle de la retraite prompte du prince d'Orange, quoique avantageuse pour le bien de mon service, me donna d'abord quelque mortification pour ce qui regardait ma propre gloire, parce que, s'il fût resté sur l'Yssel, j'espérais le combattre et peut-être défaire entièrement son armée; mais, ayant toujours préféré l'intérêt de l'État à celui de ma réputation, je ne songeai qu'à profiter des avantages que la retraite des ennemis me fournissait. »

Ce ne fut pas la seule fois que Louis XIV regretta d'avoir manqué l'occasion de se mesurer avec le prince d'Orange : une autre fois, dans la suite de cette guerre (1676), il la manqua encore, proche de Valenciennes, mais par sa faute ce jour-là et par trop de prudence : il ne tenait qu'à lui d'attaquer. Y a-t-il du regret à avoir, en effet, que Louis XIV n'ait obtenu que la gloire des siéges et non celle d'une victoire en bataille rangée, cette gloire que son frère, si peu aguerri d'ailleurs, rencontra et saisit vaillamment à la journée de Cassel? Il est juste ici de tomber d'accord pour le fond avec M. Rousset qui, en reconnaissant à Louis XIV le courage personnel et même le bon conseil grâce à ses entours, lui refuse l'initiative militaire, le coup d'œil et, en ce genre, toute inspiration de génie.

La conquête de la Hollande, qui suivit le glorieux passage du Rhin et qui probablement eût été complète, si l'on avait songé plus tôt à s'assurer de Muyden, centre des écluses, eut son terme et son arrêt dans l'inondation soudaine qui noya tout le bas pays d'au-delà d'Utrecht et ferma l'abord d'Amsterdam :

« La résolution de mettre tout le pays sous l'eau, dit à ce sujet Louis XIV, fut un peu violente; mais que ne fait-on point pour se soustraire d'une domination étrangère! Et je ne saurais m'empêcher d'estimer et de louer le zèle et la fermeté de ceux qui rompirent la négociation d'Amsterdam, quoique leur avis, si salutaire pour leur patrie, ait porté un grand préjudice à mon service. »

Que dites-vous de cette élévation de sentiments? Ces mêmes marchands, à qui Louis XIV a tant de raisons d'en vouloir, viennent de se relever dans son estime par le seul fait de cette résolution qui donne soudainement un si rude échec à ses propres desseins à lui! Il les en honore et le dit avec simplicité. Connaît-on beaucoup de conquérants qui aient ainsi rendu justice et hommage, en pleine guerre, aux mesures désespérées

de leurs ennemis et à l'exaspération de leur patriotisme :
« *Mais que ne fait-on point pour se soustraire d'une domination étrangère !* »

Ce mot proféré par Louis XIV, au plus beau moment de sa jeunesse et dans la plus grande ivresse de la conquête, me paraît répondre dignement à un autre mot prononcé par lui au moment le plus triste et le plus critique de son règne, sous le coup des plus grands désastres. Le roi qui dira au maréchal de Villars partant pour l'armée de Flandre en 1712 ces nobles paroles, en prévision d'un malheur suprême et de la perte d'une dernière bataille : « Je sais, monsieur le maréchal, que des armées aussi considérables ne sont jamais assez défaites pour que la plus grande partie de la mienne ne pût se retirer sur la Somme. Je connais cette rivière ; elle est très-difficile à passer : il y a des places qu'on peut rendre bonnes ; je compterais aller à Péronne ou à Saint-Quentin, y ramasser tout ce que j'aurais de troupes, faire un dernier effort avec vous, et périr ensemble ou sauver l'État ; car je ne consentirai jamais à laisser approcher l'ennemi de ma capitale ; » celui qui dira cette parole est bien le même qui, quarante ans auparavant, a honoré et loué les Hollandais d'avoir tout fait pour lui fermer l'accès d'Amsterdam.

II

Je pourrais insister sur d'autres parties de ce Mémoire si digne de son auteur ; j'aimerais à y remarquer une justice rendue en passant à ce modeste et utile officier,

Martinet, tué au siége de Doesbourg, à qui Louis XIV accorde, au moment ou il le perd, un tribut d'estime et de regret; je pourrais relever aussi un certain air de satisfaction et de gloire répandu sur l'ensemble et qui couronne la récapitulation, l'espèce d'examen de conscience par où le roi termine le récit de cette magnifique année 1672. Mais c'est assez; mieux vaut en rester sur une impression qui est un témoignage de la vraie grandeur du cœur. C'est parce que j'en suis touché, c'est parce que M. Rousset, commentant ce même endroit, l'a été également, que j'ai lieu de m'étonner qu'ensuite il ne ménage pas plus les expressions au sujet d'un roi magnanime; qu'il se plaise parfois à le montrer dans un *embarras qui touche au comique* (tome Ier, p. 418); qu'il parle de ses *éruptions de vanité,* et pour un projet dans lequel il le surprend au dépourvu, projet un peu trop ambitieux, mais qui a grand air, il s'égaie de ce qu'il appelle sa *déconvenue* (tome Ier, p. 419); qu'enfin, pour l'avoir surpris, un autre jour, dans une grande variation d'ordres et de contre-ordres donnés coup sur coup (tome Ier, p. 489), il se moque tout à fait de lui.

Boileau (et je ne parle pas ici du poëte louant en public, mais de l'homme de sens s'épanchant dans la familiarité), Boileau était d'un tout autre avis; il entrait, nous assure-t-on, dans une espèce d'enthousiasme lorsqu'il parlait de Louis XIV, et l'on a recueilli de ses lèvres ces propres paroles, qui renferment un si bel éloge sous forme littéraire : « C'est, disait-il, un prince qui ne parle jamais sans avoir pensé; il construit admirablement tout ce qu'il dit; ses moindres reparties sentent le souverain ; et quand il est dans son domestique, il semble recevoir la loi plutôt que la donner. » Ce dernier trait se rapporte à la facilité de vivre du roi dans son intérieur et à son égalité d'humeur avec tout ce qui l'entourait.

Et Gœthe que l'on peut citer à côté de Boileau, Gœthe le grand et judicieux critique, a observé excellemment que « lorsqu'une famille s'est fait remarquer durant quelques générations par des mérites et des succès divers, elle finit souvent par produire dans le nombre de ses rejetons un individu qui réunit en lui les qualités et les défauts de tous ses ancêtres : il en est de même, ajoute-t-il, des peuples célèbres qui, la plupart, ont vu naître dans leur sein des hommes profondément empreints de la physionomie nationale, comme si la Nature les avait destinés à en offrir le modèle. ». Et il cite en exemple Voltaire, le plus Français des hommes, celui que la Nature semble avoir chargé de représenter la France à l'univers. Mais, comme phénomène non moins mémorable, il remarque que « dans les diverses classes et jusque dans les rangs les plus élevés de l'ordre social, des hommes se sont produits qui en ont rassemblé en eux tous les traits caractéristiques, au point d'identifier leur nom avec l'idée même de ces rangs et de ces classes, et d'en paraître comme la personnification vivante. » Et il cite pour exemple Louis XIV, que la Nature créa, dit-il, *l'homme souverain* par excellence, le type des monarques, le roi *le plus vraiment roi* qui ait jamais porté la couronne.

Ce jugement de Gœthe, en définitive, ne sera point cassé : il est celui de l'histoire. Tout concorde en Louis XIV; rien ne jure. Ses défauts même sont tels, et il les porta de telle sorte qu'ils n'altèrent ni ne dégradent en rien son caractère de roi. Assez d'autres princes, selon l'observation de Chateaubriand, ont eu des vices dont rougit la nature humaine, de ces vices honteux et caverneux qui se cachent. Louis XIV a eu ses défauts, ses faiblesses de volupté et d'orgueil en plein soleil.

Il est mort comme il avait vécu, en vue de tous et en toute lumière, conservant jusqu'à la fin sa noblesse de sentiments, sa droiture d'esprit, sa langue parfaite et royale. Un Récit authentique de ses derniers instants, écrit par un témoin et assez récemment publié, nous le montre procédant et agissant sur son lit de mort « avec une manière naturelle et simple, comme dans les actions, est-il dit, qu'il avait le plus accoutumé de faire; ne parlant à chacun que des choses dont il convenait de lui parler, et avec une éloquence juste et précise qu'il a eue toute sa vie et qui semble s'être encore augmentée dans ses derniers moments. Son bon esprit et sa fermeté, ajoute le témoin, ne l'ont pas abandonné un instant, et, en parlant avec douceur et bonté à tous ceux à qui il a bien voulu parler, il a conservé toute sa grandeur et sa majesté jusqu'au dernier soupir. » En un mot, Louis XIV s'est montré roi jusqu'à la fin, avec la conscience et le respect de son rôle qui n'était pas un rôle pour lui, mais qui était un ministère. Il n'était pas homme à dire comme Auguste mourant après un aussi long règne et parodiant l'acteur comique dans le couplet final : « Si vous êtes contents de la pièce et de l'acteur, applaudissez ! » Louis XIV n'était, à aucun degré, comédien. Il n'avait point de masque à ôter. Le roi chez lui était le même que l'homme, et prêtait même de sa grandeur à l'homme.

De tout cela je prétends conclure seulement une chose aujourd'hui, c'est que, dans une Histoire où Louvois tient le premier rang, où il est à bon droit loué, apprécié, défendu et justifié partout où il peut l'être, il ne convient pas que Louis XIV paie les frais de cette justice. Un peu plus de respect envers le monarque rentrerait dans l'esprit même et dans le ton habituel d'un livre d'ailleurs excellent.

Si l'ouvrage de M. Rousset ne devait avoir une suite qui donnera occasion d'y revenir, je me reprocherais d'en avoir trop peu indiqué les résultats historiques, particulièrement en ce qui concerne la principale figure. Mais nous n'embrassons encore, à cette fin du second volume, que la première partie de la grande carrière de Louvois : la seconde va commencer; il a encore douze ans à vivre, à gouverner, à être premier ministre autant qu'on peut l'être sans le titre, sous un roi aussi travailleur. Son ambition, qui a déjà eu assez de champ, va redoubler d'activité, d'audace, de hauteur et d'essor, peut-être d'imprudence. Je lisais l'autre jour ce mot d'un savant célèbre (1) : « Il faut entreprendre quatre fois plus qu'on ne peut faire. » C'est une maxime que

---

(1) De Candolle.

les hommes d'action et les ambitieux en tout genre sont assez disposés à mettre en pratique. Louvois n'y manqua point. Un jugement définitif ne sera possible sur lui (s'il l'est jamais) qu'après sa pleine et entière carrière, si brusquement rompue par la mort.

Lundi 13 janvier 1862.

MERLIN DE THIONVILLE

ET

LA CHARTREUSE DU VAL-SAINT-PIERRE

Notre époque en littérature vit surtout de retours sur le passé. Nous nous flattons particulièrement, sinon d'avoir inventé l'histoire, du moins d'en avoir retrouvé la vraie clef, et nous en usons : nous en abusons aussi; nous remettons perpétuellement en question ce qu'on pouvait croire réglé et jugé. Quiconque a retrouvé un document nouveau en prend occasion de faire un livre, de tenter une réhabilitation. Quoi de plus connu, de plus épuisé en apparence que l'histoire de la Révolution française? On avait passé, ce semble, par toutes les phases d'opinions à son sujet, on avait fait le tour : après avoir écouté les témoins directs, les contemporains les plus émus, les plus intéressés et les plus contraires, on avait vu venir avec plaisir les historiens indépendants, ayant encore la tradition, mais sachant aussi s'en détacher et envisager les hommes et les choses du point de vue de la postérité. Puis on avait eu affaire aux systématiques de tout genre et de tout bord, inventant des formules ultra-catholiques, ultra-révolutionnaires, après coup. Il semblait que toutes les façons de juger et de voir, toutes les manières de raconter, de raisonner et de déraisonner se fussent produites, et qu'il allait y avoir clôture. Mais voilà, depuis quelque temps, que tout recommence de plus belle et se rengage. J'ai sous les yeux quantité de livres qui demanderaient chacun un examen particulier et dont quelques-uns le méritent : une *Histoire de la Terreur,* par M. Mortimer-Ternaux (1), qui n'est que le commencement d'un grand travail ; une *Histoire des Girondins,* par M. Guadet (2), qui est le résultat d'une longue et consciencieuse enquête, dans laquelle l'auteur a été animé par les plus honorables sentiments de famille et de patriotisme. M. Granier de Cassagnac, en produisant les pièces les plus curieuses et les plus authentiques sur les *massacres de septembre,* avait, dans ses jugements, confondu la limite qui sépare les Girondins des Jacobins : M. Guadet a cru de son devoir de la rétablir. M. de Lamartine, l'historien fascinateur des mêmes *Girondins,* annonce qu'il va se réfuter et se corriger à son tour, en revoyant après quinze ans d'épreuve ses éblouissants tableaux. A côté de ces écrits d'un intérêt général, les monographies, comme on dit, abondent. J'ai sous les yeux une *Histoire de Saint-Just,* une plaidoirie à sa décharge, par M. Hamel (3), lequel (je

---

(1) Michel Lévy, rue Vivienne, 2 bis. Le premier volume a paru.
(2) Didier, quai des Augustins, 35 ; 2 vol. in-8°.
(3) Poulet-Malassis, rue Richelieu, 97 ; un volume in-8°.

le dis sous toutes réserves de doctrine) a discuté avec rigueur et rectifié, je le crois, un certain nombre de faits. Je viens de recevoir tout récemment un autre essai de réhabilitation encore plus hasardée, un livre sur *Joseph Le Bon* (1), par son fils, estimable magistrat. On hésite à dire un mot sur de telles tentatives, inspirées par d'honorables sentiments et poursuivies avec opiniâtreté pendant toute une vie. La circonstance atténuante envers ces hommes que le patriotisme exalta jusqu'au fanatisme et qu'il égara, c'est qu'ils furent dévorés avant trente ans, c'est qu'ils avaient en eux toutes les fermentations et les ivresses de l'âge, ajoutées à celles d'une époque ardente et enflammée. Quant à moi, je l'avoue, j'ai toujours le frisson quand j'ai à prononcer sur ces hommes, et, tout en étant sévère, je me demande si j'ai bien le droit de l'être. Nul, en effet, ne se connaît s'il n'a été soumis à de pareilles épreuves. On est à l'aise dans son cabinet pour juger des faits de guerre, des faits de révolution et de terreur. Au fond, si l'on est sincère, qui peut répondre de son courage physique, s'il n'a essuyé le feu des balles? qui peut répondre de son courage moral et du degré de trempe de son âme, s'il n'a pris part à une retraite de Russie, ou à une campagne de l'Inde, comme celle des Anglais et de l'intrépide Havelock en 1857? De même, qui peut dire qu'il serait resté inébranlable et calme, s'il n'a traversé une Terreur?

Il y a des noms, on n'en saurait disconvenir, qui sont

(1) *Joseph Le Bon, dans sa vie privée et dans sa carrière politique;* un volume, in-8°, Dentu, Palais-Royal.

un fardeau pour un fils. Ce doit être une préoccupation continuelle, une idée fixe d'en détourner ou d'en alléger le poids. Mais la meilleure manière de les réhabiliter, la seule qui ne trompe point, c'est d'être soi-même d'autant plus honnête homme, d'autant plus humain, irrépréhensible et pur dans sa vie ; c'est d'être, aux yeux de ceux qui nous entourent, une réparation vivante à l'endroit surtout où le crime paternel a éclaté, et de forcer en sa personne l'estime qu'on entreprendrait vainement de faire remonter plus haut. N'avons-nous pas vu, de nos jours, en l'honorable M. de Sade, le plus parfait exemple de cette sorte de réhabilitation morale ?

Non, encore une fois, dirons-nous à ces fils obstinés, qu'une idée honorable et malheureuse oppresse et possède, vous ne sauriez remettre en bonne odeur une mémoire sanglante ou souillée ; c'est une erreur, à vous, d'y prétendre et de vous y acharner ; vous n'avez qu'une ressource : faites oublier votre père, à tous ceux qui vous voient, par vos mérites et vos vertus.

Un fils plus heureux, M. Vaubertrand, dont le père, concierge de la prison des *Madelonnettes* pendant la Terreur, s'est honoré par des actes nombreux d'humanité, et qui, notamment, a donné asile, pendant six mois, à Quatremère de Quincy frappé de proscription, se complaît aujourd'hui, dans un âge avancé, à célébrer le respectable auteur de ses jours (1); mais c'est une erreur, à lui, bien qu'assurément des plus innocentes, de

(1) *L'Humanité pendant la Terreur,* récit en vers, avec des notes historiques, par M. F. Vaubertrand. Chez Firmin Didot, rue Jacob, 56.

croire qu'il faille pour cela emprunter toutes les pompes et l'appareil de la rime et de la poésie : une simple notice en prose eût mieux rempli son intention, et les notes de sa brochure en font l'intérêt. Quand on a de si bonnes choses à dire, il est inutile de les chanter.

Quelqu'un qui n'a ni à craindre l'oubli ni à redouter la lumière, et sur qui l'on vient de publier de nouveaux et authentiques témoignages, c'est l'illustre Charlotte Corday. M. Vatel, avocat à Versailles, vient de rechercher et de réunir, sur cette fille à l'âme romaine, tout ce qui peut se désirer de pièces et documents originaux, dossiers du procès, *fac-simile,* portrait (1). Cette publication mériterait un examen à part ; la figure de Charlotte Corday s'y dessine dans toute sa pureté de ligne et sa simplicité. Point d'amourette, point de passion sentimentale pour quelque beau Girondin ou Marseillais ! c'est mieux : le seul amour de la patrie, le seul enthousiasme de la vertu, l'unique désir de rendre la paix à son pays, l'inspire et la transporte jusqu'à l'égarer dans le choix de sa victime. Point de confident, point de complice dans son généreux forfait ! elle seule a conçu, préparé, exécuté. Le premier dessein de la noble vierge était de frapper, d'immoler Marat publiquement, en pleine Convention, au sommet de sa Montagne : elle comptait bien elle-même être déchirée sur place et disparaître en lambeaux avant même qu'on eût su son visage et son nom. Mais Marat n'allait plus à la Convention, et il fallut, pour pénétrer jusqu'à lui, user de ruse.

(1) Chez Poulet-Malassis.

Elle sent le besoin de s'en excuser. Cette belle Euménide au front calme, au dédaigneux sourire, était, on le sait, par le sang, de la race du vieux Corneille, une arrière-petite-fille du grand tragique. Son acte en fait foi. Ses paroles suprêmes y répondent : elle défend à ses amis de famille tout regret, elle ne leur demande qu'un prompt oubli : « Leur affliction, dit-elle, déshonorerait ma mémoire. » M. Chasles l'a très-bien nommée « la fille d'Émilie, » de celle qui, dans la prostration et le silence de tous devant un seul, s'écriait :

> Mais le cœur d'Émilie est hors de son pouvoir !

Charlotte Corday est une Jeanne d'Arc, sans vision, et le produit d'une époque philosophique, sincèrement déclamatoire et toute rationnelle, une Jeanne d'Arc qui, au lieu d'adresser sa prière à ses bons Anges, a lu Raynal et qui sait ce que c'est que Brutus. Elle réclame une étude à elle seule : M. Vatel nous la promet.

Parmi les réhabilitations et exhumations récentes, je trouve aussi dans les livres rangés devant moi une réimpression, non pas des Mémoires, mais, pour parler exactement, du Mémoire justificatif de Garat, adressé à la Convention après le 9 thermidor, avec une Préface et Notice par M. E. Maron (1). Cette Notice est bien faite et d'un homme qui possède son sujet; le Mémoire de Garat est spirituel, mais spécial et par trop rétrospectif pour nous intéresser beaucoup.—Je ne fais qu'indiquer les deux volumes de Mémoires publiés par M. Carnot

---

(1) Poulet-Malassis; 1 vol. in-18.

sur son père (1) et qui attendent une suite; et j'en viens au livre dans lequel j'ai à signaler un curieux chapitre que peut-être on n'irait pas y chercher, si l'on n'était averti.

I

Ce livre, c'est la *Vie et Correspondance* de Merlin de Thionville, publié par M. Jean Reynaud (2). L'auteur de la *Vie* a esquissé à grands traits et d'un crayon vigoureux le portrait de ce célèbre montagnard, qui lui servit de tuteur, et envers qui il avait à payer une dette de reconnaissance ; il y a joint toute une plaidoirie pour sa défense et au plus grand honneur de sa mémoire. La plaidoirie donnerait lieu à bien des remarques ; elle est animée, chaleureuse, mais trop mêlée de digressions, de théories et d'hypothèses historiques des plus hasardées ; le portrait nous laisse, au contraire, une impression fidèle et assez favorable malgré ses taches. Les pièces, publiées dans le volume et qui en composent la majeure partie, achèvent de peindre l'homme. Il en est une surtout que je ne crains pas de donner pour un charmant récit original ; cela s'appelle *le Séminaire*. Merlin y raconte lui-même ses années d'études et de première jeunesse, son temps de séminaire et de noviciat ecclésiastique, ses velléités de vie religieuse et d'entrée au cloître, presque aussitôt dissipées et suivies d'une émancipation complète. Ce récit, fort imprévu de la

(1) Pagnerre, rue de Seine, 18.
(2) Furne, rue Saint-André-des-Arts, 45 ; un volume in-8°.

part d'un tel homme, est simple, naturel, exempt (ce qu'on aura peine à croire) de toute déclamation, et empreint d'un cachet de vérité que j'aime avant tout dans les écrits de ce genre.

Pour mieux l'apprécier, commençons par nous rendre compte de ce que fut dans sa vie publique Merlin de Thionville. Né dans cette cité dont le nom ne se sépare plus du sien, en septembre 1762, fils d'un procureur au bailliage, destiné d'abord à l'état ecclésiastique (comme on le verra), puis changeant de robe, avocat plaidant et bientôt estimé des anciens, il avait vingt-cinq ans à l'époque où s'ouvrait l'Assemblée des Notables : il reçut vivement, lui et ses frères, le souffle embrasé qui traversait l'air à ce moment. Il n'était pas un bourgeois comme un autre; c'était un avocat des plus cavaliers, et qui soutenait vivement en toute rencontre, l'épée à la main, contre les officiers de la garnison, la cause du Tiers et des idées nouvelles. Officier lui-même de la garde bourgeoise, et bientôt porté par les élections aux premières magistratures de sa ville natale, il fut envoyé à Paris en députation, afin de solliciter du gouvernement les fusils nécessaires à l'armement de la garde nationale. On s'alarmait vite à Thionville des mouvements du dehors; on était en vue de Coblentz : ces places des frontières, où l'on vit et où l'on dort sur le *qui-vive,* ont volontiers l'esprit de leur position et le privilége d'enfanter des âmes guerrières.

Nommé député à l'Assemblée législative, Merlin y arriva dans tout le feu et toute l'exaltation de cette seconde génération révolutionnaire, de celle qui sautait à pieds joints par-dessus la royauté constitutionnelle pour atteindre du premier bond à la République. Il se fit remarquer d'abord par des motions terribles, et tout au moins d'une rédaction malheureuse, contre les prêtres réfractaires ; c'était une rancune mortelle qu'il gardait à ce Clergé où il avait failli entrer. Il était déiste ; mais son Dieu était très-lointain ; il avait l'habitude de le nommer non pas *l'Être suprême* comme faisait Robespierre d'après Rousseau, mais *le Créateur des étoiles fixes,* le rejetant ainsi jusque par delà les planètes. Ennemi déclaré des formes religieuses et de tout emblème, il aurait même voulu anéantir jusqu'aux traces d'un passé odieux, faire table rase sur le sol de la France et ne rien laisser debout de tous les monuments que l'art et la science historique, au défaut de la foi, conservent et vénèrent ; il était de la bande noire en cela. Pour être juste envers lui, il faudrait plutôt le prendre dans ses motions contre l'étranger et contre ceux qui le favorisaient. Son excès d'ardeur, comme une fièvre qui veut sortir, a besoin de se porter à la frontière : c'est là que son exaltation est à sa place, qu'elle trouve son aliment et son emploi, qu'elle est honorable et civique, non sauvage et désastreuse.

Le premier, à la tribune, il donne l'éveil sur les rassemblements armés qui se font à la frontière ; le premier, il demande, puisqu'on est en guerre, la confiscation, non plus la séquestration, des biens des émigrés ; il va plus loin et trop loin dans ses motions ; j'en omets, et des pires : il devance et il excède toujours. Et c'est ce même homme qui, envoyé par l'Assemblée aux Tuileries le 20 juin, après avoir fait passer le roi et la reine dans un cabinet pour les soustraire aux outrages, ne peut retenir ses larmes, et, au même moment, cherche à s'excuser d'en verser. C'est le même qui, au 10 août, apercevant le duc de Choiseul qui se défendait dans une allée des Tuileries, l'épée à la main, contre les assaillants furieux, le saisit, l'entraîne jusque dans l'Assemblée, et, pour être plus sûr de l'avoir sauvé, le fait asseoir à côté de lui. Il s'ensuivit entre eux, pour toute la vie, une amitié inviolable.

Son rôle principal à la Convention fut d'être envoyé aux armées; son bonheur fut, en échappant aux cruelles mesures du dedans et aux luttes fratricides qui se réglaient à coups d'échafaud, d'être, pendant ce temps-là, à combattre l'ennemi du dehors, sur le Rhin, à Mayence, ou le royalisme en Vendée, et de montrer partout, avec un courage intrépide, le tact, le coup d'œil et les talents d'un homme de guerre improvisé. Le canon surtout était son arme favorite; il savait le pointer; il semblait né artilleur. Aussi affectant le costume de simple canonnier, ne se distinguant que par son écharpe et son panache conventionnel, dès qu'il paraissait sur un point menacé, la mitraille ne tardait pas à faire son effet. Les Allemands sous Mayence l'avaient surnommé *le Diable de feu.* Ce premier brillant épisode de nos guerres de la Révolution, cette défense de Mayence où le nom de Kléber commence à s'illustrer, et où l'honneur de sa promotion est dû à Merlin, est marqué par des circonstances chevaleresques singulières. Le roi de Prusse qui assiégeait la place en personne, y conçut pour Merlin une estime particulière qui paraît avoir été réciproque, et lorsque, des années après, on entrait dans le cabinet de l'ex-conventionnel, on était étonné d'y trouver d'abord le portrait de ce roi. Le siége de Mayence a été dans le temps l'objet de bien des discussions et des controverses : il ne faut rien exagérer dans les éloges qu'on décerne aux braves défenseurs. La garnison pouvait, à la rigueur, se défendre encore quelques semaines, quand elle capitula. Les généraux et Merlin, en traitant un peu plus tôt qu'il n'était strictement nécessaire, cédèrent à des considérations fort admissibles alors, mais que nos lois actuelles interdisent aux commandants des villes assiégées. C'est l'opinion du maréchal Saint-Cyr. La règle précise et rigoureuse, en pareil cas, est de ne pas tant raisonner sur les éventualités, et de ne point capituler tant qu'on n'éprouve pas le manque absolu de vivres et de munitions. Le fait est que, si elle n'avait pas capitulé, Mayence allait enfin être secourue.

Quoi qu'il en soit, Merlin, au retour et les premières tracasseries essuyées, fut salué avec Kléber comme le héros de Mayence. Il reparut à la Convention en costume mi-parti de républicain et de soldat, avec ses moustaches, sa physionomie martiale, et son grand sabre qu'il ne quitta plus. C'est dans cette attitude qu'il est comme fixé dans l'histoire, et qu'il demeure de loin reconnaissable, à première vue, entre tous ses collègues de la Montagne. Mais en même temps, et malgré ses instincts militaires prononcés, il n'eut jamais l'idée de franchir le degré qui eût fait de lui un homme de

21.

guerre régulier, un officier général comme le devinrent ses trois frères. Il était, et il représenta toujours le guerrier libre, volontaire, indiscipliné, de la première République, de la première levée en masse de 93, incapable de se ranger à être un militaire distingué et subordonné de la seconde époque et de l'Empire. C'est un des caractères de Merlin, on l'a remarqué, de n'avoir jamais cédé qu'au mouvement de sa propre passion, de s'être arrêté là où elle s'arrêtait, sans jamais servir d'instrument à celle des autres. Athlète de la Convention en Thermidor, et l'un de ses énergiques libérateurs, mais plus propre à la période ascendante qu'au décours et au déclin d'une révolution, il s'efface et disparaît à mesure que la Révolution elle-même se perd dans les intrigues comme le Rhin dans les sables. Enfanté tout d'un jet par un mouvement irrésistible, par l'immense tremblement de terre d'où sortit la génération des modernes Titans, il n'était pas l'homme de plusieurs idées ni de plusieurs régimes. Il rentre dans la vie privée avant quarante ans, se retourne vers la terre avec une sorte de rage, travaille et laboure son champ, améliore son domaine et ne se relève qu'en 1814, devant l'invasion, pour y devenir colonel d'un corps franc ; puis, après un dernier effort patriotique et comme une dernière convulsion, il retombe et rentre derechef dans l'oubli pour mourir obscurément en 1833.

II

Tel est le personnage original qui, dans sa jeunesse,

eut la pensée de devenir homme d'Église et, qui plus est, la tentation de se faire chartreux. J'en viens au récit qu'il a donné lui-même de ces premières années, récit très-simple, très-naturel, je l'ai dit, philosophique d'impression et de résultat, mais nullement révolutionnaire de forme et de langage. Son père, procureur au bailliage de Thionville, avait pour clients, à cette frontière, les riches abbés de Trèves et de Luxembourg; c'est dans la prévision que ces abbés pourraient, un jour, conférer à son fils de bons bénéfices, que ce père prudent le fit entrer, après ses classes, au séminaire de Metz. L'évêque de cette ville était pour lors un Montmorency-Laval; le jeune Merlin, bien recommandé, fut nommé de sa chapelle. Cela lui donna occasion de faire, dans les voitures de Monseigneur et à sa suite, une tournée épiscopale qui le lia avec les curés de la province et ne contribua pas peu à refroidir sa vocation ecclésiastique.

Le clergé de ces contrées, à moitié allemandes, était des plus relâchés. Les nombreuses maisons religieuses des deux sexes n'observaient plus la règle et semblaient autant d'abbayes de Thélème. On se traitait réciproquement; on s'invitait aux fêtes de village. Moines et religieuses, hébergés par des curés grands chasseurs, dansaient et buvaient à l'envi. Des hommes d'esprit et d'intelligence se rencontraient pourtant au milieu de cette vie de bombance, et quelques-uns savaient concilier leurs devoirs extérieurs avec leurs aises au dedans. Merlin nous montre, entre autres, un gros personnage du pays, dom Colignon, curé de Valmunster, « qui y était tout à la fois seigneur haut-justicier et foncier, représentant de l'abbaye de Metlach, décimateur et curé.» Chez lui, quand il y avait du monde, régnait un très-bon ton et de la décence :

« J'y vis pour la première fois M. l'abbé Grégoire, jeune curé, depuis évêque et député à l'Assemblée constituante et à la Convention. La société était choisie : elle se composait de peu d'ecclésiastiques, de quelques gentilshommes de campagne, du lieutenant général du bailliage de Bouzonville et de son épouse, du procureur du roi et de sa famille. Dom Colignon avait reçu de l'éducation; il était bel homme, fort aimable, parlant bien; procureur de la maison de Metlach, il allait succéder à l'abbé tombé en imbécillité, quand la cure de Valmunster était venue a vaquer; le presbytère était joli et commode, le pays riche, peuplé, fort agréable, arrosé par la Sarre : sacrifiant l'ambition à la liberté, il avait fait nommer abbé un de ses amis, qui lui avait ensuite conféré la cure, la seigneurie et les revenus de Valmunster. Après trois jours passés fort agréablement dans cette résidence, je voulais partir avec la société; mais dom Colignon m'engagea à rester, m'offrant de me reconduire le lundi d'après à Thionville... Je restai donc seul avec lui. »

C'est alors que cet homme de bonne compagnie, mais si peu prêtre, s'ouvre à lui et, dans des conversations amicales, l'initie et l'endoctrine. Il lui parle de la religion d'une manière à fort étonner un jeune séminariste encore novice et très-sincère : il ne la prenait, en effet, que par le côté social et politique, et pour l'utilité morale; hors de là, il n'en acceptait rien et se croyait tout à fait libre et dégagé dans son for intérieur, « ne voyant le péché que dans l'injustice, le défaut de charité et le scandale. Il évitait ce dernier autant que possible et se montrait extrêmement juste et humain. »

Ce dom Colignon qui, on le voit, dépassait de beaucoup le Vicaire savoyard, était tout à fait un curé comme Rabelais pouvait l'être au XVIe siècle, comme bien d'autres l'étaient au XVIIIe, un curé à la Marmontel, un curé de *Mélanie*, mais plus franc et d'une touche originale. Il ne se borna point, dans sa confiance envers le jeune séminariste, à des préceptes de vie facile ; il n'hésita pas, se voyant seul avec lui, à reprendre ses habitudes intérieures :

« Deux belles paysannes de dix-huit à vingt ans, l'une brune et l'autre blonde, que je n'avais pas même aperçues jusque-là, vinrent se placer le soir à la table du maître. Dom Colignon m'avait préparé à cette scène par ses leçons : il ne parut pas s'apercevoir de mon émotion. Plein de foi et ne trouvant cependant rien à répondre à ma raison, qui s'était rangée du côté du curé, j'étais dans une situation extraordinaire, quand nous partîmes enfin pour Thionville. Dom Colignon y resta quelques jours; mon père avait les yeux fixés sur moi : il semblait me demander des confidences... Je lui racontai les scènes scandaleuses des Pères capucins avec les sœurs de Richstroff ; je lui en exprimai mon indignation; mais pas un mot des jolies filles de Valmunster. Ce fut lui qui chercha l'occasion de m'en parler en me faisant remarquer combien pouvait être douce et heureuse l'existence d'un curé qui sait ménager les convenances. Mais je me sentais révolté de ces maximes, ne comprenant pas comment on pouvait se parjurer ainsi, et se consacrer à Dieu, tout en restant attaché aux vanités du monde. »

Cependant les impressions, une fois reçues, ne s'effacèrent point et eurent des suites. Rentré à son séminaire de Metz, le jeune Merlin, toujours croyant, mais ému et très-ébranlé, avait bientôt conçu ou cru concevoir une passion pour une jeune pensionnaire qu'il apercevait de sa fenêtre dans le jardin d'un couvent voisin. Il était parvenu à nouer avec elle un commerce de lettres, et, comme elle partait pour Paris, il résolut de son côté de s'y rendre. Pour cela il lui fallait dissimuler avec son père et obtenir de ses supérieurs de quitter le séminaire en demandant d'aller à Saint-Lazare. Cette proposition réussit; le supérieur de Metz donna au jeune homme son agrément et une *obédience,* comme on disait, pour la maison de Saint-Lazare; et voici Merlin prêt à partir le lendemain matin pour Paris.

Mais la nuit porte conseil : il réfléchit au danger de son voyage, et il pense que mieux vaut le différer et partir, non pour Paris, mais pour Reims et Vervins, afin de se rendre de là à la Chartreuse du Val-Saint-Pierre-en-Thiérarche, où il avait un parent, dom Barthélemy Effinger, qu'il n'avait jamais vu, mais qui lui destinait une cure : « Je resterai, se disait-il, au monastère sous prétexte d'en vouloir connaître l'intérieur, les pratiques, et peut-être d'en devenir un des moines; sous ce prétexte, j'exigerai et j'obtiendrai le secret. » Il ne serait allé à Paris qu'un peu plus tard et quand déjà sa famille, inquiète de son absence, l'y aurait fait chercher vainement.

Nous arrivons donc un jour avec lui, sur l'heure de midi, à cette fameuse Chartreuse dont il nous fait un magnifique tableau pour la grandeur des bâtiments, pour l'hospitalité opulente et toutes les choses du dehors, et sur laquelle il nous apporte un véridique et saisissant témoignage en ce qui est des mœurs et des sentiments cachés.

Je n'ai point de parti pris contre les cloîtres et contre la vie monastique en général. Il m'est arrivé à moi-même d'en étudier et d'en proposer à l'admiration de beaux exemples. Cette sorte de vie, née dans l'Orient et propagée dans toute l'Europe chrétienne où elle prospéra, a eu son long temps et son règne, son âge d'or, son âge angélique, son âge héroïque et militant. De naïfs et intéressants témoins nous en ont transmis les prodiges ; de respectables érudits en ont rassemblé les monuments ; des historiens vraiment philosophes doivent en accepter les grands faits, en même temps qu'en pénétrer les ressorts et en démêler le sens et l'esprit. Mais cette vie monastique, se rapportant essentiellement aux besoins et aux conditions d'une autre époque, a eu aussi sa décadence visible, et déjà plusieurs fois manifeste, décadence au XVe et au XVIe siècle, décadence au XVIIIe. Les essais de renaissance qui ont eu lieu après les chutes ont fait refleurir l'institution en quelques-unes de ses branches, mais pour un temps très-court et en la laissant chaque fois plus caduque et plus affaiblie. S'il appartient au XIXe siècle d'être plus heureux, et de la ressusciter par un suprême effort, ce n'est point ici ce qui m'occupe ; j'ai seulement à montrer ce qu'était devenue une Chartreuse à la fin du XVIIIe siècle, bien différente de celle que Fontanes célébrait vers le même temps en des vers mélancoliques, pour l'avoir vue vaguement du côté du jardin et au clair de lune. Qui n'aurait vu celle-ci qu'en visiteur d'un jour et par les dehors aurait eu beau jeu pour donner carrière à son imagination et à son enthousiasme :

« Le couvent du Val-Saint-Pierre-en-Thiérarche, nous dit le curieux pèlerin, est situé au milieu de forêts immenses qui faisaient partie de son domaine. Les approches de la maison, environnée de terres labourables, de prairies, d'étangs et de belles fermes, offraient à la vue des sites variés, mais qui manquaient de mouvement, et auxquels la proximité des forêts donnait quelque chose de grave et de mélancolique. Une route magnifique traversait la forêt et conduisait au couvent. Une muraille très-élevée en masquait et en fermait l'intérieur; une porte, une vraie porte de ville, que surmontait un pavillon sans jour sur la campagne, donnait entrée sur une cour, ou plutôt sur une place magnifique. L'église, d'une architecture moderne, en occupait le fond, et deux ailes en formaient les côtés. Dans celle de gauche, les salles à manger, les offices, l'antichambre, le vestibule et l'escalier, et au premier les chambres d'hôtes. En retour de cette aile une grande terrasse, soutenue par un mur de trente pieds d'élévation ; et sur cette terrasse un très-beau pavillon avec jardin, réunissant l'élégance à la simplicité, servait de cellule au prieur. Derrière, se trouvaient les cuisines, les logements des domestiques et des frères lais, chargés des détails de la maison, de la surveillance des jardins, des terres et des forêts. L'aile de droite était occupée par le religieux qui portait le titre de courrier, spécialement chargé de l'administration des forêts, de la vente des bois et de la rentrée des fonds dans la caisse du procureur. Le procureur, mon parent, habitait seul les autres appartements du rez-de-chaussée, et le haut était encore destiné aux visiteurs étrangers. En retour de cette aile, on descendait dans la basse-cour, où se trouvaient les écuries des chevaux de luxe et des chevaux de labour, les remises pour les voitures, chaises de poste, etc., une vacherie à la suisse de cent vaches, un atelier de charronnage, une forge, une tannerie sur un ruisseau, une buanderie, une brasserie, une pharmacie, une infirmerie. De cette basse-cour on entrait dans un très-beau potager, surmonté à l'est par plusieurs terrasses plantées d'arbres fruitiers et formant la base d'un côté du cloître des Chartreux. Les carrés de légumes se trouvaient dans la partie la moins élevée, et aboutissaient tous à un grand étang placé au milieu, et sur lequel était construite une machine hydraulique qui envoyait de l'eau dans les cuisines et dans toutes les cellules, et alimentait plusieurs jets d'eau dans le grand jardin du cloître et dans celui du prieur. Derrière l'église était le cloître, contenant quarante cellules, composées chacune de quatre belles pièces, et ouvrant d'une part sur un joli jardin, et de l'autre sur le cloître, en communication lui-même avec le grand jardin, orné d'ifs taillés en pyramide, de gazons et d'un bassin avec un superbe jet d'eau. L'église était resplendissante de dorures et divisée en quatre parties : le sanctuaire, surmonté d'une couronne soutenue par des colonnes de marbre de vingt-cinq à trente pieds de hauteur; le chœur des chantres, garni de stalles en bois de chêne d'une rare beauté, avec des panneaux incrustés en bois de diverses couleurs, et des tableaux représentant la vie de saint Bruno; le transsept contenant d'un côté l'autel de la Vierge, de l'autre celui de saint Bruno, avec la statue en marbre blanc de ce bienheureux; la nef, dans laquelle le public était admis une fois l'an, séparée du reste par une haute et magnifique grille, toute chargée de dorures. La porte donnait sur un péristyle élevé de douze marches au-dessus du sol de la cour, et au-dessus s'élançait un élégant clocher renfermant l'horloge et le carillon, qui, tous les quarts d'heure, se mettait en mouvement et sonnait des hymnes.

« Telle était, pour le dehors, cette somptueuse maison... »

Cela, convenons-en, est d'une parfaite et sensible vérité, d'une sobre et magnifique description, quoique sorti d'une plume conventionnelle. Justice pour tout le monde! Je la rendais l'autre jour à Louis XIV, en citant de lui de belles pages; c'est aujourd'hui le tour de Merlin. Qui se serait attendu à rencontrer en lui un rival de Granet pour la peinture d'un couvent?

Le parent de Merlin, dom Barthélemy Effinger, dont la principale occupation consistait à recevoir les hôtes, se trouve très-heureux de s'adjoindre le jeune arrivant pour l'aider dans cet office. Ainsi, Merlin se voit initié de prime abord à l'autorité même, à la politique du cloître, et, pendant les dîners qu'il fait avec dom Effinger en tête-à-tête dans son appartement, il profite des conversations pleines de franchise du bon religieux qu'il ne se lasse pas d'interroger. Celui-ci, très-sincère dans ses réponses, aussi libre de préjugés que de passions, essaie pourtant de le séduire par un endroit: il voudrait le décider à se faire moine, et se met en tête de lui procurer sa charge. Mais voici une impression profonde et salutaire à laquelle le jeune homme ne s'attendait pas, et qui vient mettre à néant tous ces beaux projets de népotisme :

« Comme je remplaçais dom Barthélemy à la table des hôtes, je le suppléais aussi au chœur. Un autre chartreux, de Thionville, dom Ignace Jaunez (oncle de Mme Hoche), lequel, en sa qualité de sacristain, avait le droit d'entrer dans les pavillons, venait me chercher dans ma chambre vers onze heures ou minuit; je vois encore ce spectre blanc, aux yeux caves, avec la tête encapuchonnée, avançant sous mes yeux sa lanterne sourde, et prononçant *Ave Maria,* à quoi, me levant pour le suivre, je répondais *Amen.* Une fois, sortant de l'église au petit jour, à la file des chartreux, avec dom Ignace qui me reconduisait chez moi sans mot dire, je remarquai que le mur en pierre de taille sur lequel s'ouvraient les cellules était usé d'une manière sensible à la hauteur des bras, et que les dalles du pavé étaient creusées uniformément comme les chemins battus par les bœufs; j'arrêtai dom Ignace et lui demandai si ces traces n'étaient pas l'effet du passage quotidien des religieux : par un simple mouvement de tête, il me répondit affirmativement. Je ne saurais dire quel effet cette idée lugubre produisit sur mon cœur : une sueur froide me couvrit le front; je me hâtai de rentrer dans mon appartement et me jetai tout habillé sur mon lit : loin d'être disposé au sommeil, les réflexions les plus accablantes se succédaient en moi jusqu'à m'effrayer, et je ne fus délivré de mon angoisse que lorsque mon domestique entra dans ma chambre. »

Et désormais, chaque fois que, lui montrant sa charge commode en perspective, dom Effinger essayait de le ramener à l'idée de vie claustrale et de vœux, « l'image de ces moines, qui avaient consumé leur inutile existence à user avec leurs sandales et les manches de leurs robes les pierres de ce cloître, se dressait devant son imagination effrayée. »

Sa passion pour la jeune personne qu'il espérait toujours revoir ne laissait pas d'être aussi un préservatif. Enfin le prieur, dom Le Noble, homme jeune encore, qui l'avait pris en amitié, eût achevé de le désabuser, s'il lui était resté des illusions sur ce genre de vie; car il la lui dépeignait d'après ce qu'il avait sous les yeux, avec toutes les misères, les rivalités et les envies intestines qu'elle recélait, avec les imbécillités et les démences qui en étaient trop souvent le terme et le résultat. Il faudrait lire tout son discours : c'est bien l'image d'un cloître, quand la foi, l'amour et l'espérance se sont retirés :

« Vous avez fait de bonnes études, ajoutait-il; et après une année de noviciat vous pourriez entrer dans les ordres; raison de plus pour vous désespérer quand vous vous verrez renfermé pour jamais dans ces murailles, sans livres, sans conversation, sans amis, au milieu d'envieux imbéciles et méchants, qui ne chercheront qu'à vous empêcher de sortir du cloître. Le procureur (*dom Effinger*), le plus égoïste et le plus insouciant de tous les hommes, est le seul avec qui je puisse parler. Ne vous fiez point à ses promesses; il n'a pas le droit de vous céder sa place; et, le pourrait-il, il ne le ferait pas. Sa place et la mienne elle-même ne tiennent à rien : un caprice des visiteurs peut nous replonger dans le cloître et nous replacer sous la main de ces moines qui nous haïssent. Gardez-vous donc de devenir chartreux... »

Et tout ce qui suit. — Et l'on conçoit, en effet, cet enfer de la réclusion et de la solitude, quand la contemplation mystique n'est plus qu'un vain mot, et que le rayon céleste ne descend plus. Le parfait chartreux était celui qui, interrogé à l'article de la mort sur ce qu'il avait fait pendant quarante années de silence, répondait par cette parole du Psaume : « *Cogitavi dies antiquos, et annos æternos in mente habui.* — Je songeais aux jours anciens, et j'avais dans l'esprit les années éternelles. »

Au lieu de ce tableau à la Lesueur, Merlin nous fait assister au spectacle d'une communauté mangeante et buvante, qui appellerait le pinceau de quelque maître hollandais grotesque :

« A diverses fêtes où les chartreux se réunissaient, on

m'accordait la faveur insigne de manger avec eux au réfectoire. Chaque chartreux avait devant lui un pot d'étain, d'une pinte, rempli de bière, un autre de même dimension, rempli de vin de Champagne ordinaire, et une bouteille cachetée de vin vieux ; et ce qu'il ne buvait pas était porté par les frères lais dans le tour placé à côté de la porte de la cellule ; on servait à chacun une tranche d'esturgeon d'une livre, du poisson de rivière en pareille quantité, une omelette de six œufs, du pain frais à volonté, du fromage et les plus beaux fruits. Chaque chartreux, enfermé dans son capuchon, mangeait dans le plus profond silence et sans lever les yeux sur son voisin. Je ne pouvais concevoir comment un homme, et surtout un homme oisif, pouvait engloutir tant de nourriture ; cependant, à l'exception du prieur, tous les moines mangeaient leur portion, et j'ai même vu dom Pierre et dom Quentin, deux vieillards octogénaires, et dom Lucien, aide-sacristain, jeune encore, mais à peu près stupide, demander des suppléments ! »

Mais la vue de la récréation aux jours de fête, et la division tranchée des trois groupes est d'une belle observation morale et d'un effet lugubre, qui termine bien cette suite de tableaux :

« Ces jours-là, après les grâces dites à l'église, les chartreux se promenaient dans le grand jardin, en formant trois groupes séparés : les vieillards excluaient leurs confrères au-dessous de quarante ans, et ceux-ci les confrères au-dessous de trente ; les jeunes erraient pour la plupart seuls, craignant de se communiquer leurs tristes et douloureuses pensées ; la tête baissée, ils regardaient la terre et me semblaient lui demander de se hâter de s'ouvrir pour eux. Pour moi, j'allais des uns aux autres ; sachant que j'avais la permission de leur parler, les uns me questionnaient sur ce qui se passait hors du cloître, les autres sur la théologie ; les vieux m'exhortaient à partager leur sort, tandis que les jeunes, croyant que je devais entrer au noviciat, me regardaient ou avec pitié ou avec des yeux surpris et hébétés. »

Il est inutile de dire la fin de l'aventure; on la devine de reste, et tout se rejoint aisément. Merlin ne se fit point chartreux; il ne se fit point prêtre, et se tourna vers le barreau, faute de mieux. Il était en train d'y réussir, d'y acquérir l'estime dans sa province, et il s'appliquait fort à une profession qu'il jugeait définitive, quand la Révolution éclata et le jeta brusquement dans une sphère d'orages, où il eut besoin de toute son énergie et de tout son caractère. Le contraste est frappant ; il l'est surtout maintenant que nous avons lu ses confessions sur la Chartreuse. Cette espèce de novice qui assiste aux offices de matines et qui recule d'effroi, ce chartreux manqué, et qui le fût probablement devenu en d'autres temps, nous le plaçons en regard du thermidorien intrépide et de l'artilleur improvisé de Mayence.

Il y a dans Rabelais une bien vaillante et généreuse figure de moine, le frère Jean des Entommeures; il y a dans le joli roman du *Petit Jehan de Saintré* un Damp Abbé, moins fort en armes, mais riche aussi de nature, qui fait concurrence au gentilhomme auprès de sa belle, et dont le gentilhomme se venge assez cruellement. Un chartreux, comme l'eût été Merlin, me rappelle involontairement ces deux gaillardes figures. Deux ou trois siècles plus tôt, il eût fait un moine de cette espèce et de cet acabit-là. C'eût été dommage, en vérité, que celui qui avait la taille, la vigueur, l'audace, le regard et le port de tête de Damp Abbé et de frère Jean, avec le cœur en plus du patriote et du citoyen, ne vécût point à cette date de l'abbé Sieyès et n'assistât point, en y prenant sa bonne part, à l'émancipation des classes, gage et signal de l'ennoblissement des cœurs. Le frère Jean, j'imagine, eût fait comme lui, à sa place, et aurait volé à la frontière. Celui qui défendait si bien son couvent, n'aurait point failli à la tâche : le couvent s'était tout simplement agrandi et était devenu la France.

Lundi 20 janvier 1862.

DES PROCHAINES
ÉLECTIONS DE L'ACADÉMIE

L'Académie française a le privilége d'occuper beaucoup le public et par ses séances de réception et par les élections qui les précèdent et les promettent longtemps à l'avance. Depuis quelques mois, un académicien ne peut aller dans le monde sans être assailli de questions : « Qui allez-vous nommer ? Quels sont les candidats ? Lequel a le plus de chances ? » Les journaux qui s'occupent de ces choix, et ceux même qui le font à bonne intention, sont, en général, assez inexactement informés. Je suis donc tenté, puisque j'ai si fréquemment la parole, de la prendre cette fois pour répondre de mon mieux à ces nombreuses questions et pour discourir devant le public, avec une liberté décente, sur ce sujet et sur d'autres qui y touchent de près. Je n'oublierai ni ue je suis académicien, ni que je suis journaliste, et je tâcherai de me tenir convenablement entre les deux.

Il s'agit de remplacer M. Scribe, mort il y a près d'une année déjà, et M. Lacordaire qu'on a perdu plus récemment; les élections sont fixées, la première au 6 février, et la seconde au 20 du même mois.

Qui se présente pour remplacer l'un et l'autre de ces immortels d'un genre si différent? Il n'est pas si aisé qu'on le croirait, même à ceux qui devraient être le mieux informés, de répondre avec précision ; car les candidatures ne se constatent positivement que par des lettres adressées au secrétaire perpétuel de l'Académie, et plusieurs de ces candidatures restent latentes et à l'état d'essai jusqu'au dernier moment.

Cela peut étonner le public et ne laisse pas de surprendre même des membres de l'Institut appartenant à d'autres Académies. L'Académie française ne discute donc point les titres des candidats? elle ne dresse donc point de liste par ordre de mérite avant l'élection, comme cela se pratique ailleurs et à côté d'elle, à l'Académie des Sciences, à l'Académie des Beaux-Arts par exemple? — Non.

Le candidat se déclare quand il lui plaît : l'Académie ne discute préalablement sur les mérites d'aucun; aucune comparaison ne s'établit par voie d'examen et moyennant un débat contradictoire; et chaque académicien, le jour venu, vote *arbitrairement,* comme dirait La Bruyère, suivant sa propre et unique information.

Cela tient à ce que l'Académie française n'est point divisée en sections, à l'exemple d'autres classes de l'Institut. Quand il y a des sections, comme à l'Académie des Sciences ou à celle des Beaux-Arts, il est tout simple que si l'on a à remplacer ou un chimiste ou un statuaire, par exemple, on s'adresse d'abord à la section de chimie ou à la section de sculpture pour obtenir une première liste dressée par des confrères experts et compétents. Les autres académiciens, après cette première information, restent bien libres d'intervertir les rangs et de voter à leur gré; mais, en général, il faut être porté sur la liste pour obtenir les suffrages de la Compagnie.

L'Académie française, où il n'y a pas de sections, bien que l'on pût à la rigueur en concevoir (sections de *langue* et de *grammaire*, de *poésie dramatique*, de *poésie lyrique*, d'*histoire*, d'*éloquence* proprement dite, de *roman*, de *critique littéraire*, j'y reviendrai tout à l'heure), l'Académie française, loin de voir un inconvénient dans le hasard et la mêlée des candidatures, tient à honneur d'être affranchie de tout examen préalable et de tout ordre prévu et réglé en matière d'élection; elle estime que les qualités générales qui constituent le littérateur distingué, en quelque genre que ce soit, et l'homme de goût, sont suffisamment appréciées et senties par chacun de ses membres, et que prétendre faire plus, vouloir tracer des divisions et des compartiments, ce serait apporter en cette matière délicate une rigueur dont elle n'est point susceptible, et qui en froisserait et en fausserait la finesse.

Des conversations à l'amiable se sont plus d'une fois engagées là-dessus entre académiciens, et les raisons pour et contre se sont produites.

Il faut le dire, il y a deux idées différentes et presque

contraires, qui ont présidé à la constitution de l'Académie française, telle qu'elle existe à présent, sous sa forme moderne, et il convient d'autant plus de les démêler que l'une s'est insensiblement substituée à l'autre et la masque tout à fait aujourd'hui.

On fait ordinairement de l'Académie française la continuation pure et simple de l'ancienne ; on va même jusqu'à donner la généalogie des fauteuils. C'est une erreur, ou plutôt c'est une mauvaise plaisanterie. M. de Tocqueville, s'il m'en souvient, commença son discours de réception par ces mots : « Messieurs, tout est nouveau en France, excepté l'Académie. L'Académie demeure comme l'unique vestige de l'ancienne société détruite. » C'était gentil à dire et flatteur à entendre ; les applaudissements éclatèrent : le malheur est que c'est parfaitement inexact et faux. L'ancienne Académie française a si bien changé qu'elle a péri en 1792, et la nouvelle date de l'an III et de la loi qui déclare qu'il y aura pour toute la République « un Institut national chargé de recueillir les découvertes, de perfectionner les arts et les sciences. » L'organisation de l'Institut vint ensuite en l'an IV et eut à subir depuis diverses modifications, notamment sous le Consulat (1803). Il y avait bien dans l'Institut une Classe qui répondait à ce qu'avait été l'Académie française ; mais cette Académie elle-même existait alors si peu comme un corps identique à l'ancien, qu'on a un mémoire rédigé par Fontanes vers cette date et en vue de son rétablissement : Napoléon, qui avait sans doute demandé le mémoire, ne donna pas suite à l'idée. Ce ne fut qu'en 1816, avec la restauration des

Bourbons, que les Académies, en vertu d'une ordonnance signée Vaublanc, reprirent leurs anciens titres, et, il faut ajouter, leurs anciennes prétentions. On renoua la chaîne des temps; la Révolution française et l'abîme qu'elle avait ouvert, furent considérés comme non avenus. L'Académie française, notamment, sous la conduite et l'inspiration de M. Suard, participa plus qu'une autre à ce besoin d'effacer les traces du passé et de se purger de toute roture révolutionnaire. Elle crut, elle aussi, avoir retrouvé sa légitimité. Elle affecta la qualité des Quarante d'autrefois. Était-on noble, en effet, plus noble d'un quartier que les autres Académies? Ces sortes de considérations n'étaient pas indifférentes aux restaurateurs de l'Académie d'alors; aussi l'utilité fut-elle un peu sacrifiée à l'éclat.

C'est ainsi que je m'explique l'espèce d'antipathie qu'avait pour l'Académie française un homme qui eût été bien digne d'en être, celui qui avait présidé à la première organisation de l'Institut en l'an IV, et qui en possédait l'esprit, celui qui le premier porta publiquement la parole en son nom, M. Daunou. Cet esprit si orné, cet éditeur classique de Boileau, n'avait que du dédain pour l'Académie française, telle que M. Suard, par l'organe de M. de Vaublanc, l'avait refondue et reblanchie en 1816.

C'est à cette date que l'Académie fut réintégrée dans son privilége d'avoir pour protecteur spécial et perpétuel le monarque, de correspondre directement avec lui pour l'approbation de ses choix et la présentation de ses nouveaux membres, sans avoir affaire à un ministre amovible et aux *bureaux,* comme cela a lieu pour les autres Académies.

Ce fut par le premier gentilhomme de la Chambre (ou par le grand chambellan, selon les régimes), que l'Académie reprit l'habitude et l'usage de faire et de recevoir ces sortes de communications qui tiennent à son essence ; c'est par son canal qu'elle obtint les audiences du prince. La pensée de 1816 était que l'Académie restaurée, et très reconnaissante de ces faveurs rendues, l'Académie redevenue fille ou filleule des rois, avait à cœur, en retour, d'être particulièrement agréable au monarque et de le lui témoigner en chaque occasion, *facie ad faciem.*

Ce fut aussi chose à peu près convenue dès lors, dans l'opinion, que les autres Académies moins nobles travaillaient, publiaient des mémoires, des recueils savants dont on leur demandait un compte exact et fréquent, mais que l'Académie française, à part son Dictionnaire qu'elle retouchait de temps en temps et qu'elle recommençait toujours, ne travaillait pas : elle était censée comme les lis de la vallée, « qui ne travaillent ni ne filent. »

Une conséquence qui découlait de cette distinction première : toutes les autres Académies eurent des académiciens libres ou amateurs ; l'Académie française seule n'en eut pas. Tous ses membres étaient censés libres et à la fois suffisants. Tout membre de l'Académie française passa dans l'opinion pour un gentilhomme littéraire qui en prend à son aise.

C'est injuste, c'est au moins très exagéré ; on travaille

22.

aussi à l'Académie française; ses séances publiques annuelles en font foi. L'Académie, qui dispose aujourd'hui de plus de 57,000 francs de rente, en emploie plus de 35,000 chaque année en prix et récompenses littéraires qu'elle distribue en parfaite connaissance de cause, après examen, rapport, discussion; mais, enfin, cette idée aristocratique du rien-faire et du parfait loisir pour tous ceux qui sont une fois arrivés au fauteuil, prévalut dans l'opinion et s'autorisa des prétentions mêmes, affichées par l'Académie en 1816.

Je ne suis pas un homme de l'an III, ni un homme de 1816: il ne s'agit pas d'opposer les inspirations et les influences, mais de les combiner. Or, je dis, pour revenir à l'objet présent, que la discussion des titres, servant à établir un certain ordre entre les candidats qui se présentent, ne serait ni contraire ni mortelle à la bonne composition de l'Académie et à cette délicatesse, à cette politesse, dont elle tient avec raison à ne jamais se départir.

On a beau faire, on n'est plus dans l'ancienne Académie, qui elle-même, déjà, n'était peut-être pas si délicate qu'on le suppose. Les mœurs publiques ont changé; les luttes parlementaires ont montré aux prises, et parfois bien rudement, des athlètes politiques, qui se rencontraient l'instant d'après, et sans apparence de ressentiment, sur le terrain neutre de l'Académie. On n'a plus, j'imagine, la peau si irritable qu'autrefois: on supporte même la critique littéraire exercée publiquement par des confrères; j'en suis la preuve vivante, et (sauf un seul cas que je regrette) je puis certifier, à l'honneur de ceux qu'il m'est arrivé de toucher et même de combattre, que les bons rapports académiques n'en sont pas altérés. La grande objection consistant à dire qu'il serait embarrassant de voir s'asseoir le lendemain à son côté un confrère dont, la veille, on aurait discuté et peut-être contesté en partie les titres, n'existe donc plus, ou du moins est fort affaiblie.

Cette discussion aurait, selon moi, un double avantage : premièrement d'élever dans l'opinion, s'il était possible, ou de justifier, s'il en était besoin, les choix eux-mêmes, et ensuite d'éclairer quelques académiciens sur les mérites et les qualités mélangées de ceux des candidats qu'on écarterait. Les hommes éminents qui tiennent le haut bout à l'Académie, et dont la carrière est si remplie, ne peuvent être informés de tout : ils ignorent presque forcément bien des œuvres, et jusqu'à bien des noms. Ces discussions les y accoutumeraient et ménageraient peut-être un jour à quelques-uns de ceux qui se seraient vus rejetés d'abord, un retour et un accès mérité. L'Académie, en la personne de plusieurs de ses membres considérables, a, en effet, une grande peur : c'est encore moins la politique qui détermine dans certains cas, que la crainte de la Bohême littéraire. Il est bon pourtant de ne pas s'en exagérer l'étendue, de savoir où elle finit et où elle commence. La discussion sur plus d'un nom réputé suspect y aiderait. Il ne faut pas, à force de se mettre en garde contre la Bohême, s'abstenir de toute littérature actuelle et vivante.

Je sais qu'on a déjà opposé spirituellement à mes raisons que nous sommes suffisamment informés par rapport à notre objet; que nous n'en sommes pas à découvrir un génie ni même un grand talent nouveau ; que la voix publique ne nous impose impérieusement aucun de ces choix dont la notoriété éclatante est comme en droit de faire violence à l'esprit naturellement conservateur et aux préventions même des compagnies. Mais n'y eût-il, après examen et débat contradictoire, d'autre résultat que de rester plus ferme chacun dans son opinion, et de donner satisfaction au public avec qui il faut toujours plus ou moins compter, ce ne serait pas avoir perdu son temps ni ses paroles. Après tout, il serait singulier que cette voie de discussion, qu'on dit bonne en tout lieu et en toute matière, n'eût qu'inconvénients et inutilité au sein de l'Académie.

En attendant, voici l'état des choses pour le moment, en ce qui est des élections prochaines :

Pour remplacer M. Scribe : *candidats*, M. Mazères, M. Cuvillier-Fleury, M. Camille Doucet, M. Octave Feuillet, M. Gozlan, M. Jules Lacroix, M. Léon Halévy, M. Belmontet, M. Géruzez, M. Baudelaire, — et même M. de Carné.

Pour remplacer M. Lacordaire : le prince Albert de Broglie.

Je ne sais si M. Philarète Chasles a déclaré son choix entre les deux candidatures. J'entends prononcer aussi le nom de M. Poujoulat, mais je ne sais non plus s'il a pris un parti. Il y a jusqu'à la fin des candidats flottants et qui ne se décident pas. Je les omets.

Les chances, si vous me demandez, mon cher lecteur,

pour qui elles sont dans la première de ces deux élections, je serai fort embarrassé de vous le dire. L'Académie ne s'astreint pas, en général, à la ressemblance ni même à l'analogie dans l'ordre de succession; elle aime assez souvent les diversités et se plaît aux disparates. Autrement, on pourrait se diriger par conjecture.

De quoi s'agit-il, en effet? De remplacer le plus fécond, le plus inventif, le plus adroit et le plus heureux des auteurs et arrangeurs dramatiques de ce temps; de celui qui, pendant quarante ans, n'a cessé d'alimenter tous les théâtres et de desservir toutes les scènes; qui est mort sur le champ de bataille, pour ainsi dire, en plein travail, au moment où, une idée en tête, il courait au galop chez un collaborateur. La quantité de jolies choses qu'il a faites ne se peut compter. Son théâtre de *Madame*, dans son meilleur temps, était une nouveauté originale et piquante. Il a taillé sur le patron et à l'usage de la bourgeoisie une infinité de petites pièces, de petits chefs-d'œuvre d'habileté, de gaîté, de sensibilité. Quand il a voulu aborder la haute scène, où quelquefois il a très joliment réussi, ses défauts d'observation directe pourtant se sont fait sentir, et trop souvent vers la fin, sur la scène de la Comédie-Française, ses personnages n'étaient plus que des ressorts habillés en rois ou en reines, en ministres, etc. N'allez point l'appeler, par mégarde, un « éminent écrivain (1) : » c'était un des hommes les plus fertiles en expédients dramatiques,

---

(1) C'est l'expression dont on s'est servi dans *le Moniteur* en parlant de lui le lendemain de sa mort.

mais aussi les plus dénués de la faculté du style qui fût jamais.

Tel qu'il était, il n'est pas remplacé. Qui donc s'avise de tenir lieu aujourd'hui de ce pourvoyeur dramatique universel? Je suppose que le suffrage de tous les gens de lettres assemblés (j'ai la faiblesse de croire assez au suffrage de tous en pareil cas) eût à prononcer pour lui désigner un successeur, — je mets hors de cause, bien entendu, les auteurs dramatiques, membres déjà de l'Académie, qui choisirait-on? qui proposerait-on?

Parmi ceux qui ne se présentent point, j'ai peine à ne pas songer à M. Dumas fils, puisqu'il n'est plus question (académiquement parlant) du père, et qu'Alexandre le Grand nous échappe; mais lui-même, Dumas fils, s'est depuis quelque temps éclipsé, et ses amis le réclament, l'espèrent et salueraient avec bonheur son retour.

A s'en tenir aux noms qui sont en ligne, et puisque le cri public ne proclame personne, M. Mazères semble avoir pour lui l'ancienneté des titres, leur parfaite convenance dans la circonstance présente, une collaboration heureuse avec des maîtres illustres de la scène, et, en son propre et seul nom, des pièces agréables, dont une, faite de verve, *le Jeune Mari,* est restée au répertoire; ce qui était fort compté en d'autres temps.

M. Cuvillier-Fleury se recommande, au contraire, par la différence des titres et même leur contraste: c'est un critique et rien qu'un critique. Je devrais peut-être éviter de rencontrer désormais son nom sous ma plume; mais je n'éprouve, à son égard, aucune rancune personnelle, et je puis dire mon sentiment avec impartialité.

C'est un homme d'un mérite réel, instruit, qui a de la conscience, de l'application. Il s'est fort perfectionné depuis 1849. Un de ses amis l'a classé parmi les critiques *raisonneurs*. Il raisonne en effet très volontiers, — pas mal et quelquefois bien sur les matières politiques et historiques qui sont dans le courant habituel des salons, — pas très-bien ni très-finement sur les matières littéraires, soit celles du jour, soit celles d'autrefois. Quand il a surtout à parler des productions nouvelles, il est presque toujours à côté. Il a le tort, même en littérature, de tout voir par la lucarne de l'orléanisme; on est jugé et mesuré par lui à ce compas, et il porte de cette préoccupation, on peut le dire, jusque dans la question de *Madame Bovary* et de *Fanny*. C'est un faible qui tient à d'honorables sentiments. Mais, je le répète, il a de bons articles, et fort sensés, à propos de livres politiques et d'histoire, dont on cause et dont on disserte autour de lui. Quand il veut faire le vif et le léger, il est moins heureux. Il est ingénieux parfois, mais à la sueur de son front. Il est plus estimable qu'agréable. Il ne faut jamais le défier de faire une gaucherie, car il en fait même sans en être prié. Parlant de ses titres académiques, il dit à qui veut l'entendre que « son meilleur ouvrage est en Angleterre (1). » Il lui est arrivé un jour, en croyant louer M. Thiers, de l'appeler « un Marco Saint-Hilaire éloquent. » Il a essayé, depuis, de réparer cela et de recouvrir ce mot malencontreux par de longs et vastes articles sur l'*Histoire de l'Empire*.

---

(1) M. le duc d'Aumale, dont il a été le précepteur.

Il compte bien avoir pour lui, en se présentant, ses collaborateurs du *Journal des Débats* qui sont membres de l'Académie, et plusieurs autres amis politiques. Les *Débats*, l'Angleterre et la France, c'est beaucoup. Il a des chances.

M. Camille Doucet, à la différence du candidat précédent, est un auteur et rien qu'un auteur, en ce sens qu'il n'est pas du tout un critique. Il a le mérite, qui devient rare, d'écrire des comédies en vers, et dans une versification svelte, vive, limpide, élégante. C'est là une distinction. Il a des rôles d'une aimable gaîté. — M. Octave Feuillet a pour lui ses doubles succès à la lecture et au théâtre, des observations fines, des situations touchantes, délicates, toujours pures. — M. Gozlan est un homme d'esprit dans la force du terme; il a d'heureux mots, comme on en cite d'autrefois : il a des fantaisies qui réussissent à la scène, des nouvelles dont l'idée est piquante. On ne l'analyse pas, on n'analyse pas l'étincelle, le rayon qui se joue à l'écume et à la risée du flot. Il est de ceux pourtant qui gagneraient le plus à une discussion et à une conversation sur les titres : il n'est pas assez connu de l'Académie.

M. Jules Lacroix est un poëte sérieux et de mérite : je l'estime moins encore pour son *Juvénal,* traduit en vers, que pour son *Œdipe-Roi,* traduit, modelé et comme moulé avec conscience, avec talent, y compris les chœurs, et qui, représenté au Théâtre-Français, produit un effet de terreur et de pitié dans tous les rangs du public, et, vers la fin, arrache irrésistiblement des larmes. C'est une noble tâche qu'il s'est donnée là, en avançant dans la vie, que de lutter avec la beauté antique.

M. Léon Halévy a le même honneur et fait preuve du même dévouement; il embrasse dans ses traductions élégantes, harmonieuses, les plus belles pièces du *Théâtre grec*, et il ne manque à son succès que la consécration d'une soirée et cette représentation émue qui refait d'une traduction même une œuvre actuelle, et qui lui confère le baptême de vie.

J'apprends que M. Belmontet vient d'annoncer, de *poser,* comme on dit, sa candidature par une lettre pleine d'un beau feu, où il parle en vétéran de la poésie, en homme qui est entré dans la carrière par *une Fête sous Néron,* en compagnie de Soumet, et qui n'a cessé de produire et de mériter depuis :

Grand Art, j'ai combattu quarante ans pour ta gloire!

Qui pourrait s'étonner de voir à l'Académie M. Géruzez? Il a pendant quinze ans suppléé à la Sorbonne M. Villemain, lequel, apparemment, l'avait su distinguer et choisir. Il a donné, depuis, un résumé de son enseignement, en publiant une *Histoire de la Littérature française,* pure, élégante, bien pensée, utile, et qui se perfectionne et se complète à chaque édition nouvelle.

On s'est demandé d'abord si M. Baudelaire, en se présentant, voulait faire une niche à l'Académie, et une épigramme; s'il ne prétendait point l'avertir par là qu'il était bien temps qu'elle songeât à s'adjoindre ce poëte et cet écrivain si distingué et si habile dans tous les genres de diction, Théophile Gautier, son maître. On a eu à apprendre, à épeler le nom de M. Baudelaire à plus d'un membre de l'Académie, qui ignorait totalement son existence. Il n'est pas si aisé qu'on le croirait de prouver à des académiciens politiques et hommes d'État comme quoi il y a, dans *les Fleurs du Mal,* des pièces très-remarquables vraiment pour le talent et pour l'art ; de leur expliquer que dans les petits poëmes en prose de l'auteur, *le vieux Saltimbanque* et *les Veuves* sont deux bijoux, et qu'en somme M. Baudelaire a trouvé moyen de se bâtir, à l'extrémité d'une langue de terre réputée inhabitable et par delà les confins du romantisme connu, un kiosque bizarre, fort orné, fort tourmenté, mais coquet et mystérieux, où on lit de l'Edgar Poë, où l'on récite des sonnets exquis, où l'on s'enivre avec le haschich pour en raisonner après, où l'on prend de l'opium et mille drogues abominables dans des tasses d'une porcelaine achevée. Ce singulier kiosque, fait en marqueterie, d'une originalité concertée et composite, qui, depuis quelque temps, attire les regards à la pointe extrême du Kamtschatka romantique, j'appelle cela *la folie Baudelaire.* L'auteur est content d'avoir fait quelque chose d'impossible, là où on ne croyait pas que personne pût aller. Est-ce à dire, maintenant, et quand on a tout expliqué de son mieux à de respectables confrères un peu étonnés, que toutes ces curiosités, ces ragoûts et ces raffinements leur semblent des titres pour l'Académie, et l'auteur lui-même a-t-il pu sérieusement se le persuader? Ce qui est certain, c'est que M. Baudelaire gagne à être vu, que là où l'on s'attendait à voir entrer un homme étrange, excentrique, on se trouve en présence d'un candidat poli, respectueux, exemplaire, d'un gentil garçon, fin de langage et tout à fait classique dans les formes.

Je m'étonne d'avoir à nommer M. de Carné parmi les candidats qui aspirent au fauteuil de M. Scribe. C'est à remplacer M. Lacordaire qu'il devait viser, ce semble, comme il aurait pu prétendre dans l'élection précédente à succéder à M. de Tocqueville. Savez-vous que M. de Carné ne doit pas être content de ses anciens amis, les académiciens du parti catholique? Voilà trente ans et plus que cet homme de mérite, cet ancien rédacteur du premier *Correspondant,* suit sa voie, écrit des livres d'histoire bien étudiés, persévère dans ses principes, dans ses honorables travaux : il ne demande en récompense qu'une heure brillante qui les couronne. Mais chaque fois qu'il s'approche de ses amis pour leur dire : « Est-ce enfin mon tour? » on lui oppose un candidat suscité à l'improviste et qui tombe vraiment des nues. Il y a eu un moment, toutefois, où il s'est vu assez en faveur et où son baromètre académique semblait remonter : c'est quand il donnait dans *l'Ami de la Religion* ses articles sur Rome et sur le pape. M. Scribe venait précisément de mourir. J'ai vu le moment où ceux qui avaient jugé M. de Carné trop peu éclatant pour célébrer M. de Tocqueville, allaient le trouver assez léger pour faire l'éloge de M. Scribe. Mais la question romaine a perdu de sa fraîcheur, l'étoile de *l'Ami de la Religion* a pâli, M. de Carné est rentré dans son demi-jour, et il me paraît à présent errer comme une Ombre aux confins des deux élections.

L'héritage du Père Lacordaire a dû occuper beaucoup ceux des académiciens qui composent la majorité de la Compagnie, et qui l'y avaient fait entrer. L'éloquent dominicain est de ceux dont l'éloge ne saurait être confié indifféremment. Il n'était pas un académicien comme un autre. On a beau dire, on a beau s'intituler confrères, l'égalité entre les Quarante n'est pas absolue. Il y avait dans l'Olympe les grands et les moindres dieux: on dirait qu'il y a de même les grands et les petits académiciens; on ne fera jamais que M. Dupaty soit réputé exactement l'égal de M. de Chateaubriand. Cela se voit et se marque à bien des signes. L'autre jour, quoique M. Lacordaire fût mort depuis près d'une semaine, et que la première émotion de cette triste nouvelle fût passée, l'Académie, assemblée un jeudi, — le premier jeudi depuis qu'on avait reçu la lettre de faire part, — leva incontinent sa séance, après cette lettre entendue. Voilà les honneurs et les distinctions réservés aux vrais immortels. M. Lacordaire, d'ailleurs, avait peu joui de l'Académie, et elle de lui, dans le trop court espace de temps qu'il lui avait appartenu ; et je crois même qu'il n'y était venu s'asseoir qu'une seule fois depuis sa réception solennelle.

Quand M. de Bonald, cet éminent philosophe, mourut, on s'inquiéta assez peu de chercher qui ferait son Éloge. La majorité de l'Académie, en ce temps-là, était plutôt voltairienne et philosophique que religieuse ; on fit une élection littéraire quelconque, et M. Ancelot fut jugé très-suffisant à la tâche de louer l'auteur de *la Législation primitive*.

L'Académie, aujourd'hui, se montre plus soucieuse, au moins pour ceux de ses membres qui sont en odeur de sainteté. Tous les noms mis d'abord en avant pour la succession du dominicain académicien ont été graves. Celui de M. Dufaure, qui avait été prononcé, même quand il ne s'agissait que de M. Scribe (ce qui ne laissait pas d'être singulier et presque scandaleux à sa manière), est revenu naturellement. Il ne paraît pas que l'honorable avocat, le nerveux et pressant argumentateur, et dont l'éloquence est toute juridique, ait cédé aux instances de ceux qui voulaient faire de lui un de nos arbitres littéraires. Quelqu'un qui s'amuse à compter sur ses doigts ces sortes de choses, a remarqué que s'il avait consenti à la douce violence qu'on lui voulait faire, il eût été le dix-septième ministre de Louis-Philippe dans l'Institut et le neuvième dans l'Académie française. Quoi qu'il en soit, M. Dufaure a tenu bon dans son refus ; en cela, il a fait preuve de discrétion et de goût.

Puisqu'il s'agit non-seulement d'un prêtre, mais d'un religieux à remplacer au sein de l'Académie, il était tout simple que quelques personnes pensassent au Père Gratry, oratorien. M. Gratry a déjà été distingué par l'Académie dans le concours Montyon, pour un livre de théologie morale où il se trouve bien du talent, bien des observations ingénieuses, et aussi bien des théories hasardées. Sa prétention est de refaire *la Somme* de saint Thomas en la remettant au niveau de la science du XIXe siècle. C'est, à quelques égards, le Michelet de l'Église. Mais, en définitive, il est éloquent, quoique d'une autre manière que ne l'était M. Lacordaire, et là où son imagination et son trop de science l'égarent, il n'est pas beaucoup plus déraisonnable que lui.

Après ce premier nom vaguement jeté, on en était à se demander qui encore?... Plus d'une ambition légitime ou spécieuse se réveillait; M. Poujoulat pouvait se croire appelé, M. de Carné pouvait espérer d'être élu, lorsqu'un nouveau nom, positivement déclaré, est venu les décourager tous et mettre comme à néant toutes les autres conjectures et candidatures :

> Le Soleil est levé, retirez-vous, Étoiles !

Du moment que M. le prince Albert de Broglie se présente, il semble qu'il ne puisse échouer : M. le duc de Broglie, son père, fait déjà partie de l'Académie. Ce sera la seconde fois que de nos jours on y verra le père et le fils à côté l'un de l'autre. Le vieux comte de Ségur eut la satisfaction de voir nommer son fils, le général Philippe de Ségur, hautement désigné au choix de tous par l'éclatant et national succès de son beau livre de l'*Histoire de la Grande-Armée en* 1812. M. Albert de Broglie a-t-il pour lui une pareille clameur publique? Je ne crois pas qu'il y prétende. Ses titres sont sérieux, rangés, estimables; il y aurait lieu de les examiner de près. A-t-il daigné se demander pourtant ce que ces mêmes titres seraient comptés à un homme tout à fait nouveau et uniquement fils de ses œuvres? Il a pour lui trois générations qui le portent. On faisait des académiciens dans le salon de Mme Necker, il y a plus de quatre-vingts ans. Ce jeune homme est né dans la pourpre ; lui aussi, il s'est donné la peine de naître. Il a reçu un esprit distingué, délicat, tout fait, un esprit héréditaire. Qu'y a-t-il ajouté pour son propre compte? Où est sa marque, à lui, son cachet? A-t-il l'originalité? a-t-il la hardiesse? A-t-il gagné ou perdu, comparé à ce qu'étaient ses ancêtres littéraires? Nous les rend-il, mais vivants, mais rajeunis, et non pas seulement assagis, attiédis, intimidés et comme mortifiés en ses écrits et en sa personne? Je pose à la hâte ces questions que demain il paraîtrait inconvenant à nous de soulever. Sans doute, dans sa conscience scrupuleuse, il aura jugé qu'il se devait à un Éloge public du Père Lacordaire, et il se dévoue.

Mais vos candidats à vous-même qui trouvez à redire à tout, où sont-ils ? Qui proposez-vous? qui verriez-vous à mettre en avant de plus convenable, de plus digne? C'est vous-même, vous qui m'adressez cette question, cher lecteur, qui allez m'aider à y répondre. Je me place pour un moment dans un autre ordre de choses, dans un tout autre système qui rapprocherait l'Académie française de la pensée fondamentale de l'Institut. Je la suppose, notre Académie, divisée en sections, — *huit* sections, de *cinq* membres chacune. — Oh! je sais que ce mot de *sections* va choquer. Les beaux esprits et les grands seigneurs aiment le vague ; mais, sauf une meilleure appellation, je maintiens la chose bonne. On aurait donc les sections suivantes :

I *Langue et Grammaire*. — (C'est le travail spécial de l'Académie ; il y manque M. Littré et M. Ernest

Renan, comme collaborateurs presque indispensables.)

II *Théâtre,* poésie et création dramatiques sous toutes les formes.

III *Poésie* lyrique, épique, didactique, etc., en un mot tout ce qui n'est pas poésie dramatique.

IV *Histoire* (composition et style historique).

V *Éloquence* publique, *art de la Parole* (chaire, tribune, barreau, etc.).

VI *Éloquence et art d'écrire* (philosophie, morale, politique, sciences, etc., tous les genres de prose élevée).

VII *Roman,* nouvelles, etc., (ce genre si moderne, si varié, et auquel l'Académie a jusqu'ici accordé si peu de place).

VIII *Critique littéraire.*

Cela posé, et le principe de l'analogie une fois établi comme règle dans les élections, on n'a, pour remplacer M. Scribe, que l'embarras du choix parmi les auteurs dramatiques, sans aller y mêler des écrivains purement critiques; l'Académie regorge déjà de critiques. La difficulté ne serait donc que pour la seconde élection, celle qui doit donner un successeur à M. Lacordaire. Mais M. Lacordaire est entré à l'Académie non pour sa robe, non pour sa croyance, apparemment, mais pour son talent de parole et son éloquence; il eût fait partie de la section désignée par ce nom. Eh bien! il n'y a point, de par le monde, un si grand nombre de gens éloquents. Allons à la découverte! l'éloquence ne se cache pas sous le boisseau. N'y mettons ni esprit de parti ni préjugés d'aucune sorte. Dans la chaire, on cite pour leur talent et pour leur succès quelques Pères jésuites ; mais ceux-là, l'esprit de leur institut leur défend de songer à l'Académie : le grand Bourdaloue n'en a pas été. — Je cherche parmi les autres prédicateurs en renom. Je ne crois pas que nous puissions cette fois penser à Monseigneur de Poitiers pour sa fameuse oraison funèbre récente (1); on verra plus tard.—Il y a le Père Gratry déjà indiqué, qui a le talent des conférences ; essayons donc et mettons sur la liste le Père Gratry. M. Bautain, prédicateur et professeur distingué, a plutôt de la facilité que de l'éloquence. — Cherchons ailleurs, au barreau. Puisque M. Chaix-d'Est-Ange n'y est plus, puisque nous avons et possédons au sein de l'Académie ces deux puissances et ces deux gloires de l'Ordre, M. Dupin et M. Berryer, c'est-à-dire le sens commun mordant et original, et le pathétique vaste et émouvant, puisque M. Dufaure, malgré son mérite incontesté, est décidément par trop juridique, nous ne pouvons éviter M. Jules Favre, et nous ne l'évitons pas : il est de bonne prise. Mais il y a une renaissance de tribune : écoutons de ce côté, nous l'y retrouvons encore ; mais nous y rencontrons aussi, et en première ligne, M. Billault. Ne voilà-t-il pas déjà une liste de trois noms ? Il ne serait

(1) Celle du zouave de Castelfidardo, Gicquel. Ce n'est pas que cette oraison funèbre n'ait son importance ; elle est désormais inséparable d'un Traité sur cette matière, et elle jette un jour rétrospectif sur la fausseté du genre. Il est bien peu d'oraisons funèbres, en effet, sans en excepter même quelques-unes des plus belles, où il ne soit entré un peu du procédé-Gicquel.

23.

peut-être pas impossible d'en ajouter quelque autre.
L'ordre et le rang dans la liste ne me regardent pas.
Après rapport et discussion, il y aurait vote au scrutin
sur les trois ou quatre noms. Le public ne serait pas
surpris, et l'Académie, tout en étant guidée, n'aurait
pas la main forcée par une de ces interventions subites
et capricieuses, qui ne plaît pas toujours également
(croyez-le bien) à tous ceux qui la favorisent.

Et quand même, après examen et franche discussion,
il ne sortirait pas de résultat bien différent de celui
qu'on peut attendre du mode d'aujourd'hui, ce serait
du moins une satisfaction accordée à la minorité de
l'Académie; car voir surgir sans cesse des candidats imprévus, qui ne relèvent que de leur caprice et du bon
plaisir d'une majorité qui les suscite ou qui les adopte
sans jamais donner de raisons ni d'explication; subir
ces choix de confrères nouveaux, sans avoir eu soi-même voix au chapitre (car un *vote* muet n'est pas une
voix), sans avoir été mis préalablement à même de
parler et de répondre, de dire ce qu'on pense et de faire
dire aux autres ce qu'ils pensent aussi, sans avoir été
bien et dûment vaincu ou (qui sait?) convaincu peut-être
et converti; et cela dans une Compagnie dont l'égalité
est le principe et dont la parole est l'âme; — oui, être
menacé de ne plus sortir d'une même nuance et bientôt d'une même famille, être destiné, si l'on vit encore
vingt ans, à voir se vérifier ce mot de M. Dupin : « Dans
vingt ans, vous aurez encore à l'Académie un discours
doctrinaire; » et cela quand tout change et marche autour de nous ; — je n'y tiens plus, et je ne suis pas le

seul, plus d'un de mes confrères est comme moi ; c'est étouffant à la longue, c'est suffocant.

Et voilà pourquoi j'ai dit à tout le monde bien des choses que j'aurais mieux aimé pouvoir développer à l'intérieur devant quelques-uns. J'ai fait mon Rapport au public.

Lundi 27 janvier 1862.

BENJAMIN CONSTANT.

SON COURS DE POLITIQUE CONSTITUTIONNELLE,

OU

COLLECTION DE SES DIVERS ÉCRITS ET BROCHURES

AVEC UNE INTRODUCTION ET DES NOTES,

PAR M. LABOULAYE (1).

Il y a à distinguer deux choses dans cette réimpression qu'un savant professeur du Collége de France a dirigée et entourée de commentaires : premièrement, la réimpression même, qui est bonne en soi, qui remet sous les yeux des lecteurs studieux plusieurs écrits politiques, autrefois en vogue, sortis depuis longtemps de la circulation, et dont quelques-uns étaient difficiles à

(1) Deux volumes in 8°, librairie de Guillaumin, rue Richelieu, 14.

retrouver; et, de plus, il y a l'esprit dans lequel ils sont reproduits, la pensée de résurrection qu'on y apporte et qui est à discuter.

M. Laboulaye, l'estimable introducteur et commentateur, qui se plaît à retrouver dans ces écrits ses principes et sa propre doctrine, est un homme de l'école américaine, à prendre le mot dans le meilleur sens ; il est sincèrement d'avis que la liberté en tout, le laisser dire, le laisser faire, le laisser passer, est chose efficace et salutaire ; qu'en matière de religion, d'enseignement, de presse, d'industrie et de commerce, en tout, la liberté la plus entière amènerait les résultats en définitive les meilleurs, et que le bien l'emporterait sur le mal ; il pense que cela est également vrai chez toute nation civilisée et à tous les moments. Cette doctrine libérale, au sens le plus étendu du mot, Benjamin Constant la professa, du moins dans la presque totalité de ses écrits, et c'est ce qui fait de lui le publiciste par excellence aux yeux de M. Laboulaye. Cette doctrine suppose un grand fonds de confiance dans la nature humaine. En religion, par exemple, M. Laboulaye ne paraît pas douter que si la liberté la plus entière d'association et de propagande était laissée à toutes les communions, à toutes les sectes anciennes ou nouvelles, ce serait la doctrine chrétienne, évangélique et noblement spiritualiste des Channing, des Vinet, des Tocqueville, qui l'emporterait en fin de compte et qui prendrait le dessus : et ainsi du reste, dans toutes les branches de l'activité humaine. Le mieux surnagerait, et non pas même à la longue, mais presque aussitôt. Cette doctrine est en tout l'opposé de celle de l'État. Il y a longtemps que je la connais, et dans sa formule la plus absolue. Pour les Daunou, pour les Tracy, tout gouvernement était un *mal;* la question ainsi posée, il s'agissait pour la société de subir le moindre mal possible, et pour cela, d'avoir le moins de gouvernement possible, le plus de décentralisation et de dissémination de pouvoir à tous les degrés, et, à chaque pas, des barrières et des garanties contre les gouvernants. Je ne discute pas, j'expose. Si l'on avait à discuter, il y aurait à démontrer par les faits et par l'expérience que l'homme n'est pas si essentiellement raisonnable, que la société n'est pas une œuvre si naturelle, si facile, et où tout marche nécessairement de soi, qu'elle a été une création plus artificielle que ne l'imaginent des publicistes trop confiants, et que ce qui a été si pénible à construire et à élever n'est sans doute pas si simple à entretenir, tellement qu'il suffise de laisser faire et dire à tous les membres d'une nation tout ce qu'ils croient le mieux, pour que tout aille et tourne au mieux effectivement. En un mot, sans faire injure à aucune entre les différentes formes d'institutions existantes, je crois à des hommes et à des génies gouvernants, et j'estime que, dans toutes les variétés de vocations et de capacités humaines, c'est celle-ci qui tient le premier rang.

Mais il s'agit aujourd'hui de Benjamin Constant, et de savoir si, en remettant en lumière ses écrits, c'est bien une résurrection qu'aura opérée M. Laboulaye, ou simplement une exhumation curieuse et en partie utile. Selon moi, il a extrêmement simplifié sa tâche, dans son

Introduction, en ne prenant chez Benjamin Constant que l'homme public, et en n'envisageant dans cet homme public que les doctrines et les théories (1). Il est ainsi arrivé à des jugements sur son auteur qui ne sont point d'une parfaite exactitude : il nous dira, par exemple, que ses écrits n'ont rien perdu aujourd'hui de leur *fraîcheur,* tandis que cette *fraîcheur,* ils ne l'eurent pas même en naissant. Il parle de son *unité de principes,* ce qui lui a été le plus contesté. Il regrette que nous n'ayons pas sa *jeunesse* et sa *foi :* — la *jeunesse* et la *foi* de Benjamin Constant ! Il dit qu'il avait *l'esprit de gouvernement,* et c'est ce qu'il y aurait à prouver. M. Laboulaye aurait pu faire quelque chose de plus utile encore que ce qu'il a fait, c'eût été de montrer l'homme complet en Benjamin Constant, de nous expliquer en quoi il avait de belles lumières et de grandes faiblesses; en quoi il faillit ou varia même dans la défense des idées justes; comment il manqua toujours d'autorité et d'une certaine considération qui ne suit pas toujours la popularité; quelles circonstances indépendantes de sa volonté, et quels incidents (il y a toujours des incidents) reculèrent l'application de ses théories générales et absolues. Cela eût été plus profitable, plus pratique, mais aussi d'une analyse plus délicate et plus difficile que de venir nous proposer ce publiciste distingué, tout simplement comme le parfait professeur de toutes les vérités

---

(1) Je ne savais pas, quand je parlais ainsi, qu'indépendamment de son Introduction toute théorique, M. Laboulaye avait commencé dans la *Revue nationale* une série d'articles sur la Vie de Benjamin Constant, devant former un ouvrage à part.

politiques, comme le promulgateur et le prophète complet des institutions futures.

Je n'ai nulle envie de diminuer un esprit éminent, ni de dénigrer un homme dont le caractère, malgré ses fragilités fréquentes, laissait voir au fond l'humanité et même la débonnaireté. Mais l'esquisse que j'aurais à tracer de lui donnerait une tout autre impression que l'idéal proposé par M. Laboulaye, et qui est fait pour étonner les contemporains survivants du célèbre publiciste. Je suis tenté de répéter ici ce que je dis souvent, quand je vois toutes les inventions qu'on fait après coup des hommes que nous avons le mieux connus : « Il faut attendre que nous soyons morts pour nous faire avaler cela. »

I

Benjamin Constant, arrivant de Suisse à Paris, en 1795, à l'âge de vingt-huit ans, pour s'y lancer dans le mouvement politique, était un beau grand jeune homme, d'un blond hardi, muscadin, à l'air candide, mais au dedans très-avancé, très-désabusé, et qui était allé de bonne heure au fond de tout. On a eu par lui, dans des lettres adressées à une amie, toutes ses confidences de jeunesse, et le dernier mot de son cœur et de ses sentiments en ces belles années. On en sait aujourd'hui sur son compte autant que sur celui de Chateaubriand, et par des témoignages écrits de sa main. Tout bien considéré, et jusque dans cette petite Cour de Brunswick, où il servait en qualité de gentilhomme attaché à *monseigneur le duc régnant,* il était pour la Révolution fran-

çaise : « Le genre humain, écrivait-il en 1790, est né
« sot et mené par des fripons, c'est la règle ; mais,
« entre fripons et fripons, je donne ma voix aux Mira-
« beau et aux Barnave plutôt qu'aux Sartine et aux Bre-
« teuil... » Voilà le point de départ du futur tribun, ne
l'oublions jamais. Il eut horreur de 93, et, à son arrivée
à Paris, il se lia avec les Talliénistes et les républicains
le plus en vue à ce moment, avec Riouffe, Louvet, Chénier, Daunou. Il tâtonna bien un peu d'abord. Il écrivit
dans un journal (les 6, 7 et 8 messidor, an III, si je ne
me trompe) trois articles ou lettres un peu réaction-
naires contre l'idée qu'avait la Convention de se conti-
nuer et de garder un pied dans le gouvernement qui
succédait. On a révoqué en doute l'existence de ces lettres : elles valurent pourtant à l'auteur, dans le premier moment, un succès de mode, de salon, et les félicitations même d'une députation d'écrivains, parlant au
nom du parti ultra-thermidorien, et qui, le croyant des
leurs, l'invitaient à coopérer au rétablissement de la
royauté :

« Cette invitation, disait-il, me fit sauter en l'air. Je ren-
trai chez moi, maudissant les salons, les femmes, les journalistes, et tout ce qui ne voulait pas la République à la vie et
à la mort. Je ne savais pas alors qu'il n'y avait au fond de
républicain en France que moi et ceux qui craignaient que la
royauté ne les fît pendre. »

Pour réparer son tort, il se hâta de se réfuter en com-
posant pour Louvet un discours en sens opposé, et que
celui-ci prononça à la tribune peu après, mais qui ne

réussit pas. L'auteur véritable assistait dans un coin à la séance, et il put entendre dire à tout le monde que jamais Louvet n'avait si mal parlé. Cette mésaventure de son premier discours politique dans la bouche de Louvet l'amusait plus tard à raconter. Il aimait à se moquer de lui-même.

Le charme ou l'influence de Mme de Staël le tenait dès lors tout entier, et décida de la ligne qu'il suivit. Il a tracé de ce salon célèbre et de sa confusion première un piquant tableau :

« Le salon de Mme de Staël se trouvait alors peuplé, disait-il, de quatre à cinq tribus différentes, des membres du gouvernement présent dont elle cherchait à conquérir la confiance ; de quelques échappés du gouvernement passé dont l'aspect déplaisait à leurs successeurs ; de tous les nobles rentrés qu'elle était à la fois flattée et fâchée de recevoir ; des écrivains qui, depuis le 9 thermidor, avaient repris de l'influence, et du Corps diplomatique, qui était aux pieds du Comité de Salut public en conspirant contre lui.

« Au milieu des conversations, des actes, des intrigues de ces différentes peuplades, ma naïveté républicaine se trouvait fort embarrassée. Quand je causais avec le parti républicain qui était victorieux, je l'entendais dire qu'il fallait couper la tête aux anarchistes et fusiller les émigrés, à peu près sans jugement. Quand je me rapprochais du petit nombre de terroristes déguisés qui avaient survécu, j'entendais dire qu'il fallait exterminer le nouveau gouvernement, les émigrés et les étrangers ; quand je me laissais séduire par les opinions modérées et doucereuses des écrivains qui prêchaient le retour à la morale et à la justice, on m'insinuait à la deuxième phrase que la France ne pouvait se passer d'un roi, chose qui me choquait singulièrement. Je ne savais donc trop que faire de mon enthousiasme pour la République. »

On n'est pas plus spirituel. C'est ce ton ironique et si habituel à Benjamin Constant, dont il n'y a pas trace dans les deux volumes donnés par M. Laboulaye et dont rien ne nous avertit, qui constitue, par son absence, une sorte d'infidélité, une inexactitude morale profonde. Le savant éditeur et commentateur a trouvé moyen de nous rendre la plupart des écrits et de ne pas nous montrer l'homme.

Benjamin Constant, quoi qu'il en dît, savait très-bien où placer cet enthousiasme que, d'ailleurs, dès ce temps-là, il n'avait plus du tout et qu'il n'avait même jamais eu; mais il possédait des lumières, de l'activité, des talents à produire, il avait des préférences libérales (je ne le conteste pas); il jugea que ce gouvernement du Directoire était bon à appuyer; il s'y rallia publiquement; il le défendit par des brochures, par des discours dans des cercles politiques, avant et *après* le 18 fructidor : preuve que Benjamin Constant, n'en déplaise à son commentateur, admettait très-bien qu'il y a des moments et des cas où, à la rigueur, les principes absolus doivent fléchir devant la nécessité et le salut de l'État.

Avant le 18 fructidor, dans sa brochure des *Réactions politiques,* il a tracé des journaux et des journalistes du temps un portrait si peu flatté, que ce n'est pas à nous, journalistes, de le citer ici (1); on ne manqua pas de le

(1) On peut voir ce passage au tome II, page 93 de la publication de M. Laboulaye. — Le voici; dans un journal, je ne pouvais décemment le citer; je le puis dans un livre :

« Je ne veux point ici blâmer en général, disait Benjamin Constant, l'exis-

lui rappeler plus d'une fois, sous la Restauration, lorsqu'il demandait la popularité à ces mêmes journaux et qu'il plaidait pour l'entière liberté de la presse :

« L'orateur qui descend de la tribune, disait-il à la Chambre des députés, le 9 février 1822, en répondant à M. Bazire, a jugé convenable, pour me mettre en opposition avec moi-même, de vous lire un assez long passage extrait d'un livre que j'ai publié il y a longtemps. Dans ce livre, j'exprimais mon opinion, et cette opinion est encore la mienne, sur la puissance tantôt dangereuse, tantôt salutaire, des journaux. Je disais, ce que je pense aujourd'hui comme alors, que les journaux écrits sans modération, sans justice, sans loyauté, peuvent occasionner de grands maux. Mais je prierai le préopinant de déclarer si, dans cet ouvrage, médité par lui avec l'intention d'employer contre moi mes propres paroles, il y a un seul mot qui tende à proposer, ou seulement à excuser la censure. Au contraire, Messieurs, c'est aux écrivains que je m'adressais. Je désirais que la vérité seule combattît l'erreur, sûr que j'étais que la vérité triompherait par sa propre force. Je désirais que tous ceux qui partageaient les opinions que je professais alors... »

Il y eut à ces mots, *que je professais alors*, une interruption et des rires bruyants du côté droit. Benjamin

---

tence des journaux. La nécessité d'écrire tous les jours me paraît, il est vrai, l'écueil du talent. Ce calcul journalier, qui fait d'une feuille un revenu, qui suppute les souscriptions, qui établit une rétribution pécuniaire, si positive et si détaillée, entre le lecteur dont on flatte l'opinion, et l'écrivain qui la flatte, ne laisse ni le temps ni l'indépendance que demande la composition d'ouvrages utiles. Le besoin de frapper par des réflexions fortes mène à l'exagération ; celui d'amuser par des anecdotes entraîne à la calomnie. Tous ces inconvénients s'aggravent encore par les querelles polémiques, par les disputes personnelles, inséparables de cette profession. Un journaliste renonce à la dignité d'homme de lettres, à la profondeur du raisonnement, à la liberté de la pensée. D'ordinaire un journal est plus mauvais que son auteur ; et d'ordinaire encore un auteur devient plus mauvais par son journal. »

Constant s'en empara, pour y répondre en orateur habile et faire une profession de foi libérale, et d'un libéralisme qui ne s'enchaînait pas à telle ou telle forme de gouvernement. Mais, sans demander la censure en 1797, il admettait et tolérait bien davantage, puisqu'il amnistiait et absolvait les mesures de fructidor contre ces mêmes journalistes, et que dans un discours au *Cercle Constitutionnel,* quelques mois après, il s'écriait, en les désignant du geste et en se retournant vers eux, alors absents et pour la plupart proscrits ou déportés :

« Pensaient-ils donc que notre aveuglement serait tel que nous ne démêlerions pas la cause de tant de maux ; que notre impatience se dirigerait contre le Gouvernement dont la marche entravée pouvait être quelquefois irrégulière, et se détournerait des hommes qui nécessitaient cette irrégularité ? Ils se trompaient dans leurs calculs. Les républicains n'ont pas pris le change : si quelques droits précieux ont été passagèrement suspendus, si quelques formes ont été violées, si quelques parties de la liberté ont été froissées, nous en accusons le royalisme ; c'est lui qui nous a poussés dans ces défilés où le danger semblait motiver l'oubli momentané de la loi. Ce danger n'existe plus. S'il se renouvelle, notre conduite sera la même... »

Je cherche inutilement ce discours du 9 ventôse an VI dans le recueil de M. Laboulaye. Mon intention, en tout ceci, n'est pas d'opposer Benjamin Constant à lui-même ; j'admets qu'il a suivi en général, à travers ses ondulations, une ligne assez conséquente aux principes et aux sentiments qu'il apporta dès le premier jour dans la vie publique. Il me suffit de montrer à M. Laboulaye que les plus libéraux eux-mêmes peuvent, à certain jour, être forcés de reconnaître, dès qu'ils touchent et tiennent à un gouvernement, qu'il y a des nécessités politiques auxquelles il n'est pas donné d'échapper. En un mot, la politique n'est pas une géométrie qui s'applique, c'est une médecine ou une hygiène qui se pratique.

Benjamin Constant était tout à fait, après le 18 fructidor, dans l'esprit et le sens du Directoire. Si ce régime s'était affermi, il allait le servir, y prendre son rang ; il devenait un homme de gouvernement, et ce rôle d'*opposition* perpétuelle, qui fit en quelque sorte partie de son caractère, n'était plus le sien. M. de Talleyrand, ministre des Affaires étrangères, écrivait le 1er brumaire an VI (22 octobre 1797), au général Bonaparte encore en Italie, une lettre toute à sa louange. Il avait été question précédemment d'envoyer en Italie Sieyès pour y organiser la politique, pour y constituer sur de meilleures bases la République cisalpine et celle de Gênes. Sieyès ne venant pas, Bonaparte demandait au Gouvernement « une Commission de publicistes pour organiser l'Italie libre. » C'est là-dessus que M. de Talleyrand proposait Benjamin Constant, à défaut de Sieyès :

« Vous paraissez désirer, Citoyen général, qu'on vous envoie quelques hommes distingués, soit publicistes, soit philosophes, qui, amis sincères de la liberté, puissent, par les résultats de leurs méditations et par leurs conceptions républicaines, vous seconder dans les moyens de hâter et de combiner fortement l'organisation des Républiques italiques. Je sais que le nom de Benjamin Constant s'est présenté à votre idée ; j'ai pensé que vous trouveriez bien que je vous fisse connaître l'opinion des hommes faits pour en avoir une ; la voici : c'est aussi la mienne. Benjamin Constant est un homme à peu près de votre âge, passionné pour la liberté, d'un esprit et d'un talent en première ligne ; il a marqué par un petit nombre d'ouvrages écrits d'un style énergique et brillant, pleins d'observations fines et profondes ; son caractère est ferme et modéré ; républicain inébranlable et libéral. Lorsque ce talent à la fois jeune et en pleine maturité s'est annoncé ici avec un si grand éclat, on a cherché à l'écarter en disant que c'était un étranger : le fait est faux ; c'est un Français rendu à la France par le décret philosophique qui réintègre les descendants des protestants réfugiés. Mais, après tout, ce prétexte, qui a fourni quelques armes à la jalouse médiocrité, ou plutôt à la mauvaise foi, pour les cas où il s'agit de la France et de ses intérêts secrets, devient ici sans application possible, puisqu'il est question d'une organisation étrangère. En résultat, je verrais avec un extrême plaisir qu'il fût désigné par vous, et je ne crains pas de vous garantir que, sous tous les rapports, vous en serez parfaitement satisfait. Veuillez me faire connaître là-dessus votre opinion, et ce sera chose faite. »

Le départ du général en chef de l'armée d'Italie coupa court à cette proposition.—Lorsque, dix-huit ans après, Napoléon à son retour de l'île d'Elbe fit appeler Benjamin Constant aux Tuileries (14 avril 1815) et le désigna pour dresser et rédiger l'Acte additionnel, il semble vraiment n'avoir fait que renouer cette relation ancienne, en être tout d'un coup revenu en idée à ce Benjamin Constant antérieur, et avoir mis à néant et en complet oubli quatorze années d'hostilité déclarée et de guerre. Napoléon n'a ni colère ni rancune ; il prend les hommes pour ce qu'ils sont, selon leur utilité réelle et leur aptitude à la chose présente, selon qu'ils peuvent se prêter et servir à son dessein du moment.

Mais on le voit, Benjamin Constant, à ce début de sa vie politique, n'était pas nécessairement un opposant; il ne l'était pas au Directoire, après le coup d'État de fructidor : pourquoi le fut-il au Consulat après le 18 brumaire ?

Il répondrait, s'il était là présent (car il eut plus d'une fois à répondre à des interpellations pareilles), que s'il se crut en droit de servir le Directoire avant comme après fructidor, c'est qu'il s'était fait une maxime, qu'il s'était posé une règle dès l'entrée de sa carrière, à savoir de s'attacher non au meilleur des gouvernements, mais à celui qui offrait des garanties, des moyens d'amélioration, et de se rallier à tout régime où il y avait espoir, sinon de faire prévaloir tous les principes, du moins d'en introduire et d'en appliquer quelques-uns : « En attendant ce qui est bon, disait-il, j'adopterai ce qui est moins mauvais. »

Quoiqu'il puisse paraître singulier qu'en vertu de cette maxime il ait été amené à préférer le Directoire expirant à l'ère consulaire qui s'inaugurait, je ne le chicanerai pas là-dessus. Il entrait dans ce rôle de libéral pur dont il n'est plus sorti, et ce n'est pas nous qui lui reprocherions sa légère inconséquence des Cent-Jours, si ç'avait été une inconséquence : elle serait patriotique du moins et généreuse d'intention. Mais ce qui me frappe chez lui, à le bien voir et à le regarder sous le masque, ce qui est caractéristique et à noter, c'est l'influence qu'eurent les femmes sur sa conduite politique. L'astre de Mme de Staël décida absolument du parti qu'il prit à l'époque du Consulat et dans les années suivantes : il vivait dans son cercle et se mouvait dans son tourbillon. Cette influence cessant, une autre qui y succéda passagèrement, celle de Mme Récamier, décida de sa conduite au 19 mars 1815 ; et c'est pour plaire à cette beauté, amie des Bourbons, pour ne pas être éclipsé en zèle royaliste et anti-bonapartiste auprès d'elle, pour ne pas voir un rival, le guerroyant comte de Forbin, avec son sabre, obtenir un plus gracieux sourire que lui avec sa plume, qu'il se hâta d'écrire ce fameux article du *Journal des Débats,* et de le faire dans des termes tels qu'il était le seul peut-être de son parti qui ne pût se rallier le lendemain à Napoléon, même par les meilleurs et les plus nobles motifs de résipiscence, sans s'exposer à une contradiction flagrante et à un échec moral irréparable.

En effet, cet article du 19 mars 1815, si l'on s'en souvient, où il se déchaînait en style d'émigré contre *Buonaparte,* l'*Attila* et le *Gengiskhan* moderne, se terminait par une profession de foi, et cette profession de foi elle-même se couronnait par un serment que personne ne lui demandait et qu'il proférait devant tous, la main étendue et comme à la face du Ciel : « ... Je n'irai pas, « misérable transfuge, me traîner d'un pouvoir à l'au-« tre, couvrir l'infamie par le sophisme, et balbutier « des mots profanes pour racheter une vie honteuse. »

Quand Lamennais s'écria dans un moment solennel : « Je vous ferai voir ce que c'est qu'un prêtre, » et qu'ensuite il donna à cet engagement si éclatant le démenti qu'on sait, il eut beau faire désormais, être un grand écrivain, et plus grand même que par le passé, un homme sincère, désintéressé, un cœur dévoré de l'amour des hommes : il se déconsidéra.

De même Benjamin Constant, après cet engagement public et formel, contracté gratuitement et de gaieté de cœur pour plaire à une coquette, enfreint et violé par lui (très-raisonnablement d'ailleurs) à un mois d'intervalle, n'en resta pas moins un homme éclairé, un publiciste éloquent, et, je l'admets tout à fait, un citoyen animé de l'amour du bien public, mais il avait porté un coup mortel à sa considération.

Un personnage politique n'est pas exempt de passions assurément; il peut les avoir toutes, et rester un grand homme d'État. Mais si une de ces passions, telle que la faiblesse pour les femmes, agit essentiellement sur sa conduite publique, il ressemble à un général qui modifierait son plan de campagne par égard pour sa belle; il aime quelque chose de plus que son métier; il n'est pas respectable, il n'est pas grand. Généraux d'armée ou chefs de parti, tous les Antoine qui changent de manœuvre au milieu de l'action pour suivre la galère d'une Cléopâtre, se font mépriser.

J'insiste parce que le faible (un des faibles du moins) de Benjamin Constant est là. Sa grande faute en 1815, cet article exalté du 19 mars, ce fut une femme, Mme Récamier, qui le lui fit faire; et quand plus tard il dut s'excuser devant les royalistes accusateurs de s'être rallié à Napoléon, il eut à donner de bien bonnes raisons sans doute, les principes supérieurs aux hommes, la nation avant tout, la France à la veille d'une invasion, la nécessité alors pour tous les patriotes de se rallier à un grand général en présence de l'étranger; mais par malheur, une autre femme (Mme de Staël), à la suite de laquelle il avait fui la France quelques années auparavant, était cause qu'il avait écrit cette autre phrase également exaltée et si anti-française, datée en effet de Hanovre ou du quartier général de Bernadotte, le 31 décembre 1813 : « Les flammes de Moscou ont été l'aurore de la liberté du monde (1). » Malheureuse pensée! malheureuse phrase, et qui lui ôtait presque le droit d'alléguer, dix-huit mois après, son patriotisme pour excuse! Quand on a imprudemment allumé de tels phares aux sommets opposés du détroit, dans les crises et les périls de sa vie publique, on ne peut espérer ensuite de passer pour un homme qui n'a cessé d'avoir une pensée unique pour boussole.

Il était bien le premier à le sentir, et lorsqu'en 1815 il se trouva lancé dans une voie toute nouvelle et qui se rapportait si peu à ses engagements précédents, au lieu d'agir en tout comme un véritable esprit politique qui, après avoir bien réfléchi et calculé, se détermine et ne bronche plus, il éprouva le besoin de s'appuyer au dehors sur l'opinion de quelqu'un : à cet effet, il choisit le général La Fayette comme une sorte de confident responsable. Au moment où il se rapprochait de Napoléon, il s'effrayait de ce qu'il faisait, il avertissait les adversaires de se méfier, et se mettait en mesure vis-à-vis d'eux en cas d'erreur et d'entraînement. Au sortir

---

(1) Préface de *l'Esprit de conquête*.

des Tuileries, prenant un jour M. de La Fayette à la cantonade, il lui disait : « On ne peut guère, auprès du « pouvoir, répondre de soi-même. Souvenez-vous de ce « que je vous dis maintenant, surveillez-le (Napoléon), « et si jamais il vous paraît marcher au despotisme, ne « croyez plus ce que je vous dirai dans la suite. Ne me « confiez rien ; agissez sans moi et contre moi-même. » Voilà parler en homme qui se connaît et qui se juge. Il continua, dans toute la durée de cet épisode de sa vie publique, de tout communiquer à M. de La Fayette, à l'homme que, disait-il, il aimait à consulter *comme sa conscience*. Moralement, c'est presque touchant; politiquement, c'est misérable. On a sa conscience à soi et pas chez les autres, quand on en a ; on a son jugement après information suffisante, et son indépendance. J'ai connu des philosophes de nos jours qui, dans les temps difficiles, mettaient leur philosophie à l'abri derrière le christianisme de Royer-Collard. J'ai vu, pendant des années, des politiques vacillants et qui n'étaient pas bien sûrs d'avoir une opinion par eux-mêmes, ne jamais faire un pas sans se régler sur M. de Broglie. Benjamin Constant, dans les Cent-Jours, sauvait son libéralisme en le consignant entre les mains de La Fayette. Il y trouvait non-seulement une conscience, mais une caution du côté de la popularité. Il y mettait d'ailleurs, je le crois, plus de sincérité que de tactique et de calcul.

Un jeune écrivain de mérite, et qui en est à recommencer pour son compte une des phases par lesquelles notre génération a passé, s'étonnait l'autre jour que la France fût restée indocile ou infidèle à tant de belles et justes leçons professées dans un style clair, limpide, par un écrivain doué de « ce bon sens souverain qui commande même au génie. » Nous lui donnons ici une des mille raisons de ce peu de succès. « On a honte, dit M. Lanfrey, d'appartenir à l'espèce humaine, lorsqu'on songe à ce qu'elle fait de l'enseignement de ses plus glorieuses intelligences. » M. Lanfrey s'exagère la gloire de celui dont il parle. Benjamin Constant, en son temps, n'eut point de gloire et n'en méritait point. Il eut de la popularité, ce qui est différent. Ceux qui le connaissaient autrement que pour l'avoir entendu à la tribune, ou parlant par la fenêtre, et qui le voyaient de près, le goûtaient pour son esprit infini, et le redoutaient même pour son ironie sarcastique. Je ne sais quoi, à son approche, glaçait l'enthousiasme. Aucun, parmi les hommes célèbres de l'Opposition d'alors, ne donnait plus l'idée d'un personnage usé. Je le vois encore, sur les derniers temps de la Restauration, avec son visage fin, amaigri, de jeune vieillard, ses longs cheveux négligés et pendants, sa taille de peuplier, avec son pas traînant et son attitude délabrée, exhalant de toute sa personne je ne sais quelle senteur de musc qui rappelait l'ancien muscadin; cherchant dans les salons du général La Fayette (moins remplis alors qu'un ou deux ans plus tard) quelqu'un avec qui causer, et ne le trouvant pas toujours, ou faisant le soir à l'Athénée une lecture déjà cent fois redite et qu'il essayait d'animer ; écrivant pour *le Courrier français* des séries d'articles qu'on ne lisait plus. Tel il était en réalité, tel il paraissait alors aux hommes de notre génération. On était injuste, je le crois; on était sévère comme la jeunesse; on ne raisonnait pas son impression, et l'on ne songeait pas trop à s'expliquer pourquoi, en présence d'une intelligence si éminente, se produisait cette moindre estime. Et cependant, aujourd'hui encore, si l'on avait à juger en dernier ressort Benjamin Constant, il ne serait que naturel et légitime de faire entrer la considération de sa vie privée jusque dans l'examen de sa vie publique, parce que l'une, en effet, influa sur l'autre et y pénétra sans cesse. Qu'un écrivain aimable et romanesque, un Nodier, par exemple, se joue à mille passions, à mille fantaisies et à des excès de tout genre, on le conçoit, on le lui pardonne, on l'en remercie même si son imagination et ses écrits en profitent; mais si les passions à l'abandon débordent et font irruption dans l'existence d'un homme public, on lui en demande compte.

Je ne fais point un réquisitoire contre Benjamin Constant; loin de là, j'aurais plutôt du goût pour lui. Je suis prêt à remercier M. Laboulaye de nous avoir rendu plus facile la lecture d'écrits si anciens déjà et en partie oubliés. Mais pourquoi, alors, ne pas nous les rendre tous? pourquoi n'avoir pas joint au recueil les *Lettres* de Benjamin Constant *sur les Cent-Jours,* de tous ses ouvrages politiques celui qui est resté le plus vivant, le seul vivant même, à cause de l'intérêt qui s'attache à des conversations immortelles? Pourquoi cette exclusion? Je retourne la phrase connue, et je dis que, dans ce recueil, l'image de César, s'entretenant à cœur ouvert avec un héritier des Gracques, brille par son absence.

II

Le style et la langue de Benjamin Constant méritent qu'on en parle, ne fût-ce qu'en courant. Il a été l'un de nos littérateurs les plus distingués. Est-ce à dire, comme l'illustre historien de l'*Empire* l'a écrit à l'occasion de la rédaction de l'Acte additionnel, que sa plume était la meilleure du temps, comme celle de Napoléon était la plus grande? M. Laboulaye, de son côté, en lui accordant de ne pas être « un méchant écrivain, » ne l'a certainement pas flatté ni surfait. Il y aurait à marquer différentes manières dans la langue de Benjamin Constant, s'il était jamais arrivé à une grande manière et à l'*art* d'écrire; mais il n'eut, en définitive, qu'une extrême clarté, beaucoup de rapidité, de finesse, et de l'élégance. Il en était loin au début, et il suffit de parcourir ses premières brochures, pour voir de quel point il est parti. Que l'on ne dise donc jamais qu'il écrivait comme Voltaire, car il commença par un véritable style métaphysique, helvétique, mélange d'abstrait et de concret, et dont Rœderer lui-même se raillait. Ouvrez la brochure des *Réactions politiques* (1797), on y voit « une *tendance* de l'esprit humain à *englober* dans ses regrets tout ce qui entourait ce qu'il regrette; » on y voit « *un mouvement rétrograde* qui, se prolongeant au delà de ses bornes nécessaires, ne laisse enfin *pour vestige du changement qu'on voulut opérer, que des débris, des larmes, de l'opprobre et du sang.* » Depuis lors, la langue de Benjamin Constant se rompit et se brisa; elle devint facile, et parut encore plus élégante qu'elle ne l'était. On trouve, jusque dans ses meilleurs écrits, « des *germes* qui menacent d'une *explosion* violente, etc., » et autres légères incohérences dont la langue politique ne se fait pas faute. De plus, tout en étant facile et clair, il a trop peu de ces traits vifs qui réveillent. Essayez de vous faire lire à haute voix quelques-unes de ces brochures les plus vantées du Benjamin Constant de la Restauration : c'est effacé; cela ne marque pas, ne mord pas. Chateaubriand, avec son style de mauvais goût qu'il redouble dans ses brochures politiques, nous aurait déjà réveillés cent fois, stimulés, impatientés : Benjamin Constant, à force de glisser, échappe à l'attention.

. Il est besoin de le rapprendre à ceux qui aujourd'hui croient possible de les ressusciter, tous ses écrits sont nés fanés et sans flamme. Ce fameux ouvrage sur la *Religion,* préparé pendant vingt ans, fit long feu. Ses *Mélanges de Littérature,* où il y a de jolis morceaux, un surtout sur *Julie* Talma, n'ont aucune consistance; on y devine trop l'homme qui un jour, par besoin d'argent et pressé par le libraire, a ramassé dans ses tiroirs, a taillé dans ses vieilles brochures, et a réchauffé tout cela, comme il a pu, par une préface d'orateur. Parlez-moi d'*Adolphe!* voilà le chef-d'œuvre, mais triste aussi et fané comme son auteur. Cet *Adolphe* n'eut point de succès quand il parut. Byron, qui habitait les bords du lac de Genève, dans l'été de 1816, écrivait au poëte Rogers : « J'ai lu l'*Adolphe* de Benjamin Constant, et sa « préface, niant les gens positifs. C'est un ouvrage qui

gnée par un homme si considéré qu'il en parut un moment quasi populaire.

Benjamin Constant, un peu avant sa mort, était donc lassé, usé et archi-usé, presque éteint, et il ne se réveillait que par secousses. M. Guizot, dans le portrait qu'il a tracé de lui et que M. Lanfrey trouve d'une sévérité expéditive et sommaire, n'a fait que rendre l'impression du monde d'alors, du cercle des Royer-Collard et des de Broglie (1). Benjamin Constant ne put même être nommé de l'Académie française après juillet 1830, après le triomphe de sa cause! il en souffrit comme d'une humiliation et d'une injure personnelle; on l'entendit sur son lit de mort, et dans le délire suprême de l'agonie, murmurer ces mots qui ressemblaient à un reproche et à une plainte : « *Après douze ans d'une popularité juste-*

---

(1) C'était l'impression de bien d'autres. M. Coulmann, dans ses Souvenirs ou *Réminiscences,* raconte (tome I, p. 346) qu'étant allé voir Béranger, prisonnier à Sainte-Pélagie, et lui ayant dit que Benjamin Constant se proposait aussi de venir : — « Oui, répondit
« Béranger, je suis sûr qu'il viendra ; il ne néglige pas une occasion
« de popularité. Je remarquai dimanche qu'il devait se dire en
« lui-même, quand tout le monde m'environnait : *Je voudrais avoir*
« *fait les chansons et être ainsi condamné.* Il n'y a pas de triomphe
« qui ne lui fasse envie ; cela lui procure des sensations. — Il
« croyait aimer Mme de Staël, et il n'aimait que les émotions qu'elle
« lui donnait. Il est si usé que c'est aux autres qu'il emprunte les
« sentiments qu'il ne trouve plus en lui-même. Ses passions sont
« tout artificielles...

« Constant est tellement usé, continua Béranger, il a tellement
« besoin que quelqu'un l'anime et le travaille, que je lui disais que,
« vieux et ne pouvant plus quitter le coin de son feu, il donnerait
« de la tête contre le marbre de la cheminée pour se secouer. Il m'a
« avoué qu'il ne joue que pour cela. » — C'est cruel, mais c'est joli, et c'est vrai.

ment acquise, justement méritée!... » La *popularité*, c'était là son rêve, sa passion dirigeante ; et, selon la belle remarque de Pope, notre passion maîtresse (*the ruling passion*) persévère, se grave et s'enfonce au cœur en vieillissant ; elle est la dernière à mourir en nous, et revient encore voltiger sur nos lèvres dans le dernier soupir.

Armand Carrel, dans *le National* du 12 décembre 1830, consacra quelques lignes à la mort de Benjamin Constant ; mais cet article où le journaliste se représente, lui et son parti, comme si pressés par les événements, qu'on n'a pas même le temps de pleurer et de célébrer ses morts, semble trop avoir pour but d'éluder un plus complet éloge. M. Laboulaye n'a loué et ne nous a donné aujourd'hui que le Benjamin de la science constitutionnelle, un publiciste abstrait. L'homme qui pourrait nous parler de *M. de Constant,* comme il l'appelle, en toute connaissance de cause, avec une entière fidélité et une bienveillance suffisante de souvenirs, et en le replaçant dans son cadre à l'époque de sa meilleure verve de salon, serait M. de Barante.

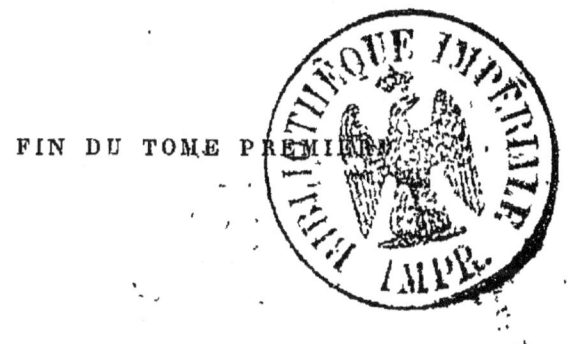

FIN DU TOME PREMIER.

TABLE DES MATIÈRES

	Pages.
Avertissement..	I
Questions d'art et de morale par M. de *Laprade*....................	1
Correspondance de LAMENNAIS.....................................	20
Mélanges religieux, politiques et littéraires, par M. Louis *Veuillot* — I........	42
— II........	62
Mémoires de M. *Guizot*............................. I........	80
II........	100
Les Caractères de LA BRUYÈRE......................................	120
Essais de politique et de littérature par M. *Prevost-Paradol*.........	142
Correspondance de BÉRANGER........................... I........	163
II........	185
Madame *Swetchine*, sa vie et ses œuvres............. I........	207
II........	231
Œuvres complètes d'Hippolyte *Rigault*.............................	252
Lettres de Madame de SÉVIGNÉ, édition nouvelle de M. Ad. *Regnier*...	274
Les Contes de PERRAULT...	293
Histoire de LOUVOIS, par M. Camille *Rousset*............ I........	312
II........	335
Merlin de Thionville et la Chartreuse du Val-Saint-Pierre............	359
Des prochaines Élections de l'Académie............................	384
BENJAMIN CONSTANT, son Cours de politique constitutionnelle, publié par M. *Laboulaye*..	408

PARIS. — IMPRIMERIE DE J. CLAYE, RUE SAINT-BENOIT, 7.

www.ingramcontent.com/pod-product-compliance
Lightning Source LLC
Chambersburg PA
CBHW070608230426
43670CB00010B/1450